一発合格！よくわかる

2024年版

調理師試験

テキスト＆問題集

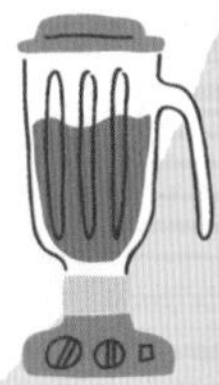

監修

中武篤史

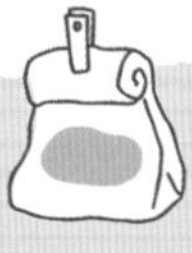

ナツメ社

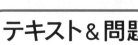

はじめに

このたびは調理師試験受験にあたり、本書を手に取っていただき、ありがとうございます。

この本を手にされるのは、調理業務従事の証明書を得て、試験に臨まれる方ばかりです。他者から調理業務従事証明を取るには、普段から調理業務に携わっていなければならず、多くの方が仕事と両立しながら調理師試験に挑まれることになるでしょう。そのような方たちに共通する悩みは、学習するのにあまりたくさんの時間が取れないこと。いかに効果的・効率的に学習を行っていくかが大切になってまいります。

私は、長年、調理師試験の合格対策講座を受けもち、これまでに1,000名以上の方々を調理師として世の中に送り出してまいりました。そのノウハウはこれまで外に公開することがなく、講座のなかのみで共有してきましたが、今回、試験に合格するために必要な考え方、学習方法、学習ポイントを本書にしたためることができました。

たくさんの調理師試験学習本が発刊されていますが、試験に合格するために必要なのは、問題を解き、間違えたところをテキストで何回も確認して、うろ覚えをなくすことです。試験では、覚えにくいところを問う問題があり、そこで引っ掛かってしまうと試験に合格するために必要な点数を獲得することができなくなってしまいます。

問題を解きながら、このテキストを繰り返し学習することで、合格に必要な知識がだんだんと定着してまいります。本書を信じて、ぜひ取り組んでみてください。

ご自身が調理師として社会で活躍する姿を想像し、ぜひ、次の試験タイミングで合格を手にしていただけることを願っています。

応援しています！　頑張っていきましょう。

中武　篤史

Chapter2 食品学

Chapter3 栄養学

Chapter5　調理理論

調理師試験概要

調理師と調理師免許

◆調理師とは

調理師の仕事は調理をすることです。免許がなくても調理の仕事に従事することはできますが、ホテルや料亭、レストランあるいは病院・福祉施設などの調理部門では、調理師の資格を採用条件としているところもあります。ちょっと変わったところでは、食品会社の開発部門などで、調理師資格の所有者を募集しているところもあります。

◆調理免許を取得するには

調理師の免許を取得するには、次の2つの方法があります。

1.都道府県知事が指定する調理師養成施設を修了する（無試験でも取得可能）
2.調理試験を受験し、合格する

このテキスト＆問題集は、2.の調理師試験の合格を目的としたものです。

調理師試験は、厚生労働省の定めた基準に従って、各都道府県府県知事が実施するもので、免許は全国で通用します。試験に合格したら、住所のある都道府県知事へ、次の4つの書類と手数料を用意して、免許取得の申請をしてください。

1.免許申請書
2.合格証書
3.戸籍謄本または抄本（戸籍の記載がある住民票可）
4.医師の診断書（麻薬、あへん、大麻、覚せい剤の、中毒の有無の診断書）

受験資格と必要な書類

◆調理師試験の受験資格

調理師試験を受験するには以下の2つの条件を満たしていなければなりません。

学歴

- 中学校を卒業し、高校入学資格を有する者
- 旧制国民学校の高等科卒業もしくは旧制中学校2年の過程を終了した者か、同等以上の学力があると厚生労働大臣が認めた者。

職歴

上記の学歴を修了したうえで、次の施設で2年以上調理業務に従事していること

- 旅館、簡易宿泊所を含む飲食店
- 魚介類販売業（調理工程を認められているもの）
- そうざい製造業、複合型そうざい製造業（煮物、佃煮、焼物、炒め物、揚げ物、蒸し物、酢の物または和え物およびこれらの食品に米飯やパンを組み合わせた食品を製造する営業）
- 継続して1回20食以上、または1日50食以上調理して供与する学校、病院、寄宿舎などの給食施設

飲食店での勤務経験があっても、時間や期間が短い場合や、接客業務で調理に直接従事していない場合は、認められないことがあります。

◆受験に必要な書類

受験要項を各都道府県庁や保健所などから受け取り、記入します。

1.受験願書　2.履歴書　3.調理業務従事証明書
4.最終学校の卒業証明書　5.写真（6カ月以内）貼付の受験票
6.戸籍抄本または戸籍の記載がある住民票

※これらの詳細条件については、都道府県により多少の相違がありますので、希望受験地の都道府県の受験要項を確認することをおすすめします。

2024年版調理師試験　傾向と対策

調理師免許試験の特徴

調理師免許試験は、「公衆衛生学」「食品学」「栄養学」「食品衛生学」「調理理論」「食文化概論」の6つの課目から出題されます。問題数は60問以上、4つの選択肢から正しいものを選ぶ四肢択一問題というのが、試験の基本的なスタイルです。

1.公衆衛生学

公衆衛生とは、人々の健康の維持、増進を目的とした予防・改善活動で、国や地方自治体などによる組織的な取り組みです。調理師は、人々の健康と命をあずかる職業であることを肝に銘じ、よく学習してください。社会的な役割のほか、学校や家庭などを通じた食育との関わりについても十分関心をもっていただきたい分野です。とくに食中毒や疾病予防については正確な知識と配慮が求められます。

出題に占める割合

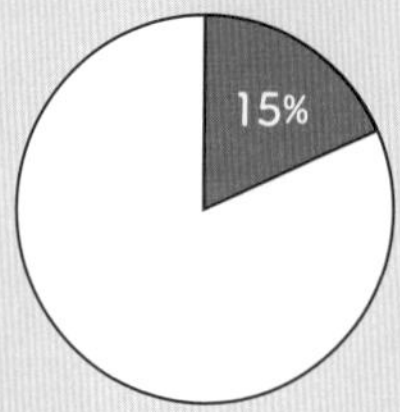

重要度

範囲が広く、覚えにくい言葉もたくさんあり、難しい科目です。勉強しても点数が上がりにくい科目ですが、基本的な問題を確実に押さえ、ミスによる失点をしないようにしましょう

ここに注意!!

言葉が似ていたり（人口動態統計と人口静態統計）イメージが似ていたり（菌とウイルス）する問題が出されることもあります。過去問を入手し、出題パターンを頭に叩き込みましょう。

2.食品学

食品は、栄養成分による18分類のほか、６つの基礎食品群や、赤・黄・緑の３色食品群、植物性と動物性の２分など、いろいろな方法で分類できます。それぞれがどのような特徴と違いによって分類されているかを理解しながら、調理はもちろん、加工や保存、貯蔵などにも生かしていきます。加工については、カビや酵母などの食用微生物の働きについてもしっかりとした理解が必要です。

出題に占める割合

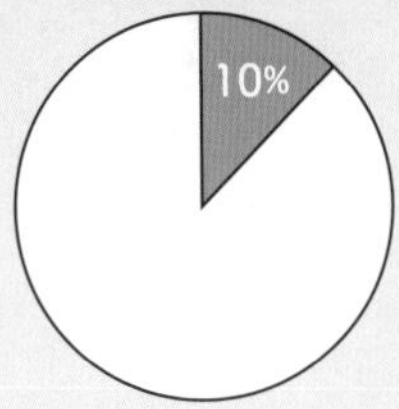

重要度

ここに注意!!

食品学の範囲はとても広く、かつ、専門家ではないとわからないような、重箱の隅をつつくような問題も多く出題されます。ですが、多くの地方で、あるいは長年にわたり、共通して出される問題も必ずあります。まずはそういう問題を取りこぼさないことが大切です。本書PART2のテキストと達成度テストを繰り返し学習してください。

食品に関する常識を聞かれることが多く、傾向が探りにくいです。試験では見たことのない問題も出ますが、うろたえず、自身がこれまで経験したことから想像し、答えていきましょう

3.栄養学

5大栄養素であるたんぱく質、炭水化物、脂質、ビタミン、ミネラルについて、それぞれの働きや特徴、性質を整理して覚えておきましょう。とくにたんぱく質については頻出で、明確に理解する必要があります。種類や働き、必須アミノ酸の名称などはすぐに答えられるようにしておきたいものです。エネルギー計算では、実際に手を動かし、計算練習をして慣れておくとよいでしょう。

出題に占める割合

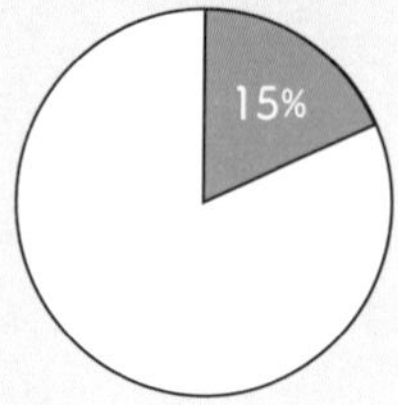

重要度

ここに注意!!

5大栄養素については、どのような切り口で出題されても、確実に答えられるようにしておきましょう。これだけでも確実に4～5点は獲得できます。つまり、それだけ調理師が必ず知っておかねばならない知識だということでもあります。必須アミノ酸や調理による変化など、5大栄養素から派生する問題についてもきちんと理解しておくとよいでしょう。

栄養学は出題される箇所が比較的決まっており、勉強すれば点数が伸びやすい科目です。5大栄養素＋消化酵素、ホルモンについては、問われれば確実に答えたいところです

4.食品衛生学

調理師にとって、衛生対策は不可欠です。食品だけではなく、調理施設や器具などの衛生にも心を配り、取扱いには十分な配慮が必要です。食の安全を確保し、飲食に起因する危害を防止するために、法律による規定をしっかりと学んでおきましょう。また、食中毒については、病原や特徴だけでなく、予防法まで関連づけて学習を進めましょう。食品添加物は国によっても規則が異なります。

出題に占める割合

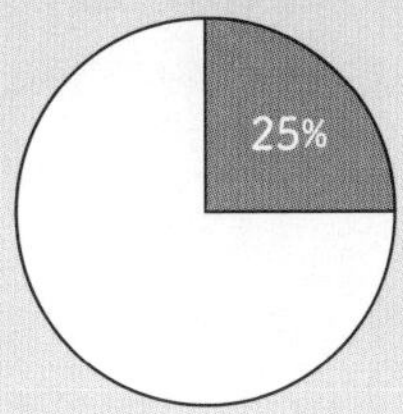

重要度

ここに注意!!

試験の４分の１を占めるほど出題率は高く、ここを取りこぼしてはいけません。食中毒の発生原因や消毒と殺菌の違いなど、覚えることがたくさんありますが、本書に載っている表を、ただ眺めたり写したりするだけではいけません。項目を変えるなど、工夫して自分で表をつくってください。手を動かすことで、驚くほど頭のなかが整理されるはず。

出題範囲も広く、難易度も高いのですが、栄養学と同様、勉強すれば結果が出やすい科目です。食中毒と菌・ウイルスの関係性、HACCP、消毒については確実に押さえておきましょう

5.調理理論

調理の目的と、それぞれの食品に適した調理方法を学ぶことは、調理師にとって、もっとも基本であり、大切なことです。栄養が調理によってどのように変化するかをしっかりと理解しておく必要があります。また、最新の調理設備や調理器具についても学びます。献立作成はもちろん、実際の調理で求められる応用的な技術について問われても大丈夫なように、幅広い知識を身につけましょう。

出題に占める割合

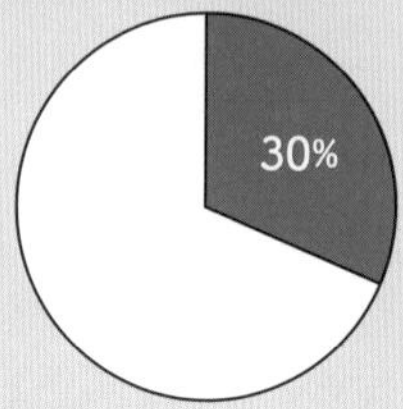

重要度

ここに注意!!

調理は科学です。理論さえしっかり理解して手順を守れば、大きく失敗することはありません。代表的な料理は繰り返しつくってみて、体感し、理論を確認するようにしてください。食材の変化についても、つくたりつくったものを食べたりして、自分できちんと実感するのが理解へのいちばんの近道。そうやって覚えたものは、記憶に残ります。

調理人であれば点数が稼げる領域でもあるともいえます。しかし、自分が経験の浅い料理（和洋中、菓子、給食など）については理解できていないと捉え、そこを集中学習しましょう

6.食文化概論

食は、宗教や民俗学、歴史など、多岐にわたる分野の影響を受けて、世界各国でそれぞれ発達してきた文化です。なかでも和食は、ユネスコの無形文化遺産に登録されるなど、世界に誇れる日本特有の文化だといえます。日本の食文化の歴史については、流れをしっかりと押さえておきましょう。また、食糧事情や近年の傾向を知り、未来予測についてもできるようになっておくとよいでしょう。

出題に占める割合

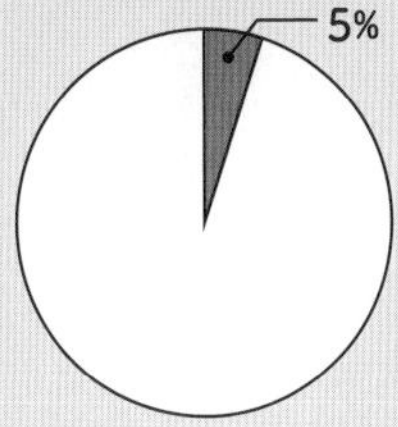

重要度

ここに注意!!

食文化概論も調理理論と同様「習うより慣れろ」。可能なかぎり、食べて覚えたいところです。わざわざ全国を訪れなくても、インターネットで取り寄せることも可能ですし、取り寄せまでしなくても、料理を実際に目にするだけでも、テキストで字面だけを追っているよりはるかに覚えやすいはず。ビジュアルから入っていきやすい科目です。

この科目は問題数が少なく、０点の可能性があり危険です。科目０点があるだけで不合格になり得ます。日本の食の歴史、郷土料理、海外の料理については頻出です。統計も意識すること

本書の使い方

本書は、2024年版の調理師試験に完全対応したテキストと問題集で構成されています。テキストを繰り返し学習し、問題を解き慣れることで、合格に近づくことができます。

テキスト

調理師試験合格に必要な6つの分野で構成されています。図やイラスト、表などもふんだんに掲載し、視覚からも理解を促すつくりになっています。

①重要度

近々の試験を数多く分析し、今年の出題傾向を分析したものです。★4つでランクわけしています。

②側注／豆知識

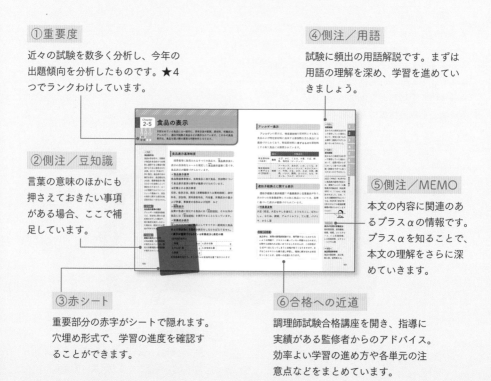

言葉の意味のほかにも押さえておきたい事項がある場合、ここで補足しています。

③赤シート

重要部分の赤字がシートで隠れます。穴埋め形式で、学習の進度を確認することができます。

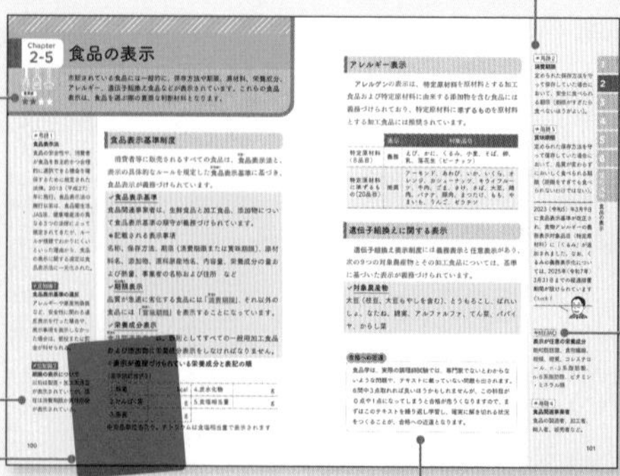

④側注／用語

試験に頻出の用語解説です。まずは用語の理解を深め、学習を進めていきましょう。

⑤側注／MEMO

本文の内容に関連のあるプラスαの情報です。プラスαを知ることで、本文の理解をさらに深めていきます。

⑥合格への近道

調理師試験合格講座を開き、指導に実績がある監修者からのアドバイス。効率よい学習の進め方や各単元の注意点などをまとめています。

問題集

各章末に、達成度テストがついています。○×で答える形式のもので、その単元をどのくらい理解できているかの目安となります。巻末には監修者が作成した模擬試験を2回分掲載。本番さながらの試験を繰り返し解くことで、合格に近づくことができます！

公衆衛生学

CONTENTS

Chapter 1

Chapter 1-1

公衆衛生学概論

重要度 ★★☆☆

私たちが生活を送るうえで、もっとも重要な要素の1つが健康であり、維持・増進するための公的な活動が「公衆衛生」です。このページでは、公衆衛生の定義やその対象領域について説明します。

MEMO

公衆衛生と調理師

公衆衛生の対象である衛生行政や労働衛生は、調理師の業務と、とくに関連が深い。

用語1

生存権

誰もが人間らしく生きる権利がある。その権利を保障するのは、国。そのため、日本国憲法に掲げられている。

用語2

公衆衛生学

疫学、生物統計学、医療制度がおもな区分であり、環境、社会、職業、食品に関する衛生も重要な分野となる。

用語3

公衆衛生活動

健康増進のために行われる組織的な活動のこと。

公衆衛生は憲法25条の生存権に基づく

公衆衛生とは、人々の健康の維持・増進を図って疾病を予防するために、国や地方自治体、地域社会などが行う活動のこと。イェール大学（アメリカ）の教授だったウィンスロウは、公衆衛生を次のように定義しています。

✓ウィンスロウの公衆衛生の定義

地域社会の努力を通じて、疾病を予防し、寿命を延長し、身体的・精神的健康と能率の増進を図る科学であり、技術である。

また、日本の公衆衛生は、日本国憲法第25条において保障されている**生存権**[用語1]に基づいています。

✓日本国憲法第25条（生存権）

①すべて国民は、健康で文化的な最低限度の生活を営む権利を有する。

②国は、すべての生活部面について社会福祉、社会保障および公衆衛生の向上および増進に努めなければならない。

なお、公衆衛生を実現するための科学的な技術や方法を「**公衆衛生学**[用語2]」といい、公衆衛生を目的として行われる活動を「**公衆衛生活動**[用語3]」といいます。

WHOによる健康・健康増進の定義

公衆衛生は人々の健康を守り、育てるためのものです。ではそもそも、健康とはどのような状態を指すのでしょうか。1947年に採択された**WHO**[豆知識1]**（世界保健機関）憲章**は、健康を次のように定義しています。

✓WHO憲章（日本WHO協会訳）

- 健康とは、病気でないとか、弱っていないということではなく、肉体的にも、精神的にも、そして社会的にも、すべてが満たされた状態にあることをいいます。
- 人種、宗教、政治信条や経済的・社会的条件によって差別されることなく、最高水準の健康に恵まれることは、あらゆる人々にとっての基本的人権の1つです。

また、1950年代ころは、健康を維持するために必要なのは、**感染症**の予防や、**感染機会**を避けることだと考えられていました。しかし、1986年に**WHO**[用語4]の国際会議で採択された「**オタワ憲章**[豆知識2]」において、「人々が自らの健康をコントロールし、改善することができるようにするプロセスである」と定義された**健康増進（ヘルスプロモーション）**が提示されました。また、健康であるには平和や教育、食糧など安定した基盤などが前提条件となることが示され、これ以降、健康増進を図るには、社会的な環境の改善も重要だという認識が広がりました。

公衆衛生の対象

公衆衛生のおもな対象領域は以下のとおりです。
①環境衛生（住居や衣服の衛生、上下水道の衛生、ごみ・し尿処理、害虫・害獣駆除、公害対策など） ②衛生行政（衛生教育、衛生統計、衛生法規） ③疾病予防（疫学、感染症予防、食品衛生・食中毒予防など） ④保健衛生（生活習慣病の予防、栄養改善、母子の衛生、精神衛生など） ⑤労働衛生 ⑥学校保健

豆知識1
WHO憲章による健康定義
日本では1951年に官報で告知された。

用語4
WHO
世界保健機関。国連の専門機関の1つで、保健衛生の分野で始動・提案・勧告などを行う。1948年に発足。公衆衛生に関わる国際機関はほかにFAO、ILOなどがある。
➡22〜23ページ

豆知識2
オタワ憲章とは
健康増進（ヘルスプロモーション）を定義し、提示している。

MEMO
環境衛生
人間の健康や疾病について周辺の環境に注目し、その改善を目指すことをいう。

日本国憲法第25条とWHO憲章の健康の定義は試験によく出るので、内容をしっかり押さえておきましょう!
Check!

Chapter 1-2

公衆衛生行政

重要度 ★★☆☆

国民の疾病の予防・治療や、健康の保持・増進のために行われる公衆衛生活動を「公衆衛生行政」といいます。さまざまな衛生法規に基づく公衆衛生行政について説明していきます。

公衆衛生行政の4つの分野

公衆衛生行政[豆知識1]は、その対象によって次の4つに分けられます。(　) 内は管轄の省庁です。

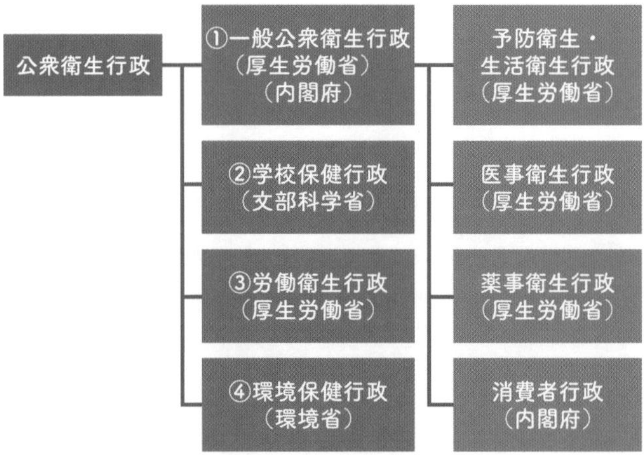

公衆衛生行政の中心的機関・保健所

公衆衛生行政を実現するための中心的かつ公的な機関として設置されているのが**保健所**です。

保健所は、「**地域保健法**[用語1]」によって**都道府県、保健所政令市**（指定都市、中核市、その他）、**特別区**[用語2]に設置され、全国で468か所あります（ただし、本所の数。2023（令和5）年4月1日現在。健康局健康課地域保健室調べ）。

豆知識1

公衆衛生行政の4つの分野の詳細

①一般公衆衛生行政
（厚生労働省・内閣府）
地域社会と、そこで暮らす家庭の生活全般が対象。

②学校保健行政
（文部科学省）
学校生活を送る幼児・児童・生徒・学生・教職員などの健康の保持増進を図る。食中毒や感染症の予防・対策なども含む。

③労働衛生行政
（厚生労働省）
会社や工場、店舗など、事業所で働く人などの健康や安全を守り、疾病を予防するために行われる。

④環境保健行政
（環境省ほか）
公害の防止や自然環境の保護・整備など、人の健康の保持・増進のために生活環境の保全に取り組んでいる。

MEMO

保健所の職員

医師、歯科医師、獣医師、薬剤師、保健師、助産師、看護師のほか、診療放射線技師、臨床検査技師、

公衆衛生行政は、次のような経路で行われます。

保健所は、疾病の予防、衛生の向上など、地域住民の健康の保持・増進に関する業務を行っています。業務内容は**地域保健法**で定められています。

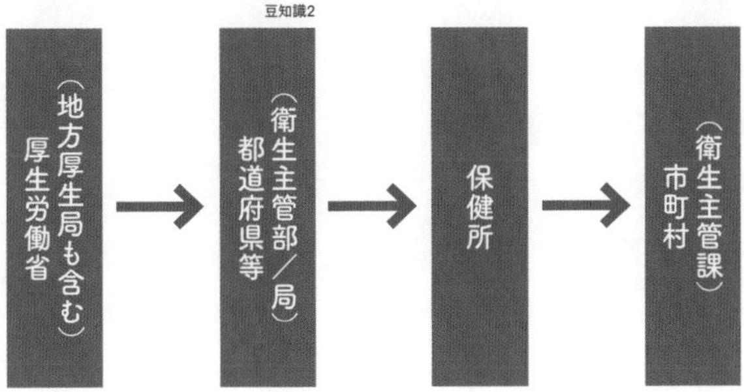

保健所と市町村保健センター

保健所とともに、地域住民の健康保持・増進の業務にあたっているのが**市町村保健センター**[用語3]です。健康相談、保健指導、健康診査など、対人的な保健サービスを実施しています。なお、市町村保健センターは、地域保健法に基づいて多くの市町村に設置されており、全国に2,420か所あります（2023（令和5）年4月1日現在。健康局健康課地域保健室調べ）。

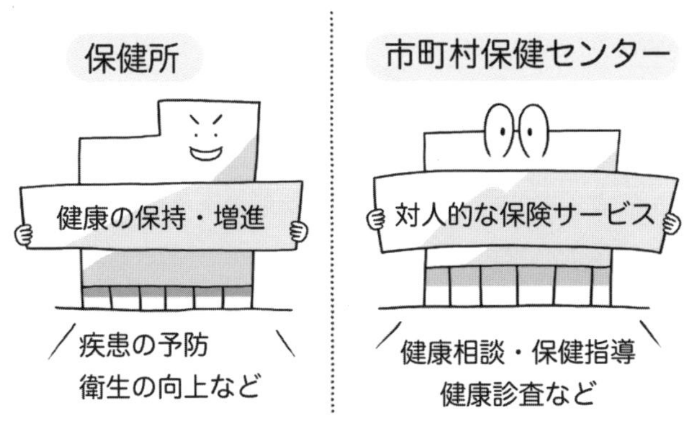

管理栄養士、栄養士、歯科衛生士、統計技術者など、医療にかかわる人々が携わる。

調理師にもっとも関係が深いのは、公衆衛生行政のうちの「予防衛生・生活衛生行政」です

Check！

用語1

地域保健法

地域保健対策の推進に関する基本方針や保健所の設置などを定めた法律。1994（平成6）年に制定された。

用語2

特別区

東京都内23区のこと。

豆知識2

都道府県等の公衆衛生行政関連機関

都道府県等の公衆衛生行政関連機関には、衛生研究所、環境研究所などの試験研究機関や市町村保健センター、精神保健福祉センターなどがある。

用語3

市町村保健センター

市町村が設置し、保健師、看護師、栄養士などが配置されている。「保健センター」とも呼ばれる。

MEMO
保健所の機能
「ペットや動物」については記載されていない。

試験では、保健所の機能について「ペットの健康に関する事項」や「動物の衛生に関する事項」の有無を問う問題がよく出されます。引っ掛け問題ですので注意しましょう
Check！

保健所も市町村保健センターも、すべての市町村に設置されているわけではありません。注意しましょう
Check！

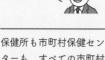

✓**地域保健法に基づき保健所が行う事業**

①地域保健に関する思想の普及および向上に関する事項
②人口動態統計その他地域保健に係る統計に関する事項
③栄養の改善および食品衛生に関する事項
④住宅、水道、下水道、廃棄物の処理、清掃その他の環境の衛生に関する事項
⑤医事および薬事に関する事項
⑥保健師に関する事項
⑦公共医療事業の向上および増進に関する事項
⑧母性および乳幼児並びに老人の保健に関する事項
⑨歯科保健に関する事項
⑩精神保健に関する事項
⑪治療方法が確立していない疾病その他の特殊の疾病により長期に療養を必要とする者の保健に関する事項
⑫感染症その他の疾病の予防に関する事項
⑬衛生上の試験および検査に関する事項
⑭その他地域住民の健康の保持および増進に関する事項
（「地域保健法」第6条より）

公衆衛生に関わる国際機関

公衆衛生に関わるおもな国際機関は以下のとおりです。

✓**WHO（World Health Organization／世界保健機関）**
国際連合の専門機関の1つ。国際保健事業の指導および調整機関として、感染症およびそのほかの疾病の撲滅事業の推進、生物学的製剤および類似の医薬品、食品に関する国際的基準の発展・向上などを行っています。

✓**FAO（Food and Agriculture Organization of the United Nations／国際連合食糧農業機構）**
国際連合の専門機関の1つ。貧困と飢餓をなくすために、

食料の安全保障と栄養、作物や家畜、漁業と水産養殖を含む農業、農村開発などを進めています。

✔ILO（International Labour Organization／国際労働機関）

労働者の権利、生活、健康、安全などを守るために活動しています。

✔UNICEF（United Nations Children's Fund／ユニセフ、国際連合児童基金）

世界中の子どもの健康および栄養の増進のための活動を行っています。

✔UNEP（United Nations Environment Programme／ユネップ、国際連合環境計画）

環境分野における国連の主要な機関として、気候変動、環境ガバナンス、生態系管理、化学物質・廃棄物などの分野で国連活動・国際協力を進めています。

MEMO

UN（United Nations）

国際連合。第二次世界大戦直後の1945年10月に設立された、国際平和と安全の維持をおもな目的とする、普遍的な平和機構である。本部はアメリカのニューヨークにある。WHOやFAOは国際連合の中の機関の１つである。日本は1956年12月に加盟した。

WHO本部があるのはスイスのジュネーブで、日本が加盟したのは1951年５月です。UN（国際連合）の本部のある場所、加盟時期との違いも押さえておきましょう

Check！

MEMO

UNESCOとは

United Nations Educational Scientific and Cultural Organization。国際連合教育科学文化機関（ユネスコ）。教育、科学、文化を通じ、世界平和と人類の福祉に貢献することを目的として活動する国際機関。公衆衛生に直接関わるわけではないが、国際機関の１つとして覚えておくと良い。

➡260ページ

Chapter 1-3

公衆衛生活動の指針（衛生統計）

重要度 ★★★★

公衆衛生活動を進めるにあたって重要なのが衛生統計です。衛生統計には人口統計、疾病統計、医療統計、栄養統計などがあります。それぞれの内容や計算式について押さえておきましょう。

衛生統計とは

公衆衛生活動を行ううえで指針となるのが、人口や出生率、死亡率といった統計です。このような、公衆衛生活動に必要な統計を**衛生統計**といいます。

衛生統計には、**人口統計**、**疾病統計**、**栄養統計**などがあります。それぞれの統計の内容や計算式について見ていきましょう。

人口統計

人口統計は、**人口静態統計**[用語1]と**人口動態統計**[用語2]に分けられます。人口静態統計とは、ある時点での人口およびその構造の統計です。日本においては、5年ごとにすべての人と世帯を対象に行われる**国勢調査**[用語3]がこの人口静態統計にあたります。国勢調査以外に人口静態統計のおもな内容として老年人口指数と従属人口指数の2つが挙げられます。

✓**老年人口指数**

100人の労働者が支える高齢者の数です。2022（令和4）年の人口推計では48.8となっています。

老年人口指数の計算式

老年人口（65歳以上）÷生産年齢人口（15～64歳）×100

用語1
人口静態統計
人口静態統計のデータはほかに、100人の労働者が支える高齢者の数を示す「老年化指数」、15歳以上の人口に占める労働力人口の割合を示す「労働力人口比」がある。

用語2
人口動態合計
公衆衛生活動においてもっとも利用的価値が高い、基本資料。

用語3
国勢調査
日本に住んでいるすべての人および世帯を対象とする国のもっとも重要な統計調査。国内の人口や世帯の実態を明らかにするため、5年ごとに行われる。

✓ **従属人口指数**

100人の労働者が支える子どもと高齢者の数です。2022（令和４）年の人口推計では68.4となっており、3人で2人を支えることになります。

従属人口指数の計算式

年少（15歳未満）人口＋老年人口÷生産年齢人口×100

一方、人口動態統計とは、**戸籍法**に基づく**出生届**、**死亡届**、**婚姻届**、**離婚届**、死産の届出に関する規定に基づく**死産届**の5つを集計し、ある一定期間における人口の変化などをみる統計で、次のような項目があります。

✓ **出生率**

人口1,000人あたりの年間出生数です。1947（昭和22）年は34.3％でしたが、以降は低下し、2021（令和３）年は6.6％でした。少子化は、日本の抱える大きな社会問題となっています。

出生率の計算式

年間出生数÷人口×1,000

✓ **合計特殊出生率**

１人の女性が一生の間に産む子どもの数です。出生率と同様に近年は低下が続いています。1947（昭和22）年では4.54人でしたが、2021（令和３）年では1.30人となっています。

合計特殊出生率の計算式

15～49歳までの女性の年齢別出生数÷15～49歳までの女性の年齢別人口

✓ **乳児死亡率**

出生1,000人あたりの年間乳児死亡数です。1947（昭和22）年の乳児死亡率は76.7でしたが、年々下がり、2021（令和３）年は1.7となっています。 これは世界でもトップクラスの水準です。

人口動態統計は、公衆衛生活動においてもっとも利用的価値が高い、基本資料といえるでしょう

Check！

MEMO

人口の維持に必要な合計特殊出生率

2.07といわれている。

乳児死亡率は、衛生状態を知るうえで重要な指標の1つです

Check！

MEMO

死亡率と年齢調整死亡率の違い

死亡率とは、年齢の要素をそのままにして計算するものであり、高齢化に伴って数値は「上昇」傾向。一方、年齢調整死亡率とは、年齢の要素を抜いたうえで、衛生的な要因での死亡をより「見える化」するために計算されるものであり、衛生環境の向上により数値は「低下」傾向。

乳児死亡率の計算式

1年間の乳児死亡数÷年間出生数×1,000

✔死亡率（粗死亡率）

人口1,000人あたりの年間死亡数です。2021（令和3）年の死亡率は11.7となっており、国際的にみても低い水準といえます。ただし、1983（昭和58）年ころから上昇傾向にあり、これは高齢者が多く、若年者が少なくなっているからだと考えられており、今後も増えると予想されています。

死亡率（粗死亡率）の計算式

1年間の死亡数÷人口×1,000

✔死因別死亡率

人口10万人あたりの死因別の死亡数です。2021（令和3）年の調査では次のような結果となっています。

1位　悪性新生物（あくせいしんせいぶつ）（腫瘍（しゅよう））　26.5%
2位　心疾患（しんしっかん）（高血圧性を除く）　14.9%
3位　老衰（ろうすい）　10.6%
4位　脳血管疾患（のうけっかんしっかん）　7.3%
5位　肺炎（はいえん）　5.1%

（死亡者数に占める割合）

死因別死亡率の計算式

1年間の死因別死亡数÷人口×100,000

人口動態統計の項目としては、ほかに、**自然増減率**[用語4]、**死産率**[用語5]、**新生児死亡率**[用語6]、**周産期死亡率**[用語7]などがあります。

そのほかの統計

平均余命や平均寿命などがわかる統計が、厚生労働省が作成している「**生命表**[用語8]」です。国勢調査による情報をもとに5年ごとに作成する「**完全生命表**」、毎年作成する

用語4
自然増減率
人口1,000人あたりの1年間の人口自然増減数。
自然増減率の計算式
（年間出生数－年間死亡数）÷人口×1,000

用語5
死産率
出産1,000人あたりの死産（妊娠満12週以後の死産）数。
死産率の計算式
年間死産（自然＋人工）数÷年間出産（出生＋死産）数×1,000

用語6
新生児死亡率
出生1,000人あたりの新生児（生後4週間未満）の死亡者数。
新生児死亡率の計算式
年間新生児死亡数÷年間出産数×1,000

用語7
周産期死亡率
出産1,000人に対する周産期の死亡数。
周産期死亡率の計算式
年間周産期死亡数（年間の妊娠満22週以降の死産数＋年間の早期新生児死亡数）÷年間出産数×1,000

「**簡易生命表**」などがあります。

✓平均寿命

いま0歳の人が、今後何年生きられるかの平均を示しています。「令和3年簡易生命表」によると、男性の平均寿命は81.47年、女性の平均寿命は87.57年でした。これは国際的にみても高い水準にあります。日本人の平均寿命は延伸傾向です。

✓平均余命

ある年齢に達した人が、平均であと何年生きられるかを表した数字です。

✓健康寿命

「健康上の問題で日常生活が制限されることなく生活できる期間」のこと。2019（令和元）年の健康寿命は男性72.68歳、女性75.38歳となっています。なお、平均寿命と健康寿命の差は、日常生活に制限のある「不健康な期間」であることを意味しており、健康寿命を伸ばして平均寿命と健康寿命の差を縮めることが重要視されています。2019（令和元）年に策定された「健康寿命延伸プラン」は、2040年度までに男女ともに75歳以上にすることを目指しています。

進む高齢化

高齢化を示す指標としては、高齢化率や老年人口指数があります。

✓高齢化率

総人口、または、ある地域の人口に、65歳以上の高齢者人口が占める割合です。厚生労働省によると、日本の総人口は2020（令和2）年の1億2,615万人から、2070年には8,700万人に減少。高齢化率は2020（令和2）年の

用語8

生命表

ある期間における死亡状況（年齢別死亡率）が今後変化しないと仮定したときに、各年齢の者が何年以内に死亡する確率や平均してあと何年生きられるかという期待値などを、死亡率や平均余命などの指標（生命関数）によって表したものである。

28.6％から上昇し、2070年には38.7％になると推計されています。なお、15歳未満人口の割合は世界でもっとも低く、65歳以上人口の割合は世界でもっとも高い水準となっています。

✓老年人口指数

15～64歳の人口100に対する、65歳以上人口の割合です。2020（令和２）年の老年人口指数は48.0でしたが、2070年には74.2になると推計されています。

疾病統計

衛生統計の1つに、**疾病統計**があります。これは人々がどのような病気にかかっているのか、疾病の発生や蔓延（まんえん）の実態を早く知るための統計です。

疾病統計のうち、**国民生活基礎調査**（用語9）に基づいて作成されるものを**一般疾病統計**といいます。

✓有訴者率（豆知識1）

人口1,000人に対する、病気やケガなどの自覚症状のある人（有訴者）の割合です。

有訴者数の計算式

有訴者数÷世帯人員数×1,000

✓通院率

人口1,000人に対する、医療施設や施術書に通院・通所している人の割合です。

通院率の計算式

通院者数÷世帯人員数×1,000

✓受療率

人口10万人に対する、調査日に医療施設で受領した推計患者数の割合です。受療率は厚生労働省が毎年行う「患者調査」により把握されています。

用語9

国民生活基礎調査

国民生活基礎統計を作成するために、厚生労働省が行う基幹統計調査である。全国から無作為に抽出した世帯・個人を対象に、3年ごとに大規模調査、その中間の各年に小規模調査を行う。

豆知識1

近年の日本国民の有訴者率

令和４年の性別、年齢階級別に見た有訴者率（人口1,000人対）では、男性246.7、女性304.2、総数276.5となっており、国民の４人に１人以上が有訴者である。

受療率の計算式

調査日の全国推計患者数÷調査日の総人口×100,000

✓り患率

人口10万人に対する、ある特定の疾患の患者数です。

り患率の計算式

年間の発生患者数÷人口×100,000

✓有病率

ある時点における、人口1,000人あたりの有病者数です。

有病率の計算式

その時点の患者数÷ある時点における人口×1,000

食中毒統計

食中毒に関する統計調査です。食中毒が発生した場合、医師は24時間以内に最寄りの**保健所**に届け出なくてはいけません。保健所はその後、**食中毒調査**を行い、都道府県などに報告します。この報告をもとに、作成された全国的な統計を**食中毒統計**といいます。なお、**食中毒調査**は**食品衛生法**[用語10]に基づいて実施されます。

栄養統計

国民の栄養に関する統計のことです。代表的なものに、健康増進法に基づいて厚生労働省が毎年実施する**国民健康・栄養調査**があります。国民健康・栄養調査は、国民の健康状態や栄養摂取量、生活習慣について明らかにし、国民の健康の増進の総合的な推進を図るための基礎資料を得ることを目的としています。

用語10

食品衛生法

憲法第25条の「公衆衛生の向上および増進」に基づき、飲食物、あるいは飲食によって起こる衛生上の危害を防止する目的でつくられた。

➡146ページ

①人口静態統計と、人口動態統計は1文字違いですが、意味が異なります。

- 人口静態統計の代表的なものは何ですか?
- 人口動態統計をつくる5つの届けは何でしたか?

②保健所は原則として都道府県が設置します。

- 保健所は現在何か所ありましたか?
- 市にも保健所がある例があります。それは何という名称でしたか?

基本的な引っ掛けポイントです。答えられるようになっておきましょう

Check!

Chapter 1-4

調理師法

重要度 ★★☆☆

調理師は、調理師法に基づいた国家資格です。ここでは、調理師法の概要から、調理師になるまでの流れ、免許取得後に必要な手続きまで、詳しく説明します。

調理師法の概要と調理師の定義

調理師ともっとも深い関わりがある法律が**調理師法**[用語1]です。調理師法には次のような目的があります。

✓調理師法の目的

この法律は、調理師の資格等を定めて調理の業務に従事する者の資質を向上させることにより調理技術の合理的な発達を図り、もつて国民の食生活の向上に資することを目的とする。(「調理師法」第1条(目的)より)

なお、「調理師」という名称を用いて調理業務に従事できるのは、都道府県知事の免許を受けた人のみです。調理師免許をもたない人が調理師を名乗ったり、調理師と間違えるような名称を使ったりすることは許されていません。これを「**名称独占**[豆知識1]」といい、違反した人は30万円以下の罰金に処せられます。

調理師免許を取得するまでの流れ

次の2つのどちらかの方法で、調理師免許を取得することができます。

1. 調理師養成施設を修了する

厚生労働大臣が指定する**調理師養成施設**(調理師専門学校、調理科などがある高校・大学など)で1年以上学び、卒業すると、調理師免許の申請・取得ができます。

用語1
調理師法
1958(昭和33)年5月10日に公布され、同年11月9日に施行された。

免許がなくても調理業務に就くことは可能です
Check!

豆知識1
名称独占とは
名称独占の資格はほかに、栄養士、保育士、保健師、作業療法士などがある。なお、その資格をもっている人だけが独占的にその仕事を行えることを「業務独占」という。業務独占には医師、看護師などが該当する。

調理師免許取得には1年で取れる方式と2年で取れる方式があることに注意してください。うろ覚えして、混同してしまうことがよくあります
Check!

2. 調理師試験に合格する

各都道府県が実施する**調理師試験**[豆知識2]を受け、合格すれば調理師免許の申請・取得ができます。ただし、調理師試験を受験するには、厚生労働省令で定められた飲食店や給食施設などにおいて、2年以上の調理業務経験が必要です。

調理師免許の申請～交付までの流れ

調理師養成施設を修了したか、あるいは調理師試験に合格したら、**調理師免許**[豆知識3]の申請手続きをします。まずは、次の書類を住所地の都道府県知事に提出します。

✓ **申請に必要な書類**

- 調理師免許申請書
- 調理師養成施設の卒業証書（証明書）、または調理師試験合格証書
- 戸籍抄本、戸籍謄本、または住民票の写し
- 医師の診断書（麻薬・あへん・大麻・覚せい剤の中毒者ではないことに関する診断書）

申請書類に間違いがなく、後述の**欠格事由**に該当しないと都道府県知事が認めた場合、都道府県の**調理師名簿**に登録され、免許が与えられ、免許証が交付されます。

免許が与えられない場合

調理師養成施設を修了しても、あるいは調理師試験に合格しても、次の**絶対的欠格事由**に該当する場合は、都道府県知事の判断により、免許が与えられません。また、**相対的欠格事由**に該当する場合は、免許が与えられない可能性があります。

豆知識2

調理師試験の受験資格

次のいずれかの施設で、2年以上調理業務に従事した経験が必要となる。

- 飲食店営業（旅館・簡易宿泊所を含む。喫茶店営業を除く）
- 魚介類販売業（販売のみは除く）
- 惣菜製造業／複合型惣菜製造業
- 寄宿舎、学校、病院等
- 給食施設（継続して1回20食以上または1日50食以上飲食物を調理して供与する施設）

調理師免許は申請手続きをしなければ交付されないので注意しましょう

Check !

豆知識3

調理師免許に登録される事項

①登録番号および登録年月日　②本籍地の都道府県名（日本の国籍を有しないものについてはその国籍）、氏名、生年月日および性別　③免許取得資格の種別　④免許の取り消しに関する事項　⑤その他厚生労働省令で定める事項（免許証を書換交付または再交付、あるいは登録を消除した場合には、その旨と理由および年月日）

✓**絶対的欠格事由**

その者の責任における調理業務において、食中毒そのほかの衛生上重大な事故を発生させて免許の取消処分を受けたあと、１年を経過していない者。

✓**相対的欠格事由**

薬、あへん、大麻または覚せい剤の中毒者、または、罰金以上の刑に処せられた者。

免許が取り消される場合

免許を取得したあとも、次に該当した場合は免許を取り消されることがあります。

①**麻薬**、**あへん**、**大麻**または**覚せい剤**の中毒者
②罰金以上の刑に処せられた者
③その者の責任における調理業務において、**食中毒**そのほかの**衛生上重大な事故**を発生させた場合

ただし、③の場合は1年経過後に再申請が可能です。また、都道府県知事は、**免許の取り消し**を行おうとするときは、その処分を受ける調理師に処分の理由を通知し、弁明および有利な証拠の提出の機会を与えなければならないと規定されています。

免許取得後の手続き

免許を取得したあとも、さまざまな手続きが必要です。

豆知識4
✓**2年ごとの届出の義務**

多数人に対して飲食物を調理して供与する施設などで調理の仕事をしている調理師は、調理師法第5条の2に基づき、**2年ごと**に、12月31日現在の氏名、住所などを、翌年の1月15日までに就業地の都道府県知事に届け出る

一度調理師となったものが何らかの理由で免許取り消し処分を受けた場合には、５日以内に、免許を与えた都道府県知事に免許証を返納しなければなりません

Check！

豆知識４

2年ごとの届出先

「就業地の都道府県知事」に行うが、そのほかの申請などを行うのは「免許を与えた都道府県知事」に対してである。

MEMO

調理師免許交付数の推移（単年度）

- 令和元年度　29,039
- 令和２年度　28,294
- 令和３年度　28,123

令和３年度までの総数（累計）は3,933,842となっている。

２年の間に引っ越ししても本籍地は移動していない場合は、住所の変更は必要ありません。もともと名簿に登録されるのは本籍地であり、現住所ではないからです

Check！

ことが義務づけられています。

✓名簿の訂正

本籍地や氏名の変更があった場合には、30日以内に免許を与えた都道府県知事に名簿の訂正を申請しなくてはいけません。

✓登録の削除

なんらかの事情により調理師の名簿登録を取り消したい場合は、調理師本人が、免許を与えた都道府県知事に削除を申請しなくてはいけません。また、調理師が死亡したり、失踪宣告を受けたりした場合は、届出義務者（同居している親族、そのほかの同居者、家主、地主、家屋土地管理人など）が、30日以内に、免許を与えた都道府県知事に名簿登録の削除を申請しなくてはいけません。

✓免許証の書き換え・再交付

[豆知識5]免許証の記載事項に変更があった場合は、免許を与えた都道府県知事に[豆知識6]**書き換え**を申請することができます。また、免許証を破損したり、紛失したりした場合は、**再交付**を申請できます。なお、再交付後になくした免許証が見つかったときは、出てきた免許証を5日以内に返納します。

✓免許証の返納

登録削除を申請する場合は、免許を与えた都道府県知事に免許証を返納しなくてはなりません。また、免許の取消処分を受けた場合は、5日以内に、免許を与えた都道府県知事に免許証を返納しなければなりません。

豆知識5

免許記載事項変更届出のタイミング

①5日…「偽造が怖いのですぐ届出せよ！」というもの（紛失、取消処分など）
②30日…「事情もあるだろうから早めに出して」というもの（名簿の訂正、死亡失踪）

「2年ごとの就業調理師の届出」と「免許証記載事項変更の届出」はまったく別と考えましょう。①就業調理師の届出とは、「調理師がどこで働いているのか」を「その働いている都道府県が定期的に知りたい」から求められるもの　②免許記載事項変更の届出は、「免許証に書いてある内容が変わった場合」に求められるもの

Check！

豆知識6

書換交付とは

免許証の記載事項に変更があった場合に、許可証の書き換えを希望する場合の申請のこと。

Chapter 1-5

調理師の役割

重要度 ★☆☆☆

調理師には、安全安心な料理の提供、食を通した健康づくりの促進、食文化の継承や醸成といった役割があります。また、資格取得後も技術および技能と、知識の向上が求められます。

MEMO

外食から中食へ

惣菜店やコンビニ、スーパーなどでお弁当や惣菜などを購入したりデリバリーサービスなどを利用したりして、家庭外で調理・加工されたものを購入して食べる形態の食事を「中食」という。中食の利用は年々増加しており、調理師の活躍の場も、外食産業だけでなく中食産業へと広がりつつある。

調理師は専門技術者

調理師は、飲食店のほかにも病院、学校、社会福祉施設、介護老人保健施設など、幅広い場面で活動しています。いずれの職場においても調理師は、国民の保健衛生上重要な役割をもつ**専門技術者**であるという自覚をもって職務に従事しなくてはいけません。

また、

- 良質な食事を通した健康づくりの推進
- 安全で安心な料理の提供
- 食事作法や伝統的な行事食など、豊かな食文化の継承および醸成

なども調理師の役割であり、求められる知識や技能は多岐にわたるうえ、高度な技術も求められます。

そんななか、調理の技術・技能を高めて調理師の地位向上を図り、食文化の発展、国民の食生活の向上・改善に寄与することを目的に実施されているのが、**調理技術技能評価試験**[用語1]です。

✓調理技術技能評価試験の概要

試験は**実技試験**と**学科試験**があります。

● 実技試験

次の6つの料理技術から1つを選んで受験します。

①すし料理　②中国料理　③給食用特殊料理

④日本料理　⑤西洋料理　⑥麺料理

● 学科試験

共通問題と**料理区分別専門問題**に分かれています。共通問題は、①食品衛生および公衆衛生　②食品および栄養、③関係法規　④安全衛生の4科目。料理区分別専門問題は、①調理一般　②調理法　③材料となっています。

調理技術技能評価試験に合格すると、厚生労働省から認定証書が交付され、実技試験で選択した料理技術ごとに、以下の「専門調理師」を名乗れるようになります。

- すし料理専門調理師
- 中国料理専門調理師
- 給食用特殊料理専門調理師
- 日本料理専門調理師
- 西洋料理専門調理師
- 麺料理専門調理師

また、**調理技能士**の称号と調理師学校の**教員資格**も与えられます。

調理師会

調理師法により、調理師はその資質の向上および合理的な調理技術の発達に寄与することを目的として、**調理師会**[用語2]を組織することができます。調理師会は、**調理師の指導**および**連絡**、**調理技術**の研究、調理師の**福祉**の増進などを行います。

また、相互の連絡および事業の調整を行うために、2つ以上の調理師会が**連合会**を組織することも可能です。

調理師の設置について

1981（昭和56）年に調理師法の一部が改正され、寄宿舎や学校、病院などの食堂や飲食店のように、多くの人のために調理をする施設などでは、調理師を置くように努めなければならないと規定されました（第8条の2）。

用語1

調理技術技能評価試験

1982（昭和57）年に創設された国家試験制度。現在は、厚生労働大臣に指定された公益社団法人調理技術技能センターが実施している。①～③のいずれかを満たしていれば受験できる。

①実務経験8年以上の調理師

②厚生労働大臣の指定する調理師養成施設卒業後、実務経験6年以上の調理師

③職業能力開発促進法に基づき、調理に関し専門課程の高度職業訓練または普通課程の普通職業訓練を修了後、実務経験7年以上の調理師。

調理技術技能評価試験を受けるには、実務経験年数のうち調理師の免許を有していた期間が3年以上、受験資格として必要です

Check！

用語2

調理師会

日本調理師会、新日本調理師会などのほか、各地に調理師会がある。

Chapter 1-6

調理師の職場環境

重要度 ★★☆☆

食の安全安心の確保には、調理師の職場環境の整備が欠かせません。食品衛生法に基づいた調理場の施設基準や、飲食店における労働災害についてみていきましょう。

調理場の環境

調理師が多くの時間を過ごす調理場は、食品の安全確保のため、**食品衛生法**[用語1]に基づき、**都道府県条例**によって施設の基準が定められています。その内容は都道府県によって違います。

✓東京都の飲食店の施設基準

●広さ

設備や機械器具の配置および食品などを取り扱う量に応じた十分な広さを有すること。

●床・内壁・天井

床面、内壁および天井は、清掃等をしやすい材料でつくられ、清掃等を容易に行える構造であること。また、床面および内壁の清掃等に水が必要な施設は、床面は不浸透性の材質でつくられ、排水が良好であること。内壁は、床面から容易に汚染される高さまで、**不浸透性材料**[豆知識1]で腰張りされていること。

●**照明設備**[豆知識2]

作業、検査および清掃等を十分にすることができるよう必要な照度を確保できる機能を備えること。

●駆除設備

必要に応じて、ネズミ（そ族）、昆虫等の侵入を防ぐ設備と、侵入した際に駆除するための設備を有すること。

●手洗い設備

用語1

食品衛生法

➡146ページ

施設基準（営業施設基準）は、営業の形態に関わらず共通するものと営業形態ごとの基準があり、食品営業許可を取得するにはそれぞれ施設基準を満たす必要があります

Check！

豆知識1

不浸透性の材質

コンクリート、ステンレス、合成樹脂など、水がしみ込まない材質のこと。

豆知識2

照明設備について

労働安全衛生法では、一般的な事務作業では300ルクス以上、付随的な事務作業では150ルクス以上と定められている。

従事者の手指を洗浄消毒する装置を備えた流水式手洗い設備を必要な個数有すること。なお、水栓は、洗浄後の手指の**再汚染**[豆知識3]が防止できる構造であること。

飲食店における労働災害

仕事中に起こる事故を**労働災害**といいます。「令和4年労働災害発生状況の分析等」によると、飲食店における死傷者数は増加傾向にあり、2022（令和4）年度は5,304人でした。

事故の型としては「転倒」によるものがもっとも多く、全体の30.1％を占めています。次いで、「切れ・こすれ」（20.3％）、「高温・低温物との接触」（15.4％）などです。飲食店における労働災害を防ぐには、次のような対策をとることが大切です。

✓労働災害への対策

- 転倒

4S[豆知識4]（整理、整頓、清掃、清潔）を徹底する。

- 切れ・こすれ

刃物から目線を外さないようにする。また、取り扱い時の注意事項の周知を徹底する。

- 高温・低温物との接触

適した服装の着用を徹底する。また、**フライヤー**[用語2]などの取り扱い時の注意事項をしっかり周知する。

豆知識3

手指の再汚染が防止できる構造

レバー式、押しボタン式、センサー式、足ふみペダル式など。蛇口をひねって水を出すタイプはNG。

「労働災害発生状況の分析等」は、労働災害の発生状況を分析した統計データで、厚生労働省が毎年発表しています。労働災害の発生状況を知ることは、労働災害を予防するためにとても重要です

Check！

MEMO

飲食店従業員の年齢層

飲食店は若年層の労働者が多く、それが労働災害のデータに反映されている。39歳以下の災害が43％と、全体の1/3以上を占めていることからもわかる。

豆知識4

4Sとは

整理、整頓、清掃、清潔。ローマ字表記の頭文字が4つともSであることから4Sといわれるようになった。

用語2

フライヤー

てんぷらやフライなど、いわゆる揚げ物を調理する器具。電気・ガスのほか、油を使わないものも。

Chapter 1-7

疾病予防～感染症と生活習慣病～

重要度 ★★★★

食により、感染症や生活習慣病などにかかることがあります。だからこそ、食のプロである調理師は、疾病に関する正しい知識を身につけ、その予防に努めることが大切です。

MEMO

宿主と感受性宿主

宿主とは寄生虫やウイルスなどが寄生する相手の生物（ヒト）を指す。感受性宿主とは感染症にかかりやすい人のこと。感染症に対する免疫力や抵抗力を高めることで、感染を予防する。

まずは、調理師自身の自己管理も徹底しておきましょう。①規則正しく生活する　②定期健診、予防接種を受ける　③つめは短く保ち、手洗いを習慣に　④髪型や服装は清潔を心がける　⑤調理中はマスクをし、ムダ話をしない

Check！

感染症とは？

感染症とは、**病原体**（**微生物**）が身体に侵入して繁殖することで引き起こされる疾病のことです。感染症は、**感染源**、**感染経路**、**感受性**の3つの要素がそろったときに発生・拡大します。

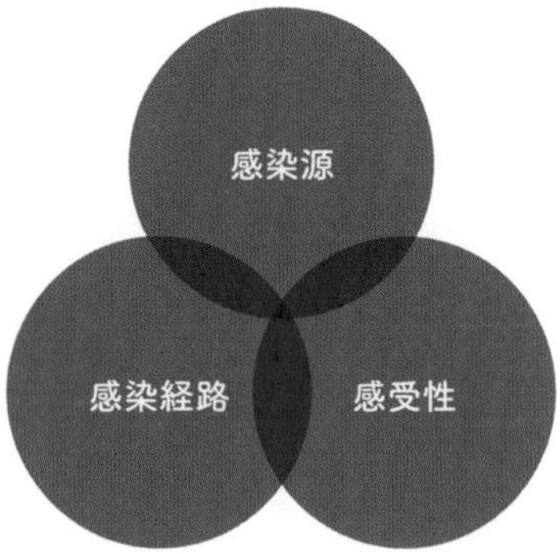

✓感受性が発生する3つの要素

●**感染源**

感染症の原因となる微生物（細菌、ウイルスなど）を含んでいるもの。

●**感染経路**

病原体が新たな宿主に伝わる経路のこと。

●**感受性**

感染を受ける可能性のこと。

感染症の種類と感染経路の分類

感染症は病原体によって次のように分類できます。

感染症の種類

病原体	感染症
細菌	細菌性食中毒、腸管出血性大腸菌感染症（O-157など）、百日ぜき、コレラ、ジフテリア、パラチフス、ペスト、破傷風、猩紅熱、赤痢、腸チフス、結核、レジオネラ肺炎、黄色ブドウ球菌感染症　など
ウイルス	インフルエンザ、肝炎（A、B、C型）、黄熱、日本脳炎、麻疹、風疹、水痘、エボラ出血ウィルス症、クリミア・コンゴ出血熱、ウイルス病、重症急性呼吸器症候群（SARS）、デング熱、狂犬病　など
スピロヘータ	梅毒、ワイル病　など
原虫	アメーバ赤痢、マラリア、トキソプラズマ症、クリプトスポリジウム症　など
クラミジア	オウム病、そけいリンパ肉芽腫症　など
リケッチア	ツツガムシ病、発疹チフス、Q熱　など

感染症に感染する経路は、**水平感染**[用語1]の**接触感染**、**飛沫感染**、**空気感染**、**媒介物感染**、**媒介動物感染**、**垂直感染**[用語2]の**母子感染**に大別できます。

感染経路の分類

感染経路	感染の流れ	おもな感染症
接触感染	●**直接接触感染** 感染源（感染者）に直接接触することで感染する ●**間接接触感染** 感染源が使った食器や下着、医療機器などを介して感染する	●**直接接触感染** 性感染症（梅毒、HIV感染症など）、狂犬病　など ●**間接接触感染** 赤痢、腸チフス、ジフテリア　など

MEMO

患者と保菌者の違い

患者は、感染症にかかっていて、症状がある人。一方、保菌者とは、感染症の病原体を体内に保有しつつも、その病気の症状を示さない人。

感染症法では保菌者のことを「無症状病原体保有者」といいます

Check！

用語1

水平感染

周囲の人やものから感染すること。新型コロナウイルス（COVID-19）は、この接触感染であるといわれていて、「3密」が推奨されていた。

用語2

垂直感染

母体から胎盤、産道、母乳を通じて乳幼児に感染すること。母子感染。

豆知識1
結核について
現代では少なくなったといわれる。潜伏期間が半年から2年と長く、合併症として発生することも。経気（空気）感染。

豆知識2
コレラの感染経路
海外から帰国した人がり患していたり、輸入食品からコレラ菌が検出されたりして、日本国内にもち込まれることがある。

飛沫感染	感染源（感染者）のせきやくしゃみといった飛沫などに含まれる病原体によって感染する	インフルエンザ、百日ぜき、ジフテリア、マイコプラズマ肺炎　など
空気感染	病原体が含まれた飛沫などが乾燥したものが空気中に浮遊し、それを吸い込んでしまい感染する。あるいは、病原体が付着したほこり・ちり、土壌で感染する	ノロウイルス、結核（豆知識1）、麻疹（はしか）、オウム病、Q熱　など
媒介物感染	病原体に汚染された水、食品、血液、虫などを介して感染する	B・C型肝炎、HIV感染症、コレラ（豆知識2）、食中毒、マラリア　など
媒介動物感染	感染した蚊、ノミ、ダニなどに刺されて感染する場合、ハエやゴキブリなどの体表面に付着した病原菌によって感染する場合などがある	日本脳炎、ポリオ、コレラ、腸チフス、ツツガムシ病、赤痢、マラリア　など
母子感染（垂直感染）	細菌やウイルスなどが、胎盤や産道、母乳などによって子どもに感染する	HIV感染症、梅毒、クラミジア感染症、B型肝炎　など

感染症の予防対策

感染症の蔓延（まんえん）を防ぐには、前述の感染症発生の3つの要素である「感染源」「感染経路」「感受性」を断つことが大切です。

✓感染源への対策

●届出

感染症や、感染症の疑いがある人を診察した医師は、最寄りの保健所長を介して**都道府県知事**にただちに届け出る義務があります。

●検疫

外国からの感染源の侵入に対しては、空港や港湾などで**検疫法**[用語3]に基づいた検疫が行われます。なお、日本国内に本来は存在しない病原体が海外から持ち込まれることで発生する感染症を「**輸入感染症**」といいます。

●拡大防止

患者や保菌者は**感染症指定医療機関**などに入院させるなどして治療を行い、**2次感染**[用語4]を防止します。また、特定の感染症の患者は、調理業務や接客業務、就業、登校などが制限されます。

✓ **感染経路への対策**

感染症患者が発生したら、感染が広がらないよう、すみやかに**感染経路**に対策を施すことが大切です。具体的には次のような対策が取られます。

●消毒・清潔保持

病原体で汚染されたもの（器物、衣類、建物、水など）や、患者の家の便所等を**消毒**し、**清潔**を保持します。

●感染予防

マスクやうがい、手洗いなどで、**病原体**が体内に侵入しないようにします。

●動物や昆虫などの駆除

感染源となる**動物**や**昆虫**などを**駆除**[用語5]します。

用語3
検疫法
外来の病原体が、日本国内に侵入するのを防ぐための法律。海外線旅客機の検疫などが規定されている。

用語4
2次感染
感染者から、さらに別の人に感染すること。また、最初に感染した疾病が感知する前に、別の病原体に感染してしまうこと。新型コロナに感染し、インフルエンザを続発するなど。

MEMO
感染源となる動物や昆虫
ネズミやハエなど。

用語5
駆除
害虫や病原菌などを取り除くこと。追い払ったり殺したりして遠ざける。

感染症は、まずは自分で予防することが大切。手洗い、うがいのほか、予防接種（➡42ページ）を受けるなど、自分でできる対策を、日ごろから行っておきましょう

Check！

✓感受性の対策

感受性宿主の**免疫力**や**抵抗力**を高めることも、感染症の蔓延予防・防止にはとても重要です。

● 予防接種

健康なときにワクチンを接種することで、感染症への**免疫**を獲得します。

● 生活改善

バランスのよい食事や適度な運動、休養を心がけ、よい健康状態を維持することが、**感染症に対する免疫力（抵抗力）アップ**につながります。また、万が一感染症にかかった場合でも、**軽症**ですむ可能性が高くなります。

予防接種制度

感染症対策上、重要度が高いと考えられる**予防接種**[用語6]については、**予防接種法**[用語7]に基づき、**行政**の費用負担による予防接種が行われています。このうち、一定の年齢において接種を受けることとされているのが**定期接種（定期予防接種）**です。

定期接種には、接種を受ける努力義務がある**「A類疾病」**と、接種の努力義務はない**「B類疾病」**があります。

✓A類疾病

● ジフテリア　● 百日ぜき　● 破傷風　● 日本脳炎
● 急性灰白髄炎（ポリオ）　● 水痘　● ロタウイルス
● ヒトパピローマウイルス（HPV）感染症

✓B類疾病

● 季節性インフルエンザ　● 高齢者の肺炎球菌感染症

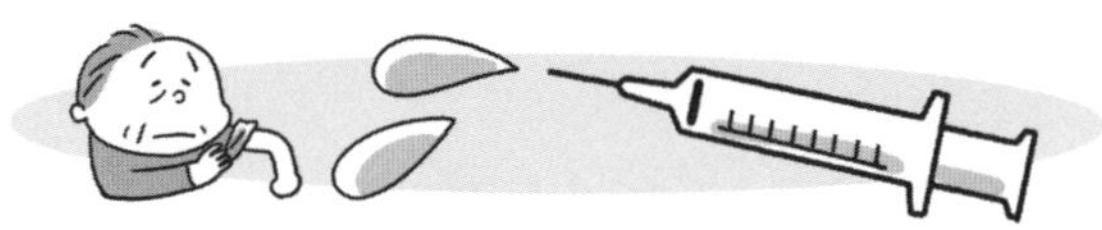

用語6

予防接種

ヒトの免疫のしくみを利用し、ワクチンを接種することで病気に対する抵抗力（免疫）を高める方法。多くの人の口に入るものを扱う調理師は、予防接種の完全実施に努める必要がある。

用語7

予防接種法

感染症の予防・症状の軽減・蔓延防止などを目的として1948（昭和23）年に制定された。

予防接種は、疾病の第1次予防策（➡46ページ）にあたります。1次予防は、日常生活のなかで、自分でできること。規則正しい生活や健全な食生活、適度な運動などを心がけましょう

Check！

感染症法

「**感染症法**」は、**感染症予防**と**感染症の患者**に関する法律です。感染症法第6条では、感染症はその感染力や危険度などに基づき**1～5類**に分類されています。代表的な感染症には次のようなものがあります。

感染症法における感染症の分類

類型	代表的な感染症
1	エボラ出血熱、クリミア・コンゴ出血熱、痘そう　など
2	急性灰白髄炎（ポリオ）、結核、ジフテリア、重症急性呼吸器症候群（SARS）、鳥インフルエンザ　など
3	**コレラ、腸管出血性大腸菌感染症（O-157など）、細菌性赤痢、腸チフス、パラチフス**
4	**E型肝炎、A型肝炎、Q熱、炭疽、ボツリヌス症**、ウエストナイル熱、エキノコックス症、黄熱、マラリア　など
5	**アメーバ赤痢、感染性胃腸炎、クリプトスポリジウム症、ジアルジア症**、インフルエンザ、新型コロナウイルス感染症、クラミジア肺炎、梅毒、百日ぜき、エイズ　など

※太字は飲食を介して起こる感染症

感染症法に基づき、1類、2類の感染症の患者には、都道府県が必要と認めたときは**入院**を勧告できます。また、1～3類の患者に対して**就業**を制限できます。このほか、1～4類の感染症や新型インフルエンザ等の感染症の発生予防、その他まん延予防のために必要であると認めたときは、都道府県知事は市町村などに対し、患者がいた場所など、病原体に汚染された場所の**消毒**を指示することができます。

MEMO

2次予防と3次予防

2次予防は早期発見と早期治療。適切な医療が求められる。3次予防は、後遺症の予防や社会復帰対策を目的とした再発防止策を指す。

➡46～47ページ

用語8

感染症法

正式名称は「感染症の予防および感染症の患者に対する医療に関する法律」。1998年（平成10）に制定、1999（平成11）年4月に施行された。「感染症予防法」ともいわれる。感染症法の目的は以下のとおり。

- 感染症の発生を予防する
- 蔓延を防止する
- 公衆衛生の向上および増進を図る

（第1条より）

豆知識3

飲食を介して起こる感染症

感染症法第6条で1～5類に分類されている感染症のうち、飲食を介して起こる感染症。

📚用語9

生活習慣病

以前は成人病といわれたが、1996（平成8）年頃から「生活習慣病」という用語が使われるようになった。

厚生労働省が2022年9月に公表した「2021年の人口動態統計（確定数）」によると、がんり患数は男女ともに膵臓がんが増加している一方で、男女ともに肝臓がんが減少傾向にあります。また、女性の乳がんおよび子宮がんも増加傾向です

Check！

📝MEMO

がんを防ぐための新12か条

日本人を対象とした疫学調査や、現時点で妥当な研究方法で明らかとされている証拠をもとにまとめられた。がん研究振興財団が2011（平成23）年に公開。

●がんを防ぐための新12か条

①たばこは吸わない　②他人のたばこの煙を避ける　③お酒はほどほどに　④バランスのとれた食生活を　⑤塩辛い食品は控えめに　⑥野菜や果物は不足にならないように　⑦適度に運動　⑧適切な体重維持　⑨ウイル

生活習慣病

生活習慣病[用語9]とは、食事や運動、休養、喫煙、飲酒などの**生活習慣**が深く関わっており、それらが発症の要因と考えられている疾患です。はっきりとした定義はありませんが、一般的に以下の病気を生活習慣病といいます。

✔悪性新生物（がん）

身体の中にできた細胞のかたまりを「**腫瘍**」、そのうち悪性のものを**悪性新生物（がん）**といいます。がんは、2021（令和3）年の死因第1位で、死因の26.5％を占めています。また、部位別のがん死亡数をみると、男性は肺、大腸、胃、女性は大腸、肺、すい臓の順になっています。がんの予防には、生活習慣の改善、禁煙、適度な運動などが重要とされています。

✔心疾患

心疾患は、**心臓**に起こる病気の総称です。なかでも、生活習慣が原因のものが**虚血性心疾患**（きょけつせい）です。虚血性心疾患は、動脈が細くなり、心臓を動かしている心筋に酸素や栄養が十分に行き渡らなくなることで起こります。心臓が一時的に血液不足になって胸に痛みを引き起こす**狭心症**（きょうしんしょう）や、血管が完全に詰まって胸に激しい痛みを生じる**心筋梗塞**（しんきんこうそく）などがあります。心疾患の予防は、基本的にはがんと同じです。また、十分な睡眠をとること、過労やストレスを避けることも大切です。

✔脳血管疾患（脳卒中）

（のうけっかんしっかん　のうそっちゅう）

脳血管疾患は、**脳の血管**のトラブルによって**脳細胞**が障害を受ける病気の総称です。代表的なものが**脳卒中**で、脳の血管が詰まる**脳梗塞**（のうこうそく）、脳の血管が破裂する**脳出血**、および**くも膜下出血**（まくかしゅっけつ）[豆知識4]があります。いずれも**高血圧**が最大の原因のため、減塩、節酒、適正体重の維持に努め、高

血圧自体を予防することが重要です。

✓糖尿病

糖尿病は、**すい臓**から分泌される**インスリン**（P122参照）というホルモンが不足したり働きが悪くなったりすることで、**血糖値**が高い状態が続く**代謝異常疾患**です。死亡率こそ低いものの患者数は多く、**網膜症**・**腎症**・**神経障害**などの**合併症**をともなうことも少なくありません。また、**動脈硬化**が進行して**心臓病**や**脳卒中**のリスクも高くなります。予防には、**適正体重**の維持、適度な**運動**、バランスがとれた健康的な**食習慣**がとくに重要です。

✓腎臓病

腎臓病にはさまざまな種類の病気がありますが、なかでも多いのが**糖尿病性腎症**です。糖尿病性腎症は**糖尿病**の**合併症**で腎臓の機能が低下した状態で、初期はほとんど自覚症状がありません。しかし、進行すると**腎不全**の状態になり、**人工透析**が必要となります。予防には、**血圧**の管理、**肥満**の予防、適度な**運動**、**節酒**、**禁煙**などが大切です。

✓肝臓病

日本では、肝臓病の多くはウイルス感染により肝細胞が破壊されて起こる**ウイルス性肝炎**ですが、なかには生活習慣が原因で引き起こされるものがあります。お酒の飲み過ぎによるアルコール性肝障害はその代表です。また、**過食**や**肥満**、**運動不足**などによって起こる非アルコール性の**脂肪肝**も、**肝炎**を発症して**肝硬変**へ移行したり、**肝がん**を発症したりするケースもあります。予防には、適量を守った**飲酒**、正しい**食習慣**、**肥満**の改善、良質な**たんぱく質**の摂取、適度な**運動習慣**などを心がけることが必要となります。

スや細菌の感染予防と治療　⑩定期的ながん検診を　⑪身体の異常に気がついたら、すぐに受診を　⑫正しいがん情報でがんを知ることから
（がん研究振興財団HPより）

豆知識4

くも膜下出血と予後

脳内出血のなかでも、とくに、くも膜と軟膜の間に出血する脳血管障害。予後は悪く、3分の1が死に至り、もう3分の1は何らかの障害が残り、寛解するのは残りの3分の1といわれている。

用語10

糖尿病

日本人の5～6人に1人がり患しているといわれる国民病。自覚症状が少なく、少しずつ進行するため、気がついたときには重篤な合併症が進展していることも多い。

用語11

人工透析

腎臓の働きが衰えると血液のろ過が十分に行われなくなってしまう。その際、人工的に血液の浄化を行う医療行為を指す。

メタボリックシンドローム

日本では、**ウエスト周囲径**が男性**85cm**・女性**90cm**以上で、なおかつ、**脂質異常症・高血圧・高血糖**のうち2つ以上が該当する場合、**メタボリックシンドローム**と診断されます。メタボリックシンドロームは**動脈硬化**を進行させ、**動脈硬化症疾患**(用語12)の危険性を高めます。

メタボリックシンドロームの診断基準

ウエスト周囲径

男性85cm以上　　女性90cm以上

※内臓脂肪面積100㎠以上相当

＋

以下3つのうち2項目以上あてはまる場合

1.脂質異常症(用語13)

高トリグリセライド血症：（中性脂肪）150mg／dL以上かつ／
または低HDLコレステロール血症：HDLコレステロール40mg／dL未満

2.高血圧

収縮期血圧130mmHg以上かつ／または拡張期血圧85mmHg以上

3.高血糖

空腹時血糖110mg／dL以上

疾病予防

感染症や生活習慣病といった疾病の予防対策は、1次予防、2次予防、3次予防の3つの段階からなります。

- 1次予防…宿主の免疫力（抵抗力）を高める、適度な運動、良質な睡眠により生活習慣を改善するなどして健康の保持・増進に努めたり、予防接種や消毒などで疾病の原因への対策を行ったりして、疾病の発生を未然に防ぎます。

用語12
動脈硬化性疾患
狭心症や心筋梗塞などの心疾患および脳出血、脳梗塞などの脳卒中を指す。

MEMO
脂質異常症と高脂血症
脂質異常症は、かつては高脂血症と呼ばれていた、「総コレステロール、LDLコレステロール、中性脂肪のいずれかが高いか、あるいはHDLコレステロールが低い人」を指す言葉だった。しかし、総コレステロールはLDLコレステロールとHDLコレステロールの総称で、HDLコレステロールが高くてLDLコレステロールが普通である人も高脂血症と診断される場合があった。また、HDLコレステロールだけ低い状態を「高」脂血症と呼ぶのは不適当であるという理由から、2007年4月のガイドラインの改訂に伴い、脂質異常症と名称が変更された。

用語13
脂質異常症
血液中の脂質（コレステロールや中性脂肪）の値が基準値から外れた状態。動脈硬化を起こしやすく、心筋梗塞や脳卒中のリスクが高くなる。生活習慣病の1つとされる。

- 2次予防…疾病が発症して間もない段階でできるだけ早く発見し、早期対処と適切な治療を行い、病気の進行を抑えます。また、合併症や重篤な障害などに発展しないよう対策します。
- 3次予防…病気が進行したあと、後遺症治療や再発防止、リハビリテーション、社会復帰などに向けて対策を行います。

合格への近道

病原体のなかで「ウィルス」と「菌」の違いは必ず押さえてください。P39「感染症の種類」を声に出して「インフルエンザウィルス」「肝炎ウィルス」「日本脳炎ウィルス」「食中毒菌」「O-157は大腸菌」「コレラ菌」「チフス菌」と唱えて覚えるとよいです。

- ペストは菌？　ウィルス？
- 水痘（みずぼうそう）は菌？　ウィルス？
- 重症急性呼吸器症候群（SARS）は菌？　ウィルス？

答えられましたか？

メタボリックシンドロームとは、食生活の乱れや運動不足などが理由で、内臓脂肪が必要以上に蓄積すること。さまざまな生活習慣病の原因となります。2001年にWHOが病名と診断基準を発表。日本における診断基準は2005年4月に公表されました

Check！

MEMO

内臓脂肪を減らすには

定期的な運動や食生活の改善など、地道な努力が必要。以前はカロリー制限が必要であるといわれていたが、近年では糖質過多こそ内臓脂肪蓄積の原因と指摘されている。

MEMO

BMI（Body Mass Index）

肥満や低体重（やせ）の判定に用いられる国際的な指標で、[体重（kg）]÷[身長（m）の2乗]で算出される。日本肥満学会は次のように分類している。

- BMI18.5未満：低体重（やせすぎ）
- BMI18.5以上25未満：普通体重
- BMI25以上：肥満
- BMI35以上：高度肥満

Chapter 1-8

健康増進法と食育基本法

重要度 ★☆☆☆

日本には、食に関するいくつかの法律があります。その代表的なものが健康増進法と食育基本法です。ここでは、それぞれの目的や基本的な内容について学びます。

健康増進法とは

健康増進法[用語1]は、生活習慣に関する知識の普及と、国民の健康増進を図るための法律です。「21世紀における国民健康づくり運動」(「健康21」) を推進する根拠になっています。

✓**健康増進法の目的とは**(健康増進法　第1条より)

①国民の健康の増進の総合的な推進に関し、基本的な事項を定める。

②国民の**栄養**の改善、そのほかの国民の**健康**の増進を図るための措置を講じる。

③以上をもって、国民保健の向上を図る。

✓**健康増進法で行うこと**

● **健康増進計画**の策定

厚生労働大臣は、国民の健康の増進の総合的な推進を図るための基本的な方針を定めます。

● **国民健康・栄養調査**[用語2]の実施

厚生労働大臣は、国民の身体の状況、栄養摂取量および生活習慣の状況を明らかにするため、国民健康・栄養調査を行います。

● **保健指導**や**栄養指導**など

市町村は、住民の健康の増進を図るため、栄養の改善や生活習慣の改善に関する相談に応じ、必要な栄養指導そのほかの保健指導を行います。

用語1

健康増進法

2003 (平成15) 年5月より施行。2018 (平成30) 年に「健康増進法の一部を改正する法律」(「改正健康増進法」)が制定され、2020 (令和2) 年に全面施行となった。

用語2

国民健康・栄養調査

健康増進法に基づき、厚生労働省が毎年実施している。調査の結果は、国民の健康の増進の総合的な推進を図るための基礎資料となる。

MEMO

栄養指導員

健康増進法に基づき、栄養指導を行う人をいう。保健所の管理栄養士などが、都道府県知事などから任命を受ける。

都道府県、**保健所**を設置する市および特別区は、より専門的な栄養指導を行います。また、特定かつ多数の者に対して継続的に食事を供給する施設（**特定給食施設**[用語3]）に、栄養管理の実施について必要な指導および助言を行います。

● 特定給食施設における栄養管理

特定給食施設の設置者は、厚生労働省令で定める基準にしたがい、適切な栄養管理を行わなければなりません。また、特定給食施設のうち、厚生労働省令が特別の栄養管理が必要な施設と定め、都道府県知事が指定した施設は、**管理栄養士**を置く義務があります。

● 受動喫煙[用語4]の防止

国および地方公共団体は、望まない受動喫煙が生じないよう、受動喫煙を防止するための措置を、総合的かつ効果的に推進するよう努めなければなりません。

● **特別用途食品**

乳幼児の発育や、妊産婦や病者の健康の保持・回復などといった、特別な用途に適した食品のことです。特別用途食品の表示には、**消費者庁長官**の許可が必要です。また、許可された食品は、特別用途食品であることを示すマークをつけなくてはなりません。

用語3

特定給食施設

特定かつ、多数の者に対して継続的に食事を供給する施設を給食施設という。そのなかでも、継続的に1回100食以上、または1日250食以上の食事を供給する施設を特定給食施設とする。食事を供する相手が不特定であったり、催しの際に臨時的に供したりする場合は、これにあてはまらない。

厚生労働省令が特別の栄養管理が必要な施設と定め、都道府県知事が指定した施設以外の特定給食施設は、栄養士または管理栄養士を置く努力義務があります

Check！

用語4

受動喫煙（じゅどうきつえん）

健康増進法では、「人が他人の喫煙により、たばこから発生した煙にさらされること」と定義されている。2020（令和2）年に全面施行された改正健康増進法により、たくさんの人が利用する施設は、原則屋内禁煙となった（ただし、喫煙専用室等の設置は可能）。

食育基本法とは

食育基本法[用語5]とは、食育を計画的かつ包括的に推進するために制定された法律で、食育に関する基本理念が定められています。

✓ **食育とは**（食育基本法　前文より）

- 生きるうえでの基本であって、知育、徳育および体育の基礎となるべきもの。
- さまざまな経験を通じて「食」に関する知識と「食」を選択する力を習得し、健全な食生活を実践することができる人間を育てるもの。
- 心身の成長および人格の形成に大きな影響をおよぼし、生涯にわたって健全な心と身体を培い、豊かな人間性を育んでいく基礎となる。

✓ **国、地方公共団体の責務**

都道府県と市町村は、**食育推進基本計画**[用語6]を基本とし、それぞれの地域の**食育推進会議**[用語7]でそれぞれの地域の**食育推進計画**を作成するよう努めなければなりません。

✓ **食育推進のための基本的な施策**

食育基本法では、国および地方公共団体が取り組む基本的な施策として、次のような取り組みを掲げています。

- 家庭における食育の推進
- 学校、保育所等における食育の推進
- 地域における食生活の改善のための取り組みの推進
- 食育推進運動の展開
- 生産者と消費者との交流の促進、環境と調和のとれた農林漁業の活性化など
- 食文化の継承のための活動への支援など
- 食品の安全性、栄養その他の食生活に関する調査、研究、情報の提供および国際交流の推進

用語5

食育基本法

2005（平成17）年、農林水産省が方針を定めたもので、7つの基本理念と施策を通じて、食育の推進の重要性を謳ったもの。同年7月15日より施行された。

食育はあらゆる世代の人に必要です。とくに子どもたちに対する食育は、心身の成長および人格の形成に大きな影響をおよぼします

Check！

用語6

食育推進基本計画

食育の推進に関する、施策についての基本的な方針や食育推進の目標などを定めたもの。

用語7

食育推進会議

食育を推進する食育推進基本計画を作成している。2016（平成28）年に内閣府から農林水産省に移管された。

第4次食育推進基本計画

「**第4次食育推進基本計画**」[用語8]では、次の3つが新たな重点事項として提唱されています。

✓3つの重点事項

①生涯を通じた心身の健康を支える食育の推進

②持続可能な食を支える食育の推進

③「新たな日常」やデジタル化に対応した食育の推進

また、第4次食育推進基本計画における食育の推進にあたり、以下のような目標が設定されています。

具体的な目標値

具体的な目標値	現状値（2020（令和2）年度）	目標値（2025（令和7）年度）
食育に関心をもっている国民の割合	83.2％	90％以上
朝食または夕食を家族と一緒に食べる「共食」の回数	週9.6回	週11回以上
朝食を欠食する子どもの割合	4.6％※	0%
学校給食における国産食材を使用する割合（金額ベース）を現状値（令和元年度）から維持・向上した都道府県の割合	－	90％以上
ゆっくりよく噛んで食べる国民の割合	47.3％	55％以上
環境に配慮した農林水産物･食品を選ぶ国民の割合	67.1％	75％以上
食品ロス削減のために何らかの行動をしている国民の割合	76.5％※	80％以上
郷土料理や伝統料理を月1回以上食べている国民の割合	44.6％	50％以上

※令和元年

MEMO

食育月間とは

国、地方公共団体、関係団体などが協力して、食育推進運動を重点的かつ効果的に実施し、食育の一層の浸透を図るため、毎年6月に設定されている。期間中は食育推進全国大会や、食育をテーマとした各種イベントなどが実施される。

用語8

第４次食育推進基本計画

2021（令和3）年に決定され、2025年（令和７）年度の概ね5年間を計画期間とする。3つの重点事項を柱に、以下の７つの内容を、とくに推進していく。

①家庭における食育　②学校、保育所等における食育　③地域における食育　④食育推進運動の展開　⑤生産者と消費者との交流促進、環境と調和のとれた農林漁業の活性化等　⑥食文化の継承のための活動への支援等　⑦食品の安全性、栄養そのほかの食生活に関する調査、研究、情報の提供および国際交流

Chapter 1-9

食と健康

重要度 ★★☆☆

健康増進法に基づき、厚生労働省は国民健康・栄養調査および健康日本21を実施しています。国民の健康・栄養状態の現状と、健康日本21の内容および目標について押さえておきましょう。

日本人の食の現状

2013（平成25）年度から国民健康づくり運動のため**健康増進法**に基づき、厚生労働省は毎年11月に「**国民健康・栄養調査**」（用語1）を実施しています。2019（令和元）年の結果は以下のとおりでした。

✓国民健康・栄養調査の結果

●エネルギー摂取量

1人1日あたり1,903kcalでした。

●脂質のエネルギー比率

1人1日あたり28.6%でした。なお、成人男性は27.4％、成人女性は29.2%となっており、女性のほうが高いという結果になっています。

●肥満の状況

肥満者（BMI≧25kg/m²）の割合は男性が33.0%、女性22.3%で、男性は2013（平成25）年以降、増加傾向にあります。

●高齢者の低栄養の状況

高齢者の**低栄養傾向**（BMI≦20kg/m²）の割合は男性が12.4%、女性が20.7%で、この10年間では男女ともに有意な増減はみられません。

●食塩摂取量（豆知識1）

食塩摂取量の平均値は10.1gで、成人男性は10.9g、成人女性は9.3gでした。

用語1

国民健康・栄養調査

身長、体重、血圧などの身体状況に関する事項、食事の状況やエネルギーおよび栄養素等摂取状況に関する事項、食習慣、運動習慣、休養習慣、飲酒習慣、歯の健康保持習慣などの生活習慣の状況に関する事項があり、国民の健康の増進の総合的な推進を図るための基礎資料として使われる。2021（令和3）年、2020（令和2）年は、新型コロナウイルス感染症の影響により調査が中止された。

豆知識1

日本人の食塩摂取量

「日本人の食事摂取基準（2020年版）」では、食塩摂取量の目標量は、成人男性7.5g未満、成人女性6.5g未満に設定されている。

● 食物繊維摂取量
成人男性は19.9g、女性は18.0gで、近年は減少傾向を示しています。
● 野菜摂取量
成人280.5gで、そのうち緑黄色野菜の摂取量は85.1gとなっています。なお、「健康日本21（第２次)」では、野菜類は１日350g以上食べるようすすめています。
● 運動習慣と歩数
運動習慣がある人の割合は、男性で33.4%、女性で25.1%でした。また、歩数の平均値は、男性は6,793歩、女性は5,832歩で、女性は減少傾向にあります。

健康日本21（第2次）

厚生労働省は**健康増進法**のもと、2000（平成12）年から「**健康日本21（21世紀における国民健康づくり運動）**」[用語2]を実施しています。2013（平成25）年度から2023（令和5）年度にかけては**健康日本21（第2次）**が展開されています。

健康日本21（第2次）の具体的な目標と現状（一部）

項目	策定時（2010／平成22年）の値	目標
健康寿命の延伸	男性70.42年 女性73.62年	平均寿命の増加分を上回る健康寿命の増加
がん検診受診率の向上	胃がん／男性36.6％ 女性28.3％ 肺がん／男性26.4％ 女性23.0％ 大腸がん／男性28.1％ 女性23.9％	50％

MEMO
食物繊維摂取量
「日本人の食事摂取基準（2020年版）」では、食物繊維摂取量の目標量は、成人男性21g以上、成人女性18g以上に設定されている。

運動習慣がある人とは、１回30分以上の運動を週２回以上実施し、１年以上継続している人をいいます

Check！

用語２
健康日本21
国民の健康の増進の総合的な推進を図るための基本的な方針。栄養・食生活、身体活動・運動、休養・こころの健康づくり、たばこ、糖尿病、循環器病、がんの９つの分野を設定し、それぞれで目標を設定している。2024（令和６）年度より、健康日本21（第３次）がスタートする予定。

がん検診受診率の向上	子宮頸がん／女性37.7％ 乳がん／女性39.1％	50％
糖尿病有病者の増加の抑制	890万人	1,000万人
自殺者の減少（人口10万人当たり）	23.4	13.0以下
適正体重を維持している者の増加（肥満／BMI 25以上、やせ／BMI 18.5未満の減少）	20歳～60歳代男性の肥満者の割合／31.2％ 40歳～60歳代女性の肥満者の割合／22.2％ 20歳代女性のやせの者の割合／29.0％	20歳～60歳代男性の肥満者の割合／28％ 40歳～60歳代女性の肥満者の割合／19％ 20歳代女性のやせの者の割合／20％
野菜摂取量の平均値	282g	350g
日常生活における歩数の増加	20歳～64歳／ 男性7,841歩 女性6,883歩 65歳以上／ 男性5,628歩 女性4,584歩	20歳～64歳／ 男性9,000歩 女性8,500歩 65歳以上／ 男性7,000歩 女性6,000歩
生活習慣病のリスクを高める量を飲酒している者の割合の減少	男性15.3％ 女性7.5％	男性13％ 女性6.4％
成人の喫煙[豆知識2]率の減少	19.5％	12％
80歳で20歯以上の自分の歯を有する者の割合の増加	25.0％	60％

健康をさまたげる要因

健康をさまたげる要因としては、**運動不足**、**ストレスの増大**、**過度な偏食**、**喫煙**[豆知識2]、**飲酒**などが挙げられます。ここでは、喫煙と飲酒のリスクについて説明します。

MEMO

健康日本21（第2次）の5つの柱

①健康寿命の延伸・健康格差の縮小　②生活習慣病の発症予防と重症化の予防の徹底　③社会生活を営むために必要な機能の維持・向上　④健康を支え、守るための社会環境の整備　⑤栄養・食生活、身体活動・運動、休養、飲酒、喫煙および歯・口腔の健康に関する生活習慣および社会環境の改善

豆知識2

喫煙と病気

とくに肺がん、虚血性心疾患、慢性閉塞性肺疾患（COPD）との関係が大きい。

MEMO

害のある受動喫煙

本人は喫煙しなくても、周囲のたばこの煙を吸ってしまうこと。

受動喫煙は肺がん、虚血性心疾患、脳卒中、乳幼児突然死症候群（SIDS）などを引き起こすリスクがります

Check！

✓喫煙

たばこの煙には、**一酸化炭素**、**ニコチン**、**タール**などの有害な成分が含まれています。タールには**発がん性**が、ニコチンには**依存性**（**中毒性**）があります。喫煙が**がん**のリスクを高めることはよく知られていますが、ほかにも、**脳卒中**や**虚血性心疾患**などの循環器疾患、**慢性閉塞性肺疾患**（**COPD**）や**結核**などの呼吸器疾患、**2型糖尿病**、**歯周病**などの病気とも関係しています。

✓飲酒

アルコールは、少量であれば気持ちをリラックスさせたり、会話を増やしたりする効果があります。しかし、過度な飲酒は、**肝臓病**や**すい臓病**、**がん**（口腔・咽頭・喉頭がん、食道がん、肝臓がん、大腸がん、女性の乳がん）の原因となるため、**適正飲酒**を心がけることが大切です。

特定健診・特定保健指導

健康状態や自覚がない疾病の有無を調べるために行う診察や検査を、**健康診断**といいます。企業が労働者に対して行う**一般健康診断**や、市町村が行う**基本健康診査**などがあります。

2008（平成20）年からは、**生活習慣病予防**を目的に、40歳～74歳を対象とした**特定健康診査**[豆知識3]（**特定健診**）・**特定保健指導**[用語3]の実施が義務化されました。特定健診では、**メタボリックシンドローム**[用語4]に着目した健診（通称**メタボ検診**）が行われます。

豆知識3

特定健康診査・特定保健指導の実施について

「高齢者の医療の確保に関する法律（高齢者医療確保法。➡70ページ）」に規定されている。

用語3

特定保健指導

生活習慣病の発症リスクは高いが、生活習慣を改善することで生活習慣病の予防効果が高くなると期待できる人に対して、専門のスタッフ（保健師、管理栄養士など）が生活習慣を見直すサポートを行うこと。

用語4

メタボリックシンドローム

内臓脂肪症候群。

➡46ページ

健康診断は疾病の2次予防に該当します。

2次予防➡P46～47

Check！

Chapter 1-10

労働と健康

重要度 ★★★☆

働いている人の健康保持・増進を図るためのさまざまな公衆衛生活動を労働衛生といいます。ここでは、労働衛生に関わる2つの法律や職業病、THPなどについて学習します。

労働衛生とは

労働者の生命や心身を、災害や職業上のケガ、疾病などから守り、**労働者の福祉と健康の向上を図る公衆衛生活動**を「**労働衛生**」といいます。労働衛生に関連する法律には、**労働基準法**と**労働安全衛生法**の2つがあります。

用語1
✓ **労働基準法**

労働契約や**賃金**、**労働時間**、**休日**、**年次有給休暇**、**災害補償**、**就業規則**、**女性**や**年少者**の労働、**衛生**、**寄宿舎**などについて規定した法律です。

用語2
✓ **労働安全衛生法**

労働者の**安全**と**健康**を確保し、快適な**職場環境**の形成促進を目的に制定された法律です。**安全衛生教育**や**作業環境**の整備・測定、**健康診断**の実施、**産業医制度**、**健康管理手帳**、病者の就業禁止、**体育活動**や**レクリエーション**などにおける便宜供与、**ストレスチェック**などが規定されています。

MEMO
全国労働衛生週間とは
10月1日から10月7日にかけて、厚生労働省が中心となって労働衛生の啓発活動を行う。

用語1
労働基準法
1947（昭和22）年に制定された。「労基法」ともいわれる。

MEMO
産後の就業について
使用者は、産後8週間を経過していない女性を終業させてはならない。

用語2
労働安全衛生法
1972（昭和47）年に制定された。「労安衛法」「安衛法」などともいわれる。

MEMO
便宜供与とは
他人のために金品などを提供する。便宜をはかる。特別なはからい。

職業病

ある職業ならではの作業条件や作業方法などが原因で起こる病気を**職業病**といいます。統計上は**業務上疾病**と呼ばれ、2021（令和3）年の該当者は、28,701人でした（新型コロナウイルス感染症のり患も含む）。

なお、職業病には次のようなものがあります。

✓職業病の例

じん肺[用語3]、**潜水病**[用語4]、熱中症、**放射線障害**[用語5]、難聴、**炭そ病**[用語6]、白内障、腰痛、振動による運動器障害、呼吸器疾患、皮膚疾患　など。

職業病の予防には、健康診断の受診のほか、作業条件や作業環境の整備が不可欠です。

労働災害

仕事中に起こる事故を**労働災害**といいます。2022（令和4）年の労働災害による死亡者数は774人、休業4日以上の死傷者数は132,355人で、過去20年で最多となっています。労働災害は**温度が高い**条件で発生しやすく、1日の中では勤務開始後**3時間程度**が経過したタイミングで最も発生しやすくなっています。

労働衛生の基本的な対策

労働衛生を促進する基本的な対策に、**作業環境管理**、**作業管理**、**健康管理**の"3管理"があります。

✓作業環境管理

良好な環境を確保するための取り組みです。職場環境における**有害化学物質**等の製造・使用を中止する、作業の**自動化**や**遠隔操作**等によって労働者を有害な工程から隔離する、などが該当します。

✓作業管理

作業手順の検討、**事前訓練**、**防護具**の着用、**ロボット**の

用語3
じん肺
粉じんを長期間吸い込み、それが肺に付着することで起こる病気。進行すると呼吸困難を引き起こし、気管支炎、肺がん、気胸などの合併症にもかかりやすくなる。

用語4
潜水病
深く潜水した人が、急激に水上に出ると起こる病気。関節痛、筋肉痛、めまい、意識障害などを起こす。減圧症。

用語5
放射線障害
電離放射線にさらされる業務による急性放射線症、放射性皮膚障害、放射性眼疾患、放射性肺炎、再生不良貧血等の造血器障害を指す。

用語6
炭そ病
炭そ菌に感染してかかる病気。炭そ病にかかった動物や、炭そで死亡した動物に接触したり食べたりすることで起こり、皮膚の異常や消化器の異常、呼吸器の異常などの症状が現れる。人から人へは感染しない。

導入などを行い、作業方法を適切に管理することで職業病を防ぐための取り組みです。

✓健康管理

労働安全衛生法第66条に基づき、事業者には、常時使用する労働者に対して健康診断を行うことが義務づけられています。これを**一般健康診断**といいます。一般健康診断には、雇入の際に行う**雇入時健康診断**や、1年以内ごとに1回行う**定期健康診断**などがあります。2021（令和3）年の定期健康診断では、有所見率（何らかの異常があると認められた割合）は**58.7%**でした。また、有害とされる業務に常時従事する労働者には、[豆知識1] **特殊健康診断**[用語7]を実施することが義務づけられています。職場の労働衛生を守るには、上記の3管理に加え、**安全衛生管理体制**[豆知識2]の確立や、**労働衛生教育**[用語8]も重要です。また、労働安全衛生法では、労働災害を防ぎ、事業者の自主的な安全衛生活動を確保する目的で、以下のような安全衛生管理体制の整備が義務づけられています。

安全衛生管理体制

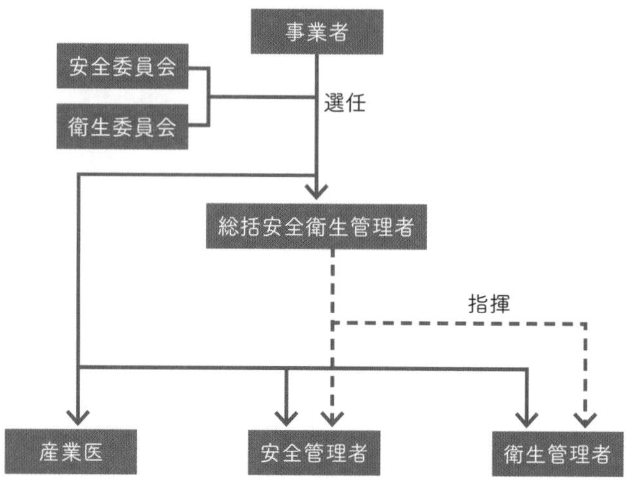

※労働者数100人以上の事業所の場合

豆知識1

有害とされる業務に常時従事する労働者

厚生労働省によると、以下のものが対象で、特殊健康診断が義務づけられている。

- 屋内作業場等における有機溶剤業務に常時従事する労働者（有機則第29条）
- 鉛（なまり）業務に常時従事する労働者（鉛則第53条）
- 四アルキル鉛等業務に常時従事する労働者（四アルキル則第22条）
- 特定化学物質を製造し、または取り扱う業務に常時従事する労働者および過去に従事した在籍労働者（一部の物質に係る業務に限る）（特化則第39条）
- 高圧室内業務または潜水業務に常時従事する労働者（高圧則第38条）
- 放射線業務に常時従事する労働者で管理区域に立ち入る者（電離則第56条）
- 除染等業務に常時従事する除染等業務従事者（除染則第20条）
- 石綿等の取扱い等に伴い、石綿の粉じんを発散する場所における業務に常時従事する労働者および、過去に従事したことのある在籍労働者（石綿則第40条）

職場における心と体の健康づくり

厚生労働省は労働安全衛生法第70条に基づき、1988（昭和63）年に**THP指針**を策定しました。

THPとは**トータル・ヘルスプロモーション・プラン**（Total Health promotion Plan）の略称で、働く人が心身ともに健康でいられるよう、職場で計画的に行う健康教育などの活動をいいます。

活動には、**運動指導**、**メンタルヘルスケア**、**栄養指導**、**口腔保健指導**（**歯科保健指導**）、**保健指導**などがあり、**産業医**[用語9]、保健師・看護師、衛生管理者、人事労務管理スタッフ、管理栄養士、歯科衛生士などによるチームを立ち上げて推進するよう求められています。

ストレスチェック制度

厚生労働省は、働く人の5割以上が仕事や職業生活に強い不安、悩み、ストレスを感じている状況をかんがみ、2006（平成18年）年に「**労働者の心の健康の保持増進のための指針**」（**メンタルヘルス指針**）**を制定**しました。

さらに、2015（平成27年）からは、労働安全衛生法の改正により、常時50人以上の労働者を使用する職場でのストレスチェック制度が義務化されました。

ストレスチェック制度の目的

- 定期的に労働者に対してストレスチェックを行い、本人に結果を通知することで自らのストレスの状況についての気づきを促し、メンタルヘルスの不調のリスクを低減する。
- 検査結果を集団的に分析し、職場環境の改善につなげることで、労働者がメンタルヘルス不調になるのを未然に防ぐ。

用語7

特殊健康診断

労働安全衛生法に基づき、次の業務の事業者は特殊健康診断を実施しなければならない。

- 高気圧業務
- 放射線業務
- 特定化学物質業務
- 石綿業務
- 鉛業務
- 四アルキル鉛業務
- 有機溶剤業務

豆知識2

安全衛生管理体制の確立

労働者数50人以上の場合は、衛生委員会の設置、産業医・衛生管理者の選任を行う。

用語8

労働衛生教育

就業前（配置前）の教育訓練および就業後の定期的教育をいう。

用語9

産業医

職場で従業員の健康管理を担当する医師。

MEMO

ストレスチェック制度サポートダイヤル

厚生労働省は、ストレスチェック制度担当者等からのストレスチェック制度の実施方法、実施体制、不利益な取り扱いなどに関する相談等が可能なサポートダイヤルを設けている。

Chapter 1-11

環境と衛生

重要度 ★★★☆

人々の健康の増進・維持のために、空気や気温、住居、水など、身のまわりの状況を整える公衆衛生活動を環境衛生といいます。公害や環境破壊などの問題も、環境衛生の分野にあてはまります。

環境衛生とは

環境は、**自然環境**と**人為的環境**に大きく分けられます。

✓ **自然環境**

空気、気温、湿度、太陽光線、水など

✓ **人為的環境**

街、住居、衣服、産業、交通、食品など

こうした環境を衛生面でよりよくし、人々の健康の維持・増進を図る取り組みを**環境衛生**といいます。

室内環境と衛生

多くの時間を過ごす室内の環境を整えることは、健康の維持・増進だけでなく、快適性や作業効率の向上にもつながります。なかでも注意したいのが、**空気**、**換気**、**気温・湿度**、**採光・照明**の4点です。あわせて、**シックハウス症候群**についても押さえておきましょう。

大気の組成

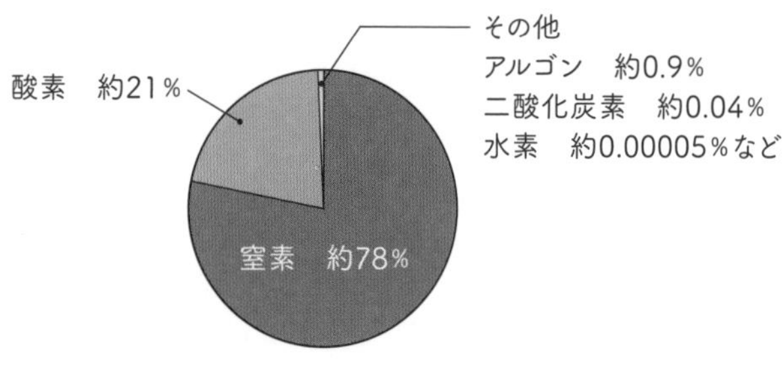

豆知識1

空気を汚す不純成分とは

空気を汚す不純成分には、亜硫酸ガス、窒素酸化物、一酸化炭素、じん埃などがある。

用語1

一酸化炭素中毒

一酸化炭素は燃料の不完全燃焼により発生する。無色・無臭で毒性が強い。気がつかないうちに頭痛や吐き気、耳鳴りなどの中毒症状を起こし、死に至る場合もある。

豆知識2

湿度とは

空気中に含まれる水蒸気の量で決まる。

✓空気

空気は、酸素、二酸化炭素、窒素およびそのほかの少量の気体でできています。私たちが健康でいるためには、できるだけ酸素が多く**不純物**[豆知識1]が少ない空気が必要です。

✓換気

室内の空気中の**二酸化炭素濃度**が**0.1%**以下になるよう、定期的に換気することが大切です。また、閉め切った空間で火を使うと**一酸化炭素中毒**[用語1]を起こす可能性があるので、火を使う際も適度な換気が必要です。

✓温度・湿度[豆知識2]

私たちが快適に感じる温度を**快感帯温度**といい、夏は**25～26**℃、冬は**18～20**℃とされています。また、快適に過ごすことのできる湿度については、**40～70**%とされています。なお、気温と湿度から算出した不快感を表す指標に、**不快指数**[用語2]があります。不快指数80以上になると、ほとんどの人が不快に感じます。

✓採光・照度

太陽光を採り入れることを**採光**といいます。**建築基準法**では、採光に有効な窓などの開口部を、床面積に対して一定以上の割合で設けるよう定められています。また、**照度**[用語3]についても基準があります。**安全衛生法**に基づく**事務所衛生基準規則**[用語4]では、一般的な事務作業において照度は300ルクス以上、付随的な事務作業において照度は150ルクス以上とすること、と定められています。なお、調理作業面は300ルクス程度、盛りつけカウンターは500ルクス程度が理想とされています。

✓シックハウス症候群

近年、住まいの環境が原因で起こる**シックハウス症候群**が問題視されています。シックハウス症候群は住宅建材や家具に使われた塗料や接着剤などに含まれる**化学物質**

用語2

不快指数

以下の計算式で算出できる。

不快指数＝0.72×（乾球温度℃＋湿球温度℃）＋40.6

不快指数とは「蒸し暑さ」のことです

Check！

MEMO

施設により定められた開口度

- 小学校や中学校などの教室→床面積の1／5以上
- 住宅の居室、病院などの病室、寄宿舎などの寝室→床面積の1／7以上

用語3

照度

明るさの度合いを示す言葉。単位はルクス。

用語4

事務所衛生基準規則

労働安全衛生法に基づいて定められた、事務所の労働環境に関する規定。

MEMO

食品衛生法（➡146ページ）では、作業場の照明は50ルクス以上と規定されている。

衣服や住宅など、人がつくった環境を守り、整えておくのも人間のしごとです。見た目のよさよりも衛生的で健康的であることが大切です

Check！

用語5

遊離残留塩素濃度（ゆうりざんりゅうえんそのうど）

水中に投入された殺菌力のある塩素の濃度をいう。

（**ホルムアルデヒド**、**トルエン**など）や**ダニ**、**カビ**などが原因であるといわれ、目がチカチカする、鼻水、吐き気、頭痛がするなど、人によってさまざまな症状を呈します。

水と衛生

水は私たちが生きるうえでなくてはならない存在です。だからこそ、安全性を保つことはきわめて重要です。日本では、水質に関する3つの基準があります。

✓水質に関する基準

①飲料水…**水道法**に基づく水道水質基準

②公共用水域と地下水…**環境基本法**に基づく環境基準

③工場、事業場から公共用水域への排水…**水質汚濁防止法**に基づく排水基準

なお、①の水道法に基づく水道水質基準は、以下のように定められています。

✓水道水（飲料水）の水質要件（水道法　第4条より）

①病原生物に汚染され、または病原生物に汚染されたことを疑わせるような生物もしくは物質を含むものでないこと（大腸菌は検出されないこと、一般細菌は基準を超えないこと）

②シアン、水銀そのほかの有毒物質を含まないこと

③銅、鉄、ふっ素、フェノールそのほかの物質をその許容量を超えて含まないこと

④異常な酸性またはアルカリ性を呈しないこと

⑤異常な臭味がないこと（消毒による臭味を除く）

⑥外観は、ほとんど無色透明であること

なお、水道水は必ず**塩素消毒**されており、水道法により、**遊離残留塩素濃度**[用語5]0.1mg／L以上を保持するよう定められています。

上水道と下水道

水道は**上水道**と**下水道**に大別できます。飲料水を供給する水道が上水道です。日本の水道の普及率は2021（令和3）年の時点で**98.2%**となっています。

一方で、全国の**下水道普及率**は、2021（令和3）年末時点で**80.6%**（**福島県**の一部を除く）となっており、上水道に比べて整備が遅れています。

2021年に調査された下水道普及率で福島県の一部が除かれている理由は、東日本大震災の影響で調査不能な市町村があるためです

Check！

廃棄物処理

日常生活のごみや粗大ごみ、燃え殻、汚泥、ふん尿、廃油、廃酸、廃アルカリ、動物の死体などの汚物または不要物を「**廃棄物**」といいます。

廃棄物は次の2つに大別できます。

✓廃棄物の種類

●一般廃棄物

一般家庭から出る廃棄物。**廃棄物処理法**[用語6]により、市町村の責任で処理される規定になっています。

●産業廃棄物

事業活動によって出る廃棄物。廃棄物処理法により、各事業者の責任で処理する規定になっています。

用語6

廃棄物処理法（はいきぶつしょりほう）

正式な法律名は「廃棄物の処理および清掃に関する法律」。

用語7
3R政策
廃棄物の排出抑制（Reduce）、再利用（Reuse）、再資源化（Recycle）。頭文字が3つともRであることから3Rといわれる。

用語8
容器包装リサイクル法
正式な法律名は「容器包装に係る分別収集および再商品化の促進等に関する法律」。1997（平成9）年から本格施行された。

用語9
家電リサイクル法
正式な法律名は「特定家庭用機器再商品化法」。2001（平成13）年から施行された。

用語10
食品リサイクル法
正式な法律名は「食品循環資源の再生利用等の促進に関する法律」。2001（平成13）年から施行された。

MEMO
そのほかのリサイクル法
携帯電話やデジタルカメラ、ゲーム機などの再資源化について定める「小型家電リサイクル法」（使用済小型電子機器等の再資源化の促進に関する法律）や、パソコンや自動車などの回収・再利用を求める「資源有効利用促進法」などがある。

また、**循環型社会形成推進基本法**の理念のもと、**3R政策**[用語7]がすすめられています。特定の資源に関して再商品化や再利用などを義務づける3つの**リサイクル法**（3R）は以下のとおり施行されています。

おもなリサイクル法

法律名	おもな内容	対象資源
容器包装リサイクル法[用語8]	容器包装の分別排出・分別収集・再商品化の促進	アルミ缶、スチール缶、ガラスびん、段ボール、紙パック、ペットボトルなど
家電リサイクル法[用語9]	家電に含まれている有用資源や材料の再利用	家庭用エアコン、テレビ、冷蔵庫、洗濯機など
食品リサイクル法[用語10]	食品廃棄物の発生抑制・原料化・再利用化	肉、魚、野菜、果物など

公害

公害は、**環境基本法**によって、以下のように定義されています。

✓**公害の定義**（環境基本法　第2条より）
事業活動その他の人の活動にともなって生ずる相当範囲にわたる①大気汚染、②水質汚濁、③土壌汚染、④騒音、⑤振動、⑥地盤の沈下、⑦悪臭によって、人の健康または生活環境に係る被害が生ずること

✓**大気汚染**
①の大気汚染とは、大気中に不純物が多くなる状態をいいます。

大気汚染の原因となる大気汚染物質

大気汚染物質	発生の原因、特徴など
窒素酸化物	工場のボイラーや自動車などから発生する。刺激性があり、慢性気管支炎や肺気腫、酸性雨、光化学オキシダントを引き起こす。

二酸化硫黄	硫黄分を含む石油や石炭を燃焼させることで生じる。四日市ぜんそくの原因とされているほか、酸性雨の原因にもなる。無色で刺激臭あり。
ダイオキシン類	ごみ焼却場で塩素が含まれるプラスチックやビニール製品が燃えるときに発生するほか、たばこの煙、自動車の排気ガスなどにも含まれる。分解されにくい性質があるため土壌や水などに長期間残留し、人間の体内ではとくに脂肪に多く蓄積する傾向がある。
光化学スモッグ	大気中の炭化水素や窒素酸化物が太陽光の作用で反応すると、光化学オキシダントなどの酸化性物質が生成される。この光化学スモッグの濃度が上昇して空気にもやがかかる現象を光化学スモッグという。目への刺激やのどの痛み、気分の悪さなどを引き起こす。
浮遊粒子状物質（SPM）	大気中に存在する粒子状物質（PM）のなかで、粒子の直径が10μm（0.01mm）以下の非常に細かな粒子をいう。人工的な発生源としては、工場などの煤煙、自動車の排ガスなどがあり、呼吸器疾患や花粉症を引き起こすといわれる。
PM2.5	大気中に浮遊している粒子の大きさが2.5μm以下の粒子をいう。非常に小さいため肺の奥深くまで入り、呼吸器系に影響を与えるほか、アレルギー症状を引き起こすこともある。
アスベスト（石綿）	アスベストは繊維状の自然の鉱物の総称で、「せきめん」「いしわた」と呼ばれる。建材等に広く使用されてきたが、肺がんや中皮腫[用語11]などの原因となることがわかり、2004（平成16）年より製造・使用等が全面的に禁止されている。

用語11

中皮腫

肺、肝臓、胃、結腸などの内臓を覆う中皮細胞にできる腫瘍のこと。悪性であることが多く、中皮全体に広がりやすいのが特徴。

MEMO

代表的な環境問題

オゾン層破壊、地球温暖化、酸性雨、砂漠化、熱帯雨林の減少、野生生物種の減少　など

ヒ素や水銀、カドミウムなどの重金属、PCB、有機水銀、ダイオキシンなどの化学物質やDDT、BHCなどの残留農薬が原因で、環境汚染だけでなく食物汚染を引き起こすこともあります

Check！

MEMO

有害物質の生物濃縮

食物連鎖の過程で、有害物質が濃縮されていく現象をいう。

四大公害病

工場などから出る排水や煙が原因となって引き起こされる健康被害を**公害病**といいます。なかでも、**水俣病**[用語11]、**新潟水俣病**[用語12]、**イタイイタイ病**[用語13]、**四日市ぜんそく**[用語14]は**四大公害病**とされています。

四大公害病

公害病	原因	症状
水俣病	工場排水に含まれていたメチル水銀	手足の感覚障害、言語障害など
新潟水俣病	工場排水に含まれていたメチル水銀	手足の感覚障害、言語障害など
イタイイタイ病	鉱山廃液に含まれていたカドミウム	腎障害、多発骨折など
四日市ぜんそく	石油化学工場から出る煤煙に含まれていた亜硫酸ガス(二酸化硫黄)	気管支炎、ぜんそくなど

ネズミ、害虫の駆除

ネズミや衛生害虫は感染症を媒介します。感染を予防するために、**早期**に・なるべく**広範囲**で・**いっせい**に駆除を行うことが重要です。

ネズミや害虫が媒介するおもな疾病

ネズミや害虫の種類	おもな疾病	駆除方法
ネズミ	ペスト、ワイル病、発しん熱、流行性出血熱など	食物を与えない、巣をつくらせない、進入口や隠れる場所をなくす、ネズミ捕り器や毒エサなどで駆除する
ハエ	赤痢、腸チフス、寄生虫病　など	トイレやゴミ捨て場を清潔に保つ、殺虫剤等を使って駆除する

用語11
水俣病
熊本県水俣市において1953(昭和28)年〜1960(昭和35)年にかけて発生。

用語12
新潟水俣病
新潟県の阿賀野川流域で1964年頃から発生。熊本と同じ水銀による公害病であることから第2水俣病と呼ばれた。

用語13
イタイイタイ病
富山県の神通川流域で第2次世界大戦のころから発生。手足の骨がもろくなり、激しい痛みがともなうことからイタイイタイ病と名づけられた。

用語14
四日市ぜんそく
三重県四日市市を中心に1960(昭和30)年ころから発生。

衛生害虫は、感染症の病原を伝播し、媒介するほか、血を吸ったり刺したりして、人間に害を与えます

Check!

ネズミや害虫の種類	おもな疾病	駆除方法
ゴキブリ	赤痢、腸チフス　など	殺虫剤やゴキブリ捕り器、薬剤などで駆除する
蚊	マラリア、フィラリア、日本脳炎、デング熱、ジカ熱　など	下水溜めや下水溝を清潔に保つ、殺虫剤で駆除する
ダニ	アレルギー、ツツガムシ病、皮膚炎　など	住居環境を清潔に保つ、殺虫剤で駆除する
ノミ・シラミ	ペスト、発しん熱、回帰熱　など	住居環境を清潔に保つ、殺虫剤で駆除する

環境破壊

世界各地で**環境破壊**が深刻化しており、早急な対策が望まれています。

なお、代表的な環境問題である**オゾン層破壊**(用語15)や**地球温暖化**(用語16)の原因には、**メタン**や**フロンガス**、**二酸化炭素**などが挙げられ、これらを**温室効果ガス**(用語17)といいます。

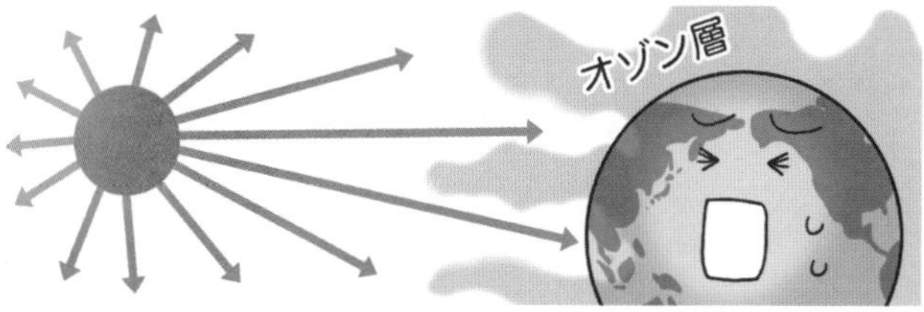

合格への近道

公衆衛生学は覚えることが多いわりに、点数が少なめの科目です。また、地域によって問題にかなりクセがあります。受験する地域の過去問題を繰り返し解くことが大切です。逆にいえば、問題をつくる側もそこは理解をしていて、ちゃんと勉強していれば、解ける問題も混ぜてくれています。①基本的な要点を押さえる、②似たような言葉のところは違いを理解する　この2つを徹底してください。

用語15
オゾン層破壊
地上から約10～50km上空の成層圏で層を成すオゾン層は、太陽から届く有害な紫外線を防ぐ役割をもつ。しかし、フロンガスなどにより破壊されると、有害な紫外線が地上に届くようになり、人間の身体や動植物に深刻な健康被害をおよぼす。

用語16
地球温暖化
二酸化炭素やメタン、フロンガスなどの排出量が増えて地表から放射される熱を吸収し、大気を暖めることで気温が上昇する現象をいう。

用語17
温室効果ガス
二酸化炭素やメタン、フロンガスなどのこと。

MEMO
酸性雨
二酸化硫黄や窒素酸化物などが雨や霧、雪などに溶け込み、雨や霧、雪などが通常よりも強い酸性を示す現象をいう。

酸性雨は河川や土壌を酸性化するため森林などの生態系に深刻な影響を与え、建物にも被害をもたらします
Check！

Chapter 1-12

母子・高齢者・学校保健

重要度 ★☆☆☆

公衆衛生活動の対象は、乳幼児からその親、児童や生徒、さらには高齢者まで広範囲におよびます。ここでは、母子保健・高齢者保健・学校保健について学びます。

母子保健

日本では、乳幼児と母の健康保持を図るために制定された「**母子保健法**[用語1]」に基づき、**市町村**が主体となって次のような対策が行われています。

✓健康診査

妊婦を対象とした**妊婦健康診査**、乳幼児を対象とした**先天性代謝異常等検査**、**1歳6か月児健康診査**、**3歳児健康診査**などがあります。

✓母子健康手帳

妊娠の届出書を提出すると、**市町村**から**母子健康手帳**[用語2]が交付されます。保健指導の際の重要な資料です。

✓保健指導

妊産婦・配偶者・乳幼児の保護者に対して、**婚前学級**、**新婚学級**、**両親学級**、**育児学級**などの**集団保健指導**が行われます。また、必要に応じて、医師・助産師・保健師などによる妊産婦・新生児・未熟児に対する訪問指導などの**個別保健指導**が行われます。

✓医療援護

妊産婦や未熟児、身体に障害があるまたはそのおそれがある子どもや、**小児慢性特定疾患**[豆知識1]にかかっている子どもについては、さまざまな医療援護や治療研究、療育指導などが行われています。なお、出生体重が2,500g未満の**低出生体重児**は、出生後、市町村に届出が必要です。

用語1

母子保健法

母と乳幼児に対する保健指導、健康検査、医療などの措置について規定した法律。1966（昭和41）年に施行された。

MEMO

乳幼児健康診査

母子健康法で、「市町村は1歳6か月児および3歳児に対して健康診査を行う義務がある」と定められている。

用語2

母子健康手帳

1942（昭和17）年に厚生省（現厚生労働省）が配布した妊産婦手帳が起源。1948（昭和23年）母子手帳に、さらに1966（昭和41）年に母子健康手帳に名称変更された。

豆知識1

小児慢性特定疾患とは

慢性で、長期にわたる病気のこと。生活の質を著しく低下させ、高額医療費の負担が長期にわたって続く。

高齢者保健

高齢者の健康の医事・増進や、適切な医療の確保を図るための取り組みが**高齢者保健**です。日本には**高齢者保健を支えるためのさまざまな制度や法律**があります。

介護保険制度

高齢者の介護を社会全体で支え合う仕組みとして創設されたのが**介護保険制度**です。

介護保険制度は次のような仕組みになっています。

介護保険制度の仕組み

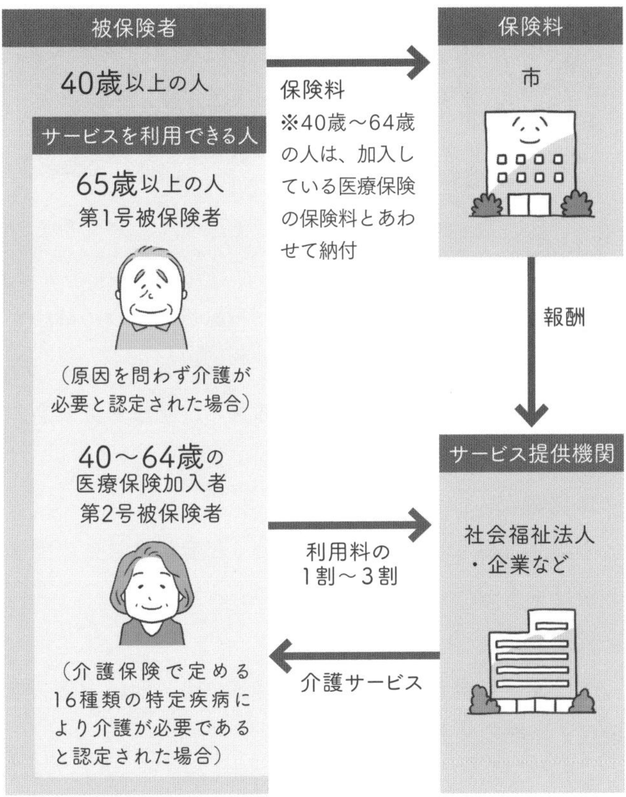

MEMO
こども家庭庁
母子保健に関する施策はこれまで厚生労働省の母子保健課が担当してきたが、2023（令和5）年4月1日より、同日に発足したこども家庭庁に移管された。

MEMO
健やか親子21
2001（平成13）年にスタートした、母子の健康水準を向上させるためのさまざまな取り組みを提示した国民運動計画。2015（平成27）年度からは新たな計画が打ち出された（第2次）。

介護保険制度は、介護サービスの利用者が1割を負担し、残り9割を公費と保険料で半分ずつ負担します。介護保険の総費用は、介護保険制度開始時に比べて大幅に増えています

Check！

なお、介護保険サービスを利用するには、市町村の窓口に申請を行い、**要介護認定**[用語3]を受ける必要があります。

高齢者の医療の確保に関する法律

2008（平成20）年に「**高齢者の医療の確保に関する法律**[豆知識2]」が施行され、生活習慣病予防の観点から、40歳以上75歳未満の被保険者と被扶養者に対して**特定健康診査・特定健康保険**が実施されています。

また、75歳以上の高齢者は、**後期高齢者医療制度**に加入します。後期高齢者医療制度は、都道府県内の全市町村が加入する広域連合が主体となって運営しています。

学校保健

学校における児童や生徒および教職員の心身の健康を維持・増進するための取り組みが学校保健です。学校保健は、**学校教育法**[用語4]に基づく**保健教育**と、**学校保健安全法**[用語5]に基づく**保健管理**の2つの柱があります。

✓保健教育

授業や行事などにおいて、**健康**や**保健体育**、**食**に関する学習や、**健康**に対する指導が行われます。

✓保健管理

学校保健安全法に基づいて、**健康診断**[豆知識3]、**健康相談**、**感染症**の予防などが行われます。

また、**感染症の予防**[豆知識4]上必要があるときは、学校の設置

用語3
要介護認定
市町村の窓口に申請すると、訪問調査が行われる。この訪問調査と主治医の意見書をもとに、介護認定審査会において要介護（要支援）に該当するかどうかの審査が行われる。要支援1～2、要介護1～5のいずれかに認定されれば、レベルに応じたサービスを利用できる。

豆知識2
高齢者の医療の確保に関する法律の別称
「高齢者医療確保法」とも呼ばれる。

用語4
学校教育法
第2次世界大戦後の日本の新しい学校制度の基本を定めた法律。1947（昭和22）年に施行された。

用語5
学校保健安全法
学校における児童生徒および職員の健康の保持増進を図るための法律。1958（昭和33）年に施行された。

豆知識3
健康診断の実施
就学の4か月前までに実施される就学時健康診断や、毎学年6月30日までに行われる定期の健康診断などがある。

者は**学校保健安全法第20条**に基づいて、臨時に、学校の全部または一部を**休業**することができます。

児童や生徒の発育と健康の状態

文部科学省は毎年、**学校保健統計調査**[用語6]を実施しています。2022（令和4）年度の学校保健統計によると、児童等がかかっている病気あるいは異常のうちで多いのは、**視力低下**[豆知識5]と**むし歯**でした。

また、身長・体重は、調査が開始された1948（昭和23）年に比べると男女ともに伸びていますが、同時に**肥満児傾向**の割合も増えており、小学校高学年では男子は12％台、女子は9％台ともっとも高くなっています。

学校給食

学校給食は、児童や生徒の心身の健全な発達の助けになるものとして、学校給食法に基づいて実施されています。

学校給食の目標

学校給食法は、学校給食の目標を次のように定めています。

①適切な栄養の摂取による健康の保持増進を図る
②日常生活における食事について正しい理解を深め、健全な食生活を営むことができる判断力を培い、および望ましい食習慣を養う
③学校生活を豊かにし、明るい社交性および協同の精神を養う
④食生活が自然の恩恵の上に成り立つものであることについての理解を深め、生命および自然を尊重する精神並びに環境の保全に寄与する態度を養う
⑤食生活が食にかかわる人々のさまざまな活動に支えられていることについての理解を深め、勤労を重んずる態度を養う
⑥わが国や各地域の優れた伝統的な食文化についての理解を深める
⑦食料の生産、流通および消費について、正しい理解に導く
（学校給食法　第2条より）

豆知識4
感染症の予防に関して
感染症にかかっている、あるいはかかっている疑いがある、あるいはかかるおそれがある児童生徒等がいるような場合、校長は、学校保健安全法第19条に基づき、出席を停止させることができる。

用語6
学校保健統計調査
学校保健安全法に基づいて実施される健康診断の結果をもとに行われる、児童等の発育状態や健康状態に関する調査。

豆知識5
児童の視力低下
裸眼視力が1.0未満の児童等は年々増加傾向にあり、2022（令和3）年度の調査では、小学6年生の約半数が裸眼視力1.0未満となっている。

令和3年度学校給食実施状況等調査によると、学校給食の実施率は、2021（令和3）年5月1日時点で、小学校が99.0％、中学校が91.5％となっています
Check！

達成度チェック

	問題	正誤	解説
1	日本国憲法25条について、「すべて国民は、健康で社会的な最低限度の生活を営む権利を有する」という記述が存在する。	×	社会的ではない。文化的が正しい。
2	WHO（世界保健機関）憲章では、健康の定義は、単に疾病や虚弱ではないということではなく、肉体的、精神的、並びに経済的に完全に良好な状態であるとしている。	×	経済的は入っていない。社会的が正しい。
3	ヘルスプロモーションとは、人々が自らの病気をコントロールし、改善することができるようにする過程である	×	病気のコントロールではない。「自らの健康をコントロール」が正しい。
4	衛生行政の構成のなかで、公衆衛生行政に属するものに消費者行政は含まれない。	×	含まれる。
5	保健所は2023年４月１日現在、全国に2419か所ある	×	その数は「市町村保健センター」の数。保健所は現在468か所存在する。
6	地域保健法に規定する保健所の業務の１つとして、飼い犬の登録に関する事項が含まれている。	×	含まれていない。
7	人口動態統計は戸籍法に基づく「出生届」「死亡届」「婚姻届」「離婚届」の４つをもとにしてつくられる。	×	４つではない。死産届も使用するため５つ。
8	１人の女性が一生の間に生む平均的な子供の数を表す数値として合計特殊出生率がある。	○	出生率と間違えないようにしておきたい。
9	乳児死亡率は人口1,000人に対する年間の乳児の死亡数のことである。	×	人口1,000人ではなく、「出生数1,000人」に対する年間の乳児死亡数のことである。
10	生後８週未満の死亡を乳児死亡という。	×	生後８週ではない。生後１年。
11	2021年の人口動態統計において、死因の第１位は悪性新生物（がん）、第２位は脳血管疾患である。	×	第１位は正解。第２位は心疾患である。脳血管疾患は第４位となっている。

12	日本において、1歳の平均余命、平均寿命、健康寿命のなかで、最も大きい数字が示されるのは健康寿命である。	×	日本の健康寿命は2023年にWHOが発表した数値において男性が72.6歳、女性が75.5歳であり、ほかよりも値が小さい（厚生労働省「令和3年簡易生命表」も参照）。
13	飲食店などで調理の業務に従事する調理師は2年ごとに、12月31日現在における氏名、住所などを、翌年の1月15日までに就業地の都道府県知事に届け出なければならない。	○	「2年ごと」、「住所も」、「翌年1月15日まで」、「就業地都道府県知事」が引っ掛けのポイントとなるので、要確認。
14	コレラが発症する原因病原体はウイルスである。	×	コレラは細菌である。
15	結核の感染は人がくしゃみやせきなどで発した際に発生する飛沫により起こる。	×	結核は空気感染。空気感染はその病原体が空気に「漂っている」イメージ。飛沫感染はその飛沫を直接「浴びる」イメージ。
16	ネズミやハエなどの駆除は感染源対策である。	×	感染源対策でなく感染経路対策。感染源対策のおもなものは検疫である。
17	腸管出血性大腸菌感染症は3類感染症である。	○	腸管出血性大腸菌感染症とは「O-157」と押さえておけば試験対策的には問題ない。引っ掛けでよく出るのは4類感染症との出題。
18	高血圧症を引き起こす危険因子として、カリウムの過剰摂取が挙げられる。	×	カリウムの摂取不足が高血圧症の危険因子には含まれる。ほかの危険因子として、食塩やアルコールの過剰摂取、肥満などもある。
19	女性で腹囲が92cmあるとき、血糖値と血圧が基準値を超えていない場合でも、メタボリックシンドローム（以下、メタボ）と判定される。	×	女性のメタボ判定について、このケースでは腹囲の基準値は90cm以上であり、その要件は満たしているが、その後の判定で「高血糖」「高血圧」「高脂血」の3つのうち「2つの項目で基準を超えた場合」にメタボと判定がなされるため、このケースではあてはまらない。
20	公衆衛生上の疾病予防活動の段階として、食生活改善は3次予防に分類される	×	食生活改善は1次予防に分類される（健康増進）。3次予防にはリハビリテーションや人工透析などが含まれる。

21	健康増進法に規定されている事項のなかに、特定健康診査・特定保健指導の実施が含まれている。	×	特定健康診査・特定保健指導の実施は「高齢者医療確保法」に規定。
22	食育基本法の前文のなかに「子どもたちに対する食育は、身体の成長および骨格の形成に大きな影響を及ぼし」との記述がある。	×	子どもたちに対する食育は、心身の成長および人格の形成に大きな影響を及ぼし、生涯にわたって健全な心と身体を培い豊かな人間性をはぐくんでいく基礎となるものである。
23	BMI値が27の者は肥満となる。	○	25以上が肥満。
24	健康日本21による野菜の摂取量目標は300gである。	×	350gが正解。
25	健康日本21の目標の設定期間は20年間である。	×	10年が正解。
26	労働安全衛生法の目的は「労働者の健康習慣を保持するとともに、労働衛生の改善を促進すること」である。	×	労働安全衛生法の目的は「労働者の安全と健康を保持するとともに快適な職場環境の形成を促進すること」である。
27	使用者は産後1年を経過しない女性を就業させてはならない。	×	産後1年ではなく、産後8週間を経過していない女性を就業させてはならない。
28	空気は酸素約78%、窒素約21%、二酸化炭素約0.04%およびその他の少量の気体でできている。	×	酸素と窒素が逆。
29	一酸化炭素は燃料の不完全燃焼により発生し、強い刺激臭がある。	×	一酸化炭素ににおいはない。無味、無臭でもある。
30	水道水は常時給水栓から0.1mg／ℓ以上の遊離残留塩素が検出されなければならない。	○	以上と以下、未満の引っ掛けに注意。また、測定場所は給水栓＝蛇口であることも忘れないように。
31	二酸化硫黄はイタイイタイ病の原因物質と考えられている。	×	イタイイタイ病の原因物質はカドミウム。
32	介護保険で定める16種類の特定疾病により介護が必要であると認定された34歳の医療保険加入者は介護保険のサービスを利用できる人に含まれる。	×	34歳の人は医療保険加入者であっても介護保険は利用できない。年齢の下限は40歳。65歳になれば医療保険加入の有無は関係なく介護保険を利用できる。

食品学

CONTENTS

Chapter2

Chapter 2-1

食品学概論

重要度 ★☆☆☆

食品には数多くの種類があり、また、さまざまな分類法があります。ここでは、食品に関する知識を深めるうえで欠かせない、食品学の概要について説明します。

食品の条件

次の**3つの条件**を満たしているものを**食品**と呼び、私たちが日頃から口にして、生命と健康を維持しています。

✓食品の条件

- 1つでも栄養素を含んでいること
- 有害な物質を含んでいないこと
- ヒトのし好に適している（食用として好ましい）こと

食品の分類

食品は、その**種類**や含まれる**栄養素**の性質、**働き**などによって、以下のようにさまざまに分類されます。調理師として献立（こんだて）を作成したり、調理を行ったりする際には、この食品の分類に関しての十分な知識が欠かせません。

植物性食品と動物性食品 それぞれの特徴

	植物性食品	動物性食品
[用語1] 炭水化物	多い。[用語2] 食物繊維も多い	少ない。食物繊維も少ない
脂質	少ない。[用語3] 必須脂肪酸は多い	多い。必須脂肪酸は少ない
たんぱく質	少ない。[用語4] 必須アミノ酸も少ない	多い。必須アミノ酸も多い
ビタミン	B、B_1、C、カロテンが多い	A、B_1、B_2、Dが多い
消化吸収率	悪い	よい

MEMO

食品の機能

- 1次機能…生命を維持するための機能
- 2次機能…味、香りなど、感覚やし好性に関する機能
- 3次機能…健康増進や病気予防、老化防止などに役立つ機能

大豆や種実類には良質なたんぱく質と脂質が含まれます

Check!

用語1
炭水化物
炭水化物は糖質と食物繊維から成る。

用語2
食物繊維
体内に吸収されず、排出される。

用語3
必須脂肪酸
脂質の主成分である脂肪酸のうち、人間が体内で生成できないもの。

食品は、**植物性**と**動物性**に大別され、植物性には穀類や野菜類、きのこ類などが、動物性には肉類や魚介類、卵などがあります。

また、「**日本食品標準成分表2020年版**」(豆知識1)では、食品を次の**18食品群**に分類しています。

食品成分表による分類

	分類	おもな食品
植物性食品	①穀類	米、小麦、大麦　など
	②いもおよびでん粉類	じゃがいも、さつまいも、さといも　など
	③砂糖および甘味類	砂糖、水あめ、はちみつ　など
	④豆類	大豆、小豆　など
	⑤種実類	ごま、アーモンド、落花生、くり　など
	⑥野菜類	にんじん、かぼちゃ、だいこん、たまねぎ　など
	⑦果実類	りんご、かんきつ類、かき、いちご　など
	⑧きのこ類	しいたけ、しめじ、なめこ　など
	⑨藻類	わかめ、こんぶ、のり　など
動物性食品	⑩魚介類	魚類、貝類、えび、いか、魚卵　など
	⑪肉類	牛、豚、鶏などの肉や内臓、加工品
	⑫卵類	鶏卵、うずらの卵　など
	⑬乳類	牛乳、チーズ、ヨーグルト　など
そのほかの食品	⑭油脂類	植物油、ラード、バター　など
	⑮菓子類	和菓子、洋菓子、チョコレート　など
	⑯し好飲料類	緑茶、コーヒー、紅茶、清涼飲料、アルコール飲料　など
	⑰調味料および香辛料類	しょうゆ、塩、酢、マヨネーズ、ケチャップ　など
	⑱調理加工食品類	冷凍食品、インスタント食品　など

用語4

必須アミノ酸

たんぱく質を構成するアミノ酸のうち、人間が体内で生成できないもの。

豆知識1

「日本食品標準成分表」とは

食品に含まれる栄養成分を化学的に分析したデータ表。「日本食品標準成分表2020年版（八訂）」のデータの一部を更新・追加した「日本食品標準成分表（八訂）増補2023年」が、現在の最新版。

MEMO

食品成分表以外による食品の分類

「6つの食品群」「3色食品群」(➡137ページ）のほか、農産物・畜産物などの生産手段による分類や、保存食品・乳児食品（ベビーフード）など、用途による分類もある。

1群と2群は赤色、3群と4群は緑、5群6群は黄色の、3色かつ6つすべての食品群からバランスよく取り入れた食事がよいとされています

Check!

Chapter 2-2

食品の種類

重要度 ★★★★

多様化する食産業で働き、食を通じて人々の健康維持・増進に貢献する調理師は、個々の食品についての知識が不可欠です。食品成分表の分類をベースに、それぞれの食品の特徴を見ていきましょう。

穀類等

主食として食べられることが多く、**重要なエネルギー源**です。炭水化物が50～80%、たんぱく質が4～14%含まれます。

●米

玄米のぬか層を取り除いて白米にすることを**とう精**[豆知識1]（または**精米**）といいます。

とう精の度合いによって玄米、半つき（五分つき）米、七分つき米、精白米に分かれます。

玄米は、外皮や胚芽が残っている分、**たんぱく質**、**無機質（リン）**、**ビタミンB_1**、**脂質**、**食物繊維**を多く含んでおり、栄養的にすぐれています。一方、消化吸収率や味においては精白米のほうがすぐれていますが、精白した状態で長期保存すると脂質が酸化し、**ビタミンB_1**がほとんど失われ、味が落ちます。そのため、貯蔵には、もみ米または玄米を低温保存するのが適しています。

●米の分類

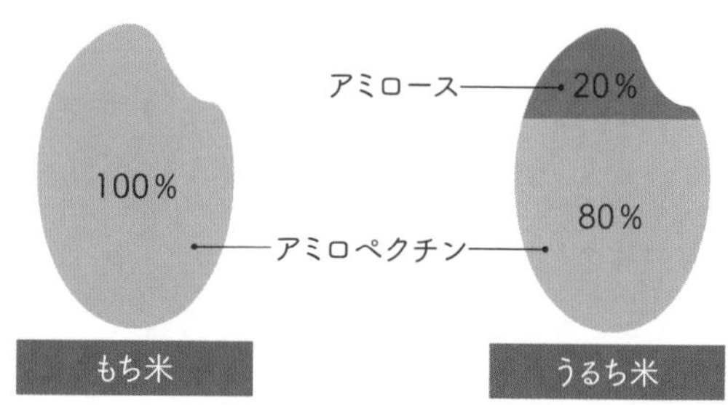

豆知識1

とう精度とは

加工時の、原料に対する製品の割合を歩留まりといい、とう精度は玄米の歩留まりによって決められている。半つき（五分つき）なら歩留まり95～96%に、七分つきなら93～94%に、精白米は90～92%にそれぞれ精白したものをいう。

用語1

うるち米

ごはんとして食べるほか、上新粉、ビーフン（米粉）、ライスペーパーなどにも使われる。

用語2

もち米

もちとして食べるほか、おこわ、道明寺粉、白玉粉、みりんなどにも加工される。

MEMO

そばの分類と特徴

穀類で、比較的たんぱく質が多い。リシンのほか、ルチン、ビタミンB_1、ビタミンB_2、リンなどを多く含む。

米には**でんぷん**が含まれています。でんぷんは粘性の強い**アミロペクチン**と粘性の弱い**アミロース**という成分でできていますが、その割合によって**うるち米**[用語1]と**もち米**[用語2]に分類されます。もち米に含まれるでんぷんはほぼ100%アミロペクチンで、これがもち米独特のねばりとなっています。

また米は、**ジャポニカ米**と**インディカ米**に大別でき、それぞれ次のような特徴があります。

	ジャポニカ米（日本型）	インディカ米（インド型）
米粒の形状	丸みを帯びている	細長くて砕けやすい
ねばり	炊くとねばりがある	炊いてもねばりが少ない
アミロース量	17～27%	27～31%

●小麦

小麦[用語3]の主成分は炭水化物で、米に比べて**たんぱく質**、**脂質**、**ビタミンB_1**が多く含まれます。小麦に含まれるたんぱく質の主成分は**グルテン**で、小麦粉はグルテンの含有量によって**強力粉**、**中力粉**、**薄力粉**に区別されます。

種類	グルテン	用途
強力粉	32～48%	パン、マカロニ、パスタ類、中華麺[用語4]　など
中力粉	23～31%	うどん、そうめん　など
薄力粉	16～23%	天ぷらの衣、ケーキ　など

✓そのほかのおもな穀類

●大麦[豆知識2]

米よりも**たんぱく質**、**食物繊維**、**ビタミンB_1**が多く含まれます。精白して押し麦やひき割麦にして麦飯にするほか、みその原料にもなります。また大麦を発芽させた**麦芽**はビールやウイスキー、あめの原料になります。**グルテン**はほとんど含まれません。

MEMO

とうもろこしの分類と特徴

穀類。脂質が比較的多い。コーン油はとうもろこしの胚芽が原料。

とうもろこしは、米、小麦とともに世界3大作物の1つとされています

Check！

用語3

小麦

小麦は外皮、胚乳、胚芽の3つの部分からなり、でんぷんは胚乳に多く含まれる。

MEMO

胚芽油とは

小麦の胚芽は精米の工程で取り除かれてしまうが、ビタミンEが豊富。抽出される胚芽油は、栄養成分がバランスよく含まれ、美肌によいとされる。

用語4

中華麺

中華麺は基本的に、強力粉にアルカリ性のかん水を加えてつくられる。

豆知識2

大麦のでんぷん

大麦は胚乳が硬く、加熱してもデンプンがアルファ化（糊化）しにくい。精白することによって消化吸収しやすくなる。

●ライ麦

黒パン（ライ麦パン）、ウイスキー、ウォッカなどの原料になります。独特の酸味があります。**グルテン**[用語5]はほとんど含まれません。

●えん麦

オーツ麦ともいいます。**たんぱく質**、**脂質**、**無機質**、**食物繊維**が多く含まれ、**オートミール**として用いられます。

●いも類

いもの主成分は**炭水化物（でんぷん）**で、ほかに**ビタミン**B_1、**ビタミンC**、**カリウム**、**カルシウム**が含まれます。**水分量**は70～80％と多く、**たんぱく質**や**脂質**は少なめです。

代表的ないも類としては、さつまいも[豆知識3]とじゃがいも[豆知識4]が挙げられますが、それぞれ次のような違いがあります。

さつまいもとじゃがいもの違い

	さつまいも	じゃがいも
栄養成分	●主成分は炭水化物（でんぷん） ●食物繊維が多く整腸作用がある ●ビタミンCが多く含まれる	●主成分は炭水化物（でんぷん） ●カリウムが多く含まれる ●ビタミンB_1、ビタミンB_2、ビタミンCも含まれる
貯蔵上の注意	●低温に弱い ●通気をよくして保存する	●耐寒性がある ●日光を避け、冷暗所で保存する
そのほか	—	新芽や日光があたって緑色になった部分にはソラニン、チャコニンという有害物質が生じる

用語5

グルテン

グリアジンとグルテニンが結びついたもの。ねばりと弾力性が特徴。

じゃがいもとさつまいもの違いや成分については、頻出問題です。よく整理しておきましょう

Check！

豆知識3

さつまいもの成分

肉質が黄色のさつまいもにはカロテンも多く含まれる。

豆知識4

じゃがいもの扱い方

じゃがいもの芽の部分や小さく皮が緑色のじゃがいもには、ソラニンやチャコニンが含まれている。発芽したものは芽の部分をしっかり取り除き、皮を厚くむき、十分に水洗いしてから調理する。

✓そのほかのおもないも類

●さといも

水分が80％以上で炭水化物、ビタミン類は少ないのが特徴です。また、**アラビノガラクタン**という糖たんぱく質が含まれ、特有のねばりがあります。

●やまのいも

主成分はでんぷんで、ほかのいもよりたんぱく質がやや多くなっています。

●こんにゃくいも

主成分は**グルコマンナン**という食物繊維です。栄養価はほとんどありませんが、**血中コレステロール**低下作用や**整腸**作用があります。

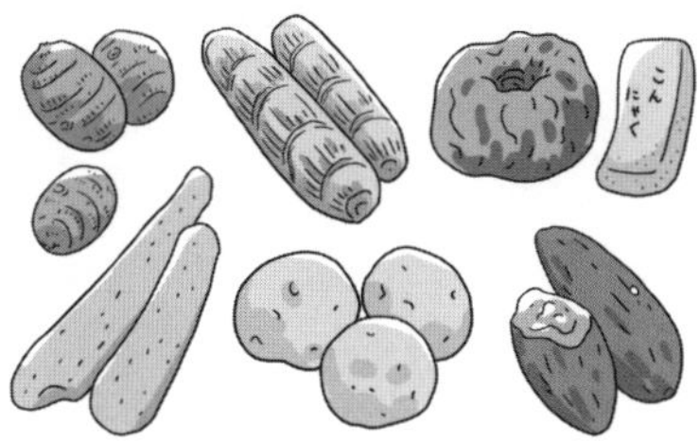

●砂糖および甘味類

甘味料の代表である砂糖は、原料によって**かんしょ（さとうきび）糖**と、**てんさい（さとうだいこん）糖**に大別できます。主成分は**ショ糖**[用語6]という糖質です。**天然甘味料**[用語7]にはほかに果糖、水あめ、**はちみつ**[用語8]などがあります。

●豆類

植物性食品のなかでは**栄養価**が高く、**たんぱく質**[豆知識5]が豊富です。また一般的に、**カルシウム**も豊富です。

用語6

ショ糖

ブドウ糖と果糖が1分子ずつ結合したもの。

用語7

天然甘味料

ほかにオリゴ糖やキシリトール、ステビアなどがある。キシリトールは抗う蝕性（虫歯予防効果）や整腸作用がある。

人工甘味料にはサッカリン、アスパルテームなどがあります。甘味はありますがエネルギーは少なく、そのほかの栄養成分は含まれません

Check！

用語8

はちみつ

主成分はブドウ糖と果糖。

豆知識5

大豆のたんぱく質

必須アミノ酸のリシンが多く含まれる。

調理師試験で大豆に関する問題が一問も出ないということは考えにくいです。どの科目で出題されるかはわかりませんが、大豆についてはいろんな面から調べておくと、試験対策上、有用です。

- 大豆の吸水方法
- 豆腐のつくり方
- 大豆の栄養成分
- 大豆でつくることができるもの

くらいは、把握しておきましょう

Check!

✓大豆

大豆は「**畑の肉**」といわれるほど良質なたんぱく質源で、**たんぱく質**が34〜35%含まれます。また、**脂質**も豊富で（19〜20%）、**ビタミンB群**、**カルシウム**、**リン**も多く含まれます。大豆油のほか、豆腐、納豆、油揚げ、湯葉、みそ、しょうゆ、きな粉などの加工品の原料でもあります。

✓そのほかの豆類

小豆、いんげん豆、えんどう豆、そら豆などがあり、**炭水化物やたんぱく質の供給源**となります。

種実類

殻や皮が硬く、なかにある種の部分を食用にするものをいいます。ごま、落花生（らっかせい）、ぎんなん、くり、くるみ、アーモンド、カシューナッツなどがあります。一般に**水分**が少なく、その一方で**脂質**や**無機質**、**ビタミンB_1**、**ビタミンB_2**、**ビタミンE**などが多く含まれます。

野菜類

[豆知識6]野菜類は食べる部位によって次のように分類されます。

食用部位による野菜の分類

分類	おもな野菜
葉菜類（ようさい）	キャベツ、小松菜、ほうれんそう、レタス　など
茎菜類（けいさい）	アスパラガス、セロリ、玉ねぎ、たけのこ、ねぎ　など
根菜類（こんさい）	ごぼう、だいこん、にんじん、れんこん、かぶ　など
果菜類（かさい）	かぼちゃ、きゅうり、トマト、なす、ピーマン　など
花菜類（かさい）	カリフラワー、ブロッコリー、みょうが　など

豆知識6

野菜類の特徴

一般に水分が80〜90%前後と多く、たんぱく質、脂質、炭水化物は少ないのが特徴。一方、カリウム、リン、カルシウム、鉄などの無機質、ビタミンA、ビタミンE、ビタミンK、ビタミンC、食物繊維は豊富に含まれている。

また、栄養素によって**緑黄色野菜**と**淡色野菜**に分けられます。

緑黄色野菜と淡色野菜の違い

	緑黄色野菜	淡色野菜
定義	原則として、カロテン[用語9]を可食部100g中に600μg以上含む野菜をいう	緑黄色野菜以外の野菜
おもな野菜	にんじん、かぼちゃ、ほうれん草、ブロッコリー、トマト、ピーマン　など	キャベツ、きゅうり、大根、なす、玉ねぎ、ごぼう、白菜、もやし　など
栄養素の特徴	βカロテンが豊富（ビタミンCやビタミンAなどを含む緑黄色野菜もある）	ビタミンCやカリウムなどが豊富

果実類

果実類は**ビタミンC**[豆知識7]や**糖質**、**無機質**が豊富で、生で食べられるのが特徴です。レモン、みかんなどの**かんきつ類**と、りんご、もも、さくらんぼなどのかんきつ類以外に分けられます。それぞれ特有の香りや酸味があるのに加え、砂糖と一緒に煮ると固まる**ペクチン**が含まれます。

用語9
カロテン
ビタミンAのこと。厳密にはプロビタミンA。
プロビタミン➡84ページ

豆知識7
ビタミンCの働き
①抗酸化作用　②鉄の吸収促進　③コラーゲンの生合成（生体分子をつくる）　④発がん性物質の生成抑制　⑤脂質やたんぱく質の代謝　などがある。L-アスコルビン酸ともいわれ、添加物になった際はこちらの名前が使われることもある。

ペクチンは、食物繊維の一種で、酸と砂糖と水が作用してゼリー状になる性質をもっています
➡P97、P111
Check！

MEMO
果物に含まれる糖質
果糖。フルクトースともいう。単糖類。冷やしたほうが甘みを感じられる。そのため、果物は冷やして食べることが多い。

きのこ類

カビや酵母と同じ**菌類**の仲間です。一般に栄養価は低いとされていますが、**ビタミンB_1**、**ビタミンB_2**、**カリウム**、**ナイアシン**が多く含まれます。

なお、しいたけには、**プロビタミンD**[豆知識8]の**エルゴステロール**や**うまみ成分**の**グアニル酸**と**グルタミン酸**が含まれます。

藻類

おもな藻類は、のり、**こんぶ**[用語10]、わかめ、**てんぐさ**[用語11]、もずく、**ひじき**[豆知識9]などです。主成分は**炭水化物**で、**アルギン酸**、**マンナン**、**ガラクタン**などの**食物繊維**やヨウ素、カルシウム、鉄などの**無機質**、**ビタミン類**も豊富です。

魚介類

魚介類は私たち日本人の重要な**たんぱく質源**です。農産物や畜産物に比べて非常に種類が豊富ですが、変質または腐敗しやすく、同じ種類の魚介類でも獲れる季節や漁場、大きさなどで栄養価が違うという特徴があります。

また、魚介類には**旬**があります。一般的に、魚類は脂肪が多い（脂がのった）時期が、貝類は**脂肪**と**グリコーゲン**[用語12]が多い時期が旬とされます。

● **魚類**

良質の**たんぱく質**を平均20％程度含みます。消化がよく、肉類に比べると**水分含有量**はやや高めです。魚類は、生息場所を移動する**回遊魚**と、ほぼ同じ海域にすむ**定着（定置）魚**に大別できます。

豆知識8
プロビタミンとは
ビタミン前駆体。ヒトの体内にとり込まれるか、紫外線に当たることでビタミンに変化する物質。

用語10
こんぶ
干しこんぶの表面につく白い粉末はマンニトールと呼ばれる糖質。洗ってしまうとうまみが落ちるので注意。

用語11
てんぐさ
寒天の原料となる。

豆知識9
ひじきの渋味
生ひじきは渋味が強いので、食用にするには水煮して渋味を抜く。

用語12
グリコーゲン
身体を動かすエネルギー源が含まれている。

苦悶死した魚は、活け締めにした魚に比べて死後硬直時間が短くなり、腐敗しやすくなります
Check！

用語13
ミオグロビン
筋肉色素たんぱく質の1つ。ミオグロビン含量が多いと魚肉が赤く見える。

回遊魚と定着（定置）魚の違い

	回遊魚	定着（定置）魚
おもな種類	さんま、いわし、まぐろ、かつお、さけ、うなぎ　など	たい、ひらめ、かれい、あんこう、ふぐ、あかむつ（のどぐろ）　など
魚形	紡錘形	扁平
ミオグロビンの量と身の色	ミオグロビン[用語13]が多く、赤身	ミオグロビンが少なく、白身

なお、骨ごと食べられる小魚からは**カルシウム**などの無機質を摂取できます。また、魚油には、**多価不飽和脂肪酸**[用語14]の**IPA**[用語15]（**イコサペンタエン酸**）や**DHA**[用語16]（**ドコサヘキサエン酸**）が含まれます。

●貝類・そのほかの魚介類

貝類には一般的に、**ビタミンB_2**、**ビタミンB_{12}**、**タウリン**が多く含まれます。牡蠣には**グリコーゲン**が多く含まれ、消化がよく、栄養価が高いことから「**海のミルク**」と呼ばれます。

うに、なまこ類は「棘皮動物」に分類されます。うにの味には、**メチオニン**、**バリン**などの**アミノ酸**が関係しています。珍味で知られる「このわた」は、なまこの卵巣と腸管を塩辛にしたものです。また、なまこを乾燥した干しなまこは高級中華食材の1つです。

肉類

たんぱく質と**脂質**が多く含まれます。とくにたんぱく質は**必須アミノ酸含量**が多く、良質です。日本で一般的に食べられるのは牛肉、豚肉、鶏肉、羊肉です。

用語14
多価不飽和脂肪酸
脂肪の構成要素である脂肪酸のうち、植物や魚の脂に多く含まれるものを不飽和脂肪酸という。不飽和脂肪酸は一価不飽和脂肪酸と多価不飽和脂肪酸に分けられ、多価不飽和脂肪酸はさらにn-3系（オメガ3とも呼ばれる）とn-6系に分類される。

用語15
IPA（イコサペンタエン酸）
EPA（エイコサペンタエン酸）ともいう。コレステロール、中性脂肪を下げる作用があるとされる。

用語16
DHA（ドコサヘキサエン酸）
脳や神経組織の機能を高める働きがあるとされる。

MEMO
魚介類の加工品
かまぼこ、だてまき、ちくわ、はんぺんなど、魚肉を原料にしたねり製品が代表的。ほかに、いかやかつおなどに食塩を加えて貯蔵した塩辛などもある。たんぱく質、カルシウムが多い一方で、脂質が酸化しやすいという特徴がある。

肉の種類と特徴

種類	特徴
牛肉	●良質なたんぱく質を含む ●肝臓（レバー）はビタミンAや鉄などが多い
豚肉	●ビタミンB_1を多く含む ●豚の肝臓は、牛の肝臓の約3倍の鉄を含む
鶏肉	●筋繊維が細く、脂質は少なめで消化がよい
羊肉	●子羊肉をラム、成羊肉をマトンという ●マトンは独特のにおいがあるが、ラムはやわらかくくさみが少ないため、ジンギスカンなどに使用される

✔肉の加工品

ハム、ベーコン、ソーセージ、ビーフジャーキー、コンビーフなどがあります。一般的に、豚もも肉を塩漬けにして燻煙（くんえん）したものが**ハム**、豚ばら肉を塩漬けにして燻煙したものが**ベーコン**です。

卵類

食用として一般的なのは、**鶏**、**うずら**、**あひる**の卵です。なかでも鶏卵は**アミノ酸価**（用語17）がすぐれており、栄養価の高い食品です。ただし、ビタミンCは含まれません。

鶏卵は**卵黄**、**卵白**、**卵殻**の3部分で構成され、重さの割合は3：6：1となっています。

卵黄と卵白の違い

	卵黄	卵白
栄養上の特徴	●たんぱく質が豊富 ●脂質が豊富。卵の脂質の99％以上は卵黄に含まれる ●ほかの食品に比べてコレステロールが多い	●水分が多い ●脂質は含まれない

肉類が、食肉処理した直後に一時的に硬くなることを死後硬直といいます。しかし、時間が経過すると自己消化（解硬）によりやわらかくなり、同時にうまみが増します。これを肉の熟成といいます
Check！

MEMO
完全食品とは
それだけで健康と成長に必要な栄養素すべて摂取できる食品のこと。炭水化物とビタミンCを除き、すべての栄養素を豊富に含んでいる。鶏卵は代表的な完全食品である。

卵に含まれる栄養成分については頻出。卵黄と卵白で含まれる成分が違うので、整理して覚えておきましょう
Check！

用語17
アミノ酸価
ヒトが体内でつくれない必須アミノ酸がどれだけバランスよく含まれているかを示す指標のことで、アミノ酸スコアともいう。100がもっともよく、それ以下だと足りていない必須アミノ酸があるということになる。

栄養上の特徴	● ビタミンA、ビタミンB_1、ビタミンB_2、ビタミンD、鉄が多い	
特性	卵黄に含まれるリン脂質には脂肪を乳化させる性質があり、この性質を利用してマヨネーズがつくられる	卵白に含まれるアルブミン（たんぱく質の一種）は泡立ちやすい性質（起泡性）と気泡を安定化させる性質があり、この性質を利用してメレンゲやスポンジケーキがつくられる
凝固温度	65～67℃で凝固する	●57～58℃で粘度が増して白く濁る ●62℃以上でゼリー化する ●70～80℃で完全に凝固する

乳類

牛の乳、やぎの乳、ひつじの乳など、ほにゅう動物の乳を**乳類**といいます。このうち、牛の乳を直接飲用できるよう加工処理したものが**飲用乳**です。

✓**飲用乳**

飲用乳には、**牛乳**、**特別牛乳**[用語18]、**成分調整牛乳**[用語19]、**低脂肪牛乳**[用語20]、**無脂肪牛乳**[用語21]、**加工乳**[用語22]、**乳飲料**[用語23]の7種類があります。飲用乳のうち、**成分無調整**で**無脂乳固形分**が8％以上、**乳脂肪分**が3％以上のものが**牛乳**です。水分が85％以上ですが、ほとんどの栄養成分が含まれており、良質なたんぱく質源となります。なお、乳たんぱく質の約80％は**カゼイン**です。乳類には、飲用乳のほかに、牛などの生乳や牛乳を加工したつくられた乳製品があります。

用語18
特別牛乳
特別牛乳さく取処理業の許可を受けた施設で製造したものをいう。無脂乳固形分は8.5％以上、乳脂肪分は3.3％以上。

用語19
成分調整牛乳
生乳から乳脂肪分、無脂乳固形分、水分などを一部除去したもの。無脂乳固形分は8％以上。

用語20
低脂肪牛乳
生乳から乳脂肪分の一部を減らし、低脂肪にしたもの。無脂乳固形分は8％以上、乳脂肪分は0.5％以上、1.5％以下。

用語21
無脂肪牛乳
生乳から乳脂肪分をほとんど除去したもの。無脂乳固形分は8％以上、乳脂肪分は0.5％未満。

用語22
加工乳
生乳にバターや脱脂粉乳、クリームなどのほかの乳製品を加えて、成分調整したもの。

用語23
乳飲料
生乳や牛乳または乳製品などにココアや果汁、カルシウム、鉄分などを加えたもの。

MEMO
油と脂
油脂は不飽和脂肪酸の構成割合が高いほど溶けやすく(融点が低く)、一般に、常温(20℃)で液体のものを「油」、固形のものを「脂」と呼ぶ。

用語24
バター
牛乳中の脂肪を加工したもの。乳脂肪分が主成分で、ビタミンA(レチノール、カロテン)が含まれ、消化もよい。ただし、血中LDLコレステロールを上げる不飽和脂肪酸も多く含まれる。

用語25
ラード
豚の脂を加工した油脂のこと。ヘット(下記)よりも不飽和脂肪酸が多いためやわらかく、消化も早い。

用語26
ヘット
牛の脂を加工した油脂のこと。ビタミンA、コレステロールが多い。

用語27
マーガリン
精製した油脂に脱脂粉乳や発酵乳、食塩などを加えて乳化し、練り合わせてバター状にしたもの。植物性油脂を原料としたマーガリンにはリノール酸が含まれる。

さまざまな乳製品とその特徴

種類	特徴
用語24 バター	以下の工程でつくられる ①牛乳を遠心分離して得られたクリームを機械(チャーン)にかける ②低温下で攪拌(かくはん)し、衝撃を与える(チャーニング) ③粒状になった脂肪球を塊状にする ④練り合わせて(ワーキング)形成する
チーズ	●牛乳にレンネットという凝乳酵素を加え、カゼイン(乳たんぱく質の1つ)を凝固・発酵させたもの ●ナチュラルチーズとプロセスチーズに大別される
ヨーグルト	●牛乳や脱脂粉乳を殺菌・冷却後、乳酸発酵させたもの ●整腸作用がある
アイスクリーム	●牛乳や乳製品に、砂糖や香料、乳化剤などを加えて攪拌しながら凍らせたもの ●乳固形分を15%以上(そのうち乳脂肪分が8%以上)含むものがアイスクリーム ●乳固形分を10%以上(そのうち乳脂肪分が3%以上)含むものがアイスミルク

そのほかの食品

●油脂類

油脂の主成分は**脂質**で、体内では**エネルギー源**として、また**構成成分**としての役割を担っています。油脂は**植物性**と**動物性**に大別できます。

	植物性油脂	動物性油脂
おもな種類	ゴマ油、落花生油、コーン油、大豆油、キャノーラ(菜種)油、オリーブ油、綿実油 など	ラード(豚油)用語25、ヘット(牛油)用語26、バター、マーガリン用語27、ショートニング用語28、魚油 など
特徴	●ビタミンE、必須脂肪酸のリノール酸、α-リノレン酸を含む ●ビタミンA、ビタミンDなどは含まない ●オリーブ油はオレイン酸を多く含み、またカロテンも含む	●飽和脂肪酸が多い(魚油は除く) ●ビタミンA、Dを含む

なお、魚から採取される**魚油**も動物性油脂に分類されますが、**多価不飽和脂肪酸**を多く含むことから**植物性油脂**と同等に扱われます。

● し好飲料類

し好飲料類は**アルコール飲料**（豆知識10）と**非アルコール飲料**とに大別できます。

非アルコール飲料には、**茶**（豆知識11）、コーヒー、ココア、炭酸飲料、果実飲料、乳酸菌飲料などがあります。茶やコーヒーには、苦味成分である**カフェイン**が含まれます。また、お茶には渋味成分である**タンニン**、うま味・甘味成分である**テアニン**（**アミノ酸**の一種）が含まれます。

● 調味料および香辛料類

調味料は味をととのえるために加えられるものです。味や香りには、食欲増進や消化促進の作用があります。

✓ おもな調味料

塩、食酢、しょうゆ、みそ、ソース、みりん風調味料、うまみ調味料、トマト加工調味料、マヨネーズなど。なお、うまみ調味料は、昆布などに含まれるグルタミン酸、かつお節などに含まれるイノシン酸、干ししいたけなどに含まれるグアニル酸などを利用してつくられます。香辛料は、植物の種子や茎、葉、樹皮などからつくられます。独特の辛味（刺激性）と香味で、料理に風味を与えて味を引き立てます。

香辛料の役割と種類

役割	おもな種類
辛味（刺激性）を与える	こしょう、唐辛子、わさび、しょうが、山椒、からし　など
香り（芳香）を与える	ローリエ（月桂樹）、クローブ（丁子）、ナツメグ、バニラ、シソ、シナモン　など
色を与える	サフラン、パプリカ、ターメリック（ウコン）など

用語28

ショートニング

おもに植物性油脂と硬化油からつくられる、クリーム状の油脂。なお硬化油は、魚油や植物性油脂などに水素を化合させて飽和脂肪酸にし、固形化したもの。

豆知識10

アルコール飲料の分類

製造法によって次の3つに分けられる。

- 醸造酒…清酒、ビール、ワイン　など
- 蒸留酒…焼酎、ウイスキー、ブランデー、ジン　など
- 混成酒（醸造酒や蒸留酒に香料や薬草などを混ぜたもの）…リキュール、みりん　など

豆知識11

茶の種類

製造法によって次の3つに分けられる。

- 不発酵茶…緑茶（玉露、煎茶、番茶、ほうじ茶）
- 発酵茶…紅茶
- 半発酵茶…ウーロン茶

酒税法により、アルコールを1％以上含む飲料をアルコール飲料（酒）と呼びます

Check！

用語29
食品表示法
食品の表示について一般的なルールを定める法律。2015（平成27）年4月に施行された。

用語30
特別用途食品
健康増進法第43条に規定されている。

保健機能食品について、次の違いを覚えておきましょう。
●特定保健用食品
国の審査：あり
国への届け出：あり
●機能性表示食品
国の審査：なし
国への届け出：あり
●栄養機能食品
国の審査：なし
国への届け出：あり
Check！

●調理加工食品類

冷凍食品、**レトルトパウチ食品**、**インスタント食品**、**缶詰**など調理済みの食品を**調理加工食品**といいます。生活様式の変化や、調理加工食品類の品質の向上、種類の増加などにより、調理加工食品類の利用度は今後、さらに高まると考えられます。

なお、レトルトパウチ食品は、**調理済みの食品を袋（パウチ）に入れて高圧釜（レトルト）により高温・高圧で加熱殺菌した食品**のことで、単に**レトルト食品**とも呼ばれます。

●特別用途食品と保健機能食品

容器包装に入れられた一般用加工食品などは、**食品表示法**(用語29)により、**栄養成分**の量および**熱量**の表示（栄養成分表示）が義務づけられています。また、成分の機能や特別の用途を表示できる、**特別用途食品**(用語30)と**保健機能食品**があります。

✓特別用途食品

乳幼児の発育や、妊産婦や病者の健康の保持・回復などといった、特別な用途に適した食品です。特別用途食品の表示には、内閣総理大臣より権限を委任された**消費者庁長官**の許可が必要です。また、許可された食品には、特別用途食品であることを示すマークがつけられます。

✓保健機能食品

機能性を表示できる食品です。**特定保健用食品**、**機能性表示食品**、**栄養機能食品**の3つがあります。

●特定保健用食品

身体の生理学的機能などに影響を与える**保健効能成分**を含んでおり、その成分を摂取することで、特定の保健の目的が期待できる旨を表示できる食品です。特定保健用食品として販売するには、食品ごとに国の審査を受け、許可を得る必要があります（個別許可型）。「**トクホ**」と呼ばれ、特定保健用食品であることを示すマークがつけられます。

●機能性表示食品

「体脂肪を減らす働きをする」「食後の血糖値の上昇を抑える」といった特定の保健の目的が期待できることが企業によって確認され、その**機能性**が表示された食品です。2015（平成27）年4月に新しくはじまった「**機能性表示食品**」制度により、企業が安全性および機能性を科学的根拠に基づいて確認し、企業が食品関連業者の責任において消費者庁長官に届け出を行えば、機能性を表示できるようになりました。なお、機能性表示食品は、**疾病に罹患していない人**を対象にした食品であることとされ、**特別用途食品**および**栄養機能食品**、**アルコール**を含有する飲料は対象外です。

豆知識12
●**栄養機能食品**

特定の栄養成分の補給のために利用され、栄養成分の機能を表示する食品のことです。個別の許可申請を行う必要がない自己認証制度となっています。

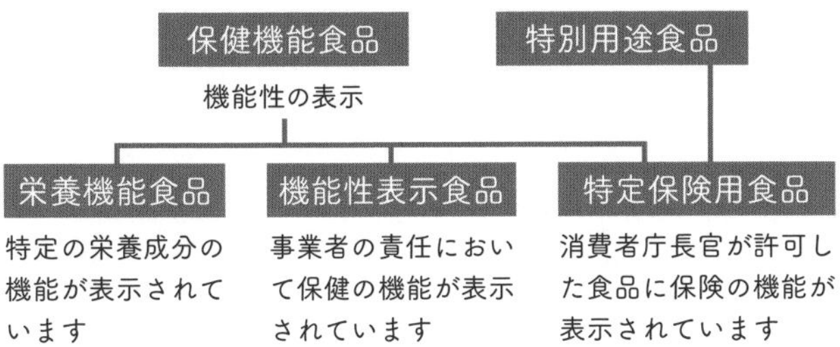
保健機能食品
特別用途食品
機能性の表示
栄養機能食品
機能性表示食品
特定保険用食品
特定の栄養成分の機能が表示されています
事業者の責任において保健の機能が表示されています
消費者庁長官が許可した食品に保険の機能が表示されています

MEMO

疾病にり患していない人
未成年者、妊産婦（妊娠を計画している人を含む）、授乳婦は除く。

豆知識12

栄養機能食品の表示
現在、以下の20種類の栄養成分について機能の表示が認められている。
- 脂肪酸：n-3系脂肪酸
- ミネラル類：亜鉛、カリウム、カルシウム、鉄、銅、マグネシウム
- ビタミン類：ナイアシン、パントテン酸、ビオチン、ビタミンA、ビタミンB_1、ビタミンB_2、ビタミンB_6、ビタミンB_{12}、ビタミンC、ビタミンD、ビタミンE、ビタミンK、葉酸

Chapter 2-3

食品の成分

重要度 ★★☆☆

食品には、たんぱく質、炭水化物、脂質、ビタミン、無機質の5大栄養素のほか、色や味、香りに関係する成分が含まれています。また、各食品の成分値とエネルギーは日本食品標準成分表で調べることができます。

MEMO

可食部とは

食品全体から皮やへたなどの廃棄箇所を取り除いた部分。

栄養成分と特殊成分

食品には、水分のほかに**たんぱく質**、**炭水化物**、**脂質**、**ビタミン**、**無機質**の5つの栄養成分が含まれています。これら5つの栄養成分を**5大栄養素**といいます。

また、食品には、5大栄養素のほかに色や味、香りに関係する成分がわずかながら含まれています。

色に関係する成分

色に関係する成分には次のようなものがあります。

成分名	色	含まれる食品
カロテノイド	黄、赤、橙色	かぼちゃ、にんじん、トマト、かにやえびの殻　など
アントシアニン	赤、青、紫色	なす、しそ、赤かぶ、ぶどう、いちご　など
フラボノイド	白、薄黄色	みかんの皮、レモン、そば、豆類、淡色野菜　など
ヘム	赤色	肉類
クロロフィル	緑色	緑黄色野菜

豆知識1

辛味に関係する成分

- カプサイシン(唐辛子)
- ショウガオール、ジンゲロール（しょうが）
- ピペリン（こしょう）
- イソチオシアネート（大根、わさび）
- サンショオール(山椒)

味に関係する成分

基本的な味には「甘味(かんみ)」、「塩味(えんみ)」、「酸味」、「苦味(にがみ)」、「うま味」の5つがあり、これを「**基本五味**」といいます。それぞれ次のような成分が関係しています。

	関係する成分　※（　）内は含まれる食品
甘味	ショ糖（砂糖）、果糖（はちみつ）、ブドウ糖（果実）、アスパルテーム（人工甘味料）
塩味	塩化ナトリウム（食塩）
酸味	乳酸（ヨーグルト、漬け物）、リンゴ酸（りんご）、クエン酸（かんきつ類、梅干し）、酒石酸（ぶどう）
苦味	カフェイン（コーヒー、緑茶）、ククルビタシン（ゴーヤ）、イソフムロン（ビール）
うま味	グルタミン酸（こんぶ）、グアニル酸（しいたけ）、イノシン酸（かつお節）、コハク酸（貝類）、テアニン（緑茶）

味にはほかに、辛味[豆知識1]、渋味[豆知識2]、えぐ味[豆知識3]などがあります。

香りに関係する成分

香りに関係する成分には、以下のものなどがあります。

おもな香気成分	含まれる食品
レンチオニン	しいたけ
桂皮酸メチル	まつたけ
リモネン、シトラール	かんきつ類
アリシン	にんにく

食品成分表

食品の栄養素は、**日本食品標準成分表**で知ることができます。現在は、「日本食品標準成分表2020年版（八訂）」[用語1]に収載値を追加・更新した「**日本食品標準成分表（八訂）増補2023年**」[用語2]が最新版で（2023年5月現在）、穀物や魚介などの素材食品から調理済み食品までを**18品群**に分

豆知識2

渋味に関係する成分

- タンニン（かき、茶）
- カテキン（茶）

豆知識3

えぐ味に関係する成分

- シュウ酸（たけのこ、わらび、さといも、ほうれんそう）
- ホモゲンチジン酸（たけのこ）

厚生労働省は、給食などの献立は日本食品標準成分表を使用するよう定めています

Check！

用語1

日本食品標準成分表2020年版（八訂）

2020（令和2）年に文部科学省より公表された成分に関するデータ。

用語2

日本食品標準成分表（八訂）増補2023年

2023（令和5）年4月に発表された成分に関する最新データ。

け、全体で2,538食品の成分値を収載しています。

成分表を見ると、以下の栄養成分の種類・量・エネルギー量などがわかります。

成分	説明	単位
エネルギー	エネルギー産生栄養素（たんぱく質、脂質、炭水化物）に[豆知識4]エネルギー換算係数を乗じ、その合計を算出した値が記載されている	キロカロリー（kcal）、キロジュール（kJ）
たんぱく質	アミノ酸組成によるたんぱく質と、基準窒素量に窒素-たんぱく質換算係数をかけて算出したたんぱく質が記載されている	グラム（g）
脂質	中性脂肪の1つ、トリアシルグリセロール当量のほか、コレステロールおよび脂質の成分値も記載されている	グラム（g）
炭水化物	利用炭水化物のほか、食物繊維総量や糖アルコールなどの成分値が記載されている	グラム（g）
無機質（ミネラル）	ナトリウム、カリウム、カルシウム、マグネシウム、リン、鉄、亜鉛、銅、マンガン、ヨウ素、セレン、クロム、モリブデンの13種類の成分値が記載されている	[用語3]ミリグラム（mg）、[用語4]マイクログラム（μg）
ビタミン	ビタミン（A、D、E、K、B_1、B_2、B_6、B_{12}、C）、ナイアシン、葉酸、パントテン酸、ビオチンの13種類の成分値が記載されている	ミリグラム（mg）、マイクログラム（μg）

このほか、**アルコール含有量**と**食塩相当量**も記載されています。

豆知識4

エネルギー換算係数とは

たんぱく質は1gあたり4、脂質は1gあたり9、炭水化物は1gあたり3.75。

用語3

ミリグラム（mg）

1／1,000g

用語4

マイクログラム（μg）

1／1,000mg

食品学は「食品の成分」に関する内容を詳細に押さえるところからが学習の始まりです。慣れない方は、ゆっくりでいいので1つずつ確実に要点を押さえていきましょう。

Check！

食品の栄養価

食品の**栄養価**は、調理方法や加工法などによって大きく変化する可能性があります。

たとえば、日本では、米は炊く前にとぎ洗いするのが一般的ですが、とぎ洗いをすると**ビタミンB_1**は水に溶け出して減少してしまいます。

また、生のだいこんには**ビタミンC**が多く含まれますが、**たくあん漬け**にすると失われます。一方、ぬかみそ漬けにすると、ぬかに含まれる**ビタミンB_1**が移行してビタミンB_1が増えます。

また、**消化吸収率**[用語5]によって、身体が吸収できる栄養素の量は異なります。たとえば、玄米には**たんぱく質**、**脂質**、**ビタミンB_1**などが白米より多く含まれますが、消化吸収率は劣ります。

食品の栄養価は、**調理**、**加工**、**保存**、消化吸収率などをふまえて総合的に判断することが大切です。

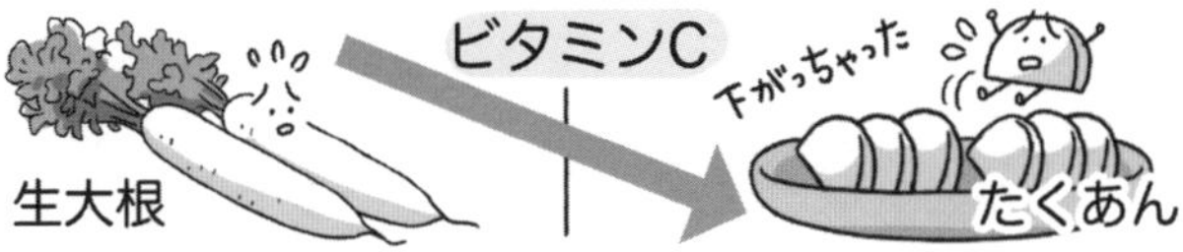

栄養成分量の計算方法

食品栄養成分表から、食品の量に対してどのくらいの栄養成分が含まれているのかを知ることができます。たとえば、ごはん（精白米）を茶碗１杯（150g）食べたときのエネルギー量は以下のとおりになります。

①精白米のエネルギー量（可食部100g当たり）：342kcal

②100gに対する比率：150÷100＝1.5

③342 kcal×1.5（①に②を乗じる）＝513

➡ごはん150gのエネルギーは513kcal

なお、廃棄する部分がある食品は、100gに廃棄率を乗じて可食部を算出する必要があります。

用語5

消化吸収率

食品が消化器官内でどれだけ消化され、腸壁から吸収されるかを表したものをいう。

MEMO

調理加工食品の種類

すでに調理された食品のこと。冷凍食品、レトルト食品、インスタント食品、缶詰などがある。

➡90ページ

忙しい現代、調理の時短化などが目的で、調理加工済みの食品の使用頻度は高まっています。技術も刻々と進化しています

Check！

Chapter 2-4

加工と貯蔵

重要度 ★★☆☆

食品の加工と貯蔵は、調理師にとってはもっとも身近な作業の1つです。食品の品質低下を防いでおいしい状態で提供できるよう、代表的な加工法と貯蔵法について学びましょう。

食品の加工

食品には野菜や果実などのようにそのまま食べられるものもありますが、多くはなんらかの**加工**や**調理**が必要です。食品の加工には、次のような目的があります。

✓食品加工の目的

- 消化吸収をよくする
- 保存性を高める
- 見た目や味や香りをよくして食欲を増進させる

食品加工の技術には、**物理的加工**[豆知識1]、**化学的加工**、**生物的加工**があり、これらは単独で、または組み合わせて用いられます。

物理的加工

原料に**粉砕**（ふんさい）、**混合**、**加熱**、**濃縮**（のうしゅく）、**乾燥**、**成型**などの操作を行って食品を変化させる方法をいいます。たとえば、次のような加工品があります。

豆知識1

物理的加工が施された食品例

精白米や押し麦などのほかにも、以下のような食品がある。

- オートミール
えん麦をひき割りにしたもの。食物繊維が多い。
- 小麦粉
小麦を製粉機にかけ、粉砕とふるい分けをくり返してつくる。
- でんぷん
じゃがいもやさつまいもをすりつぶし、水洗いしながらふるいにかけ、分離して残った粉を精製して乾燥させたもの。市販の片栗粉のほとんどは、じゃがいもでつくられたでんぷんとなっている。

加工品	加工の内容
精白米	精米機で玄米粒同士を摩擦し、ぬかや胚芽を除く
押し麦	大麦、裸麦を精麦後、押麦機でつぶす
無洗米	精白米（うるち米）を高速攪拌することなどにより、肌ぬかを除く
ねり製品	魚肉に塩、調味料を加えてすりつぶしたあと成型し、蒸す・焼く・揚げるなどする
ベーコン	豚のバラ肉などを、食塩、硝石（亜硝酸ナトリウム）、香辛料などを加えた液に漬け（塩漬）、燻煙する
ソーセージ	硝石を加えた食塩で塩漬した肉を細切し、調味料、香辛料などを加えてねり合わせて腸管などに詰め、乾燥、燻煙、水煮する

化学的加工

原料に化学的な処理を行って食品を加工する方法です。

加工品	加工の内容
ジャム	果実に、砂糖やクエン酸などを加えてとろみが出るまで煮詰める（果実に含まれるペクチンのゲル化する性質を利用）
こんにゃく	こんにゃくいもを粉にして水を加えて加熱し、水酸化カルシウム（石灰乳）などを加えて固める

生物的加工

食品の加工に利用されている微生物を**食用微生物**といいます。食用微生物には、**カビ類**[豆知識2]、**酵母類**[用語1]、**細菌類**[豆知識3]の3つがあり、それぞれ次のような加工品に用いられます。

豆知識2

食用のカビ類

糸状の菌糸からなるカビ類は、糸状菌とも呼ばれる。次の2つが食品加工によく利用される。

●こうじカビ

でんぷん・たんぱく質などを分解する作用があることから、清酒やみそ、しょうゆの醸造などに利用される。こうじ菌ともいい、日本を代表する菌「国菌」に認定されている。

●青カビ

青色や緑色をしたカビで、一部はブルーチーズの熟成に利用される。

用語1

酵母類

菌の一種。アルコール発酵作用をもち、糖質を発酵させてアルコールと炭酸ガスにする。さまざまな種類があり、清酒、ビール、ワイン、ウイスキー、みそ、しょうゆ、パンなど、多くの食品の加工に利用される。ビタミンB_1、B_2、無機質が豊富。

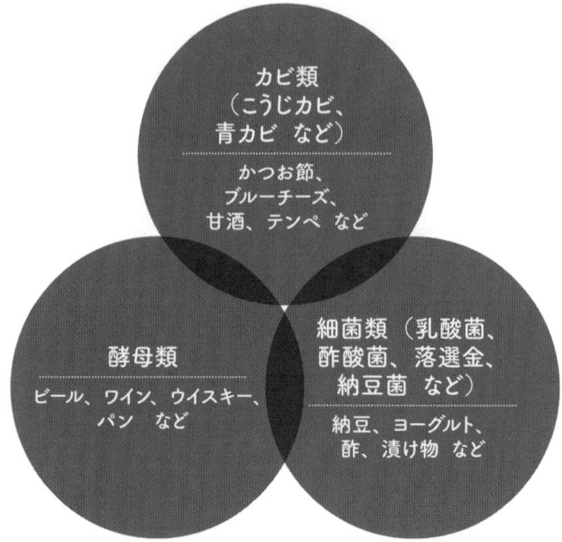

加工品	加工の内容
かつお節	かつお節の1つである本枯節は、こうじカビの一種であるユーロティウムをカビづけし、発酵・熟成させてつくる。カビが産生する酵素によって、節類特有の風味が生まれる
ブルーチーズ	固めて水気を切った牛乳または羊乳に、青カビをまぶして熟成させる
納豆	大豆を煮てから納豆菌を繁殖させてつくる。納豆菌の作用で大豆の消化がよくなり、ビタミンB_1も増加する
ヨーグルト	牛乳や脱脂乳を乳酸菌で乳酸発酵させてつくる
みそ	蒸して煮た大豆にこうじを加えて発酵させてつくる
しょうゆ	豆などの主原料にこうじ[用語5]と食塩を加えて、発酵・熟成させてつくる

食品の保存と貯蔵

　食品は一般的に、時間の経過とともに風味や品質、栄養価が低下します。これを防ぐには、**保存法**や**貯蔵法**に留意することが大切です。

用語3

食用の細菌類

カビ、酵母と同様に微生物の仲間だが、サイズはカビ、酵母に比べて小さい。食品加工にはおもに次の4つの細菌が利用される。

●乳酸菌

糖質を発酵させて乳酸をつくる性質がある。ヨーグルトや乳酸菌飲料、漬物づくりに利用される。

●酪酸菌

糖質を発酵させて酪酸をつくる性質がある。ぬかみそやチーズの風味と関係する。

●グルタミン酸菌

化学調味料の製造に利用される。

●納豆菌

枯草菌という細菌の一種。納豆づくりに利用される。

MEMO

こうじ（麹）

蒸した米や麦、大豆などにこうじ菌を付着させ、培養したもの。

保存法・貯蔵法の種類

食品の保存法・貯蔵法には次のような種類があります。

保存法・貯蔵法の種類	保存法・貯蔵法の内容
低温冷蔵（冷蔵・冷凍法）	低温により微生物の活動を抑える。冷蔵庫はその代表 ●0～10℃程度の貯蔵：冷蔵保存 ●2～-2℃程度の貯蔵：冷温貯蔵 ●5～-5℃程度の貯蔵：チルド ●-15℃以下での貯蔵：冷凍
乾燥法	食品中の水分を少なくし、微生物の繁殖を防ぐ。天日乾燥、機械（人工）乾燥（加熱乾燥法、噴霧乾燥法、真空管双方、凍結乾燥法、真空凍結乾燥法）などがある 例）乾麺、乾しいたけ、切り干しだいこん、魚類の乾物　など
塩漬け法（塩蔵）・砂糖漬け法・酢漬け法	食塩・砂糖の高濃度液や酢に漬けて、微生物の繁殖を防ぐ 例）塩ざけ、白菜漬け、果実の砂糖漬け、ピクルス　など
燻煙法	一般的に、肉類、魚類、卵類を一度塩漬けにしたあと、燻煙する。塩蔵の防腐効果、燻煙による乾燥、煙の成分による微生物の繁殖抑制効果が期待でき、独特の風味も加わる　例）ハム、ベーコン、スモークサーモン　など
紫外線照射法	紫外線を照射して殺菌する 例）清涼飲料水　など
豆知識4 放射線照射法	放射線の1種であるガンマ線を食品に照射して殺菌する ※日本ではじゃがいもの発芽防止にのみ許可されている
ガス貯蔵法（CA貯蔵法）	貯蔵庫内の酸素や二酸化炭素濃度をコントロールし、低温で所蔵する方法。野菜や果実の貯蔵によく使われる

ほかにも、食品を缶やびん、熱に強い容器包装資材に入れて加熱殺菌する**空気遮断法**、食品を生のまま土の中に貯蔵する**土中埋蔵法**などがあります。

MEMO

真空凍結乾燥法とは

急速に水分を凍結させて乾燥する保存法で、風味、色、ビタミン・たんぱく質などの変化が少なく、多孔質のため復元性がよい。フリーズドライともいう。

豆知識4

海外における放射線照射法

海外では香辛料、野菜、冷凍魚介類などの殺菌法として認められている。

Chapter 2-5

食品の表示

重要度 ★★☆☆

市販されている食品には一般的に、保存方法や期限、原材料、栄養成分、アレルギー、遺伝子組換え食品などが表示されています。これらの食品表示は、食品を選ぶ際の重要な判断材料となります。

食品表示基準制度

消費者等に販売されるすべての食品は、**食品表示法**[用語1]と、表示の具体的なルールを規定した**食品表示基準**[豆知識1]に基づき、食品表示が義務づけられています。

✓食品表示基準

食品関連事業者は、生鮮食品と加工食品、添加物について食品表示基準の順守が義務づけられています。

●記載される表示事項

名称、保存方法、期限（消費期限または賞味期限）、原材料名、添加物、原料原産地名、内容量、栄養成分の量および熱量、事業者の名称および住所　など

✓期限表示[豆知識2]

品質が急速に劣化する食品には「**消費期限**[用語2]」、それ以外の食品には「**賞味期限**[用語3]」を表示することになっています。

✓栄養成分表示

食品関連事業者[用語4]は、原則としてすべての一般用加工食品および添加物に栄養成分表示をしなければなりません。

表示が義務づけられている栄養成分と表記の順

（基準別記様式2）

1.熱量	kcal	4.炭水化物	g
2.たんぱく質	g	5.食塩相当量	g
3.脂質	g		

※食品単位当たり。ナトリウムは食塩相当量で表示されます

用語1
食品表示法
食品の安全性や、消費者が食品を自主的かつ合理的に選択できる機会を確保するために規定された法律。2013（平成27）年に施行。食品表示法の施行以前は、食品衛生法、JAS法、健康増進法の異なる3つの法律によって規定されてきたが、ルールが煩雑でわかりにくいといった理由から、食品の表示に関する規定は食品表示法に一元化された。

豆知識1
食品表示基準の違反
アレルギーや原産地偽装など、安全性に関わる違反表示を行った場合や、表示事項を表示しなかった場合は、懲役または罰金が科せられる。

豆知識2
期限の表示について
以前は製造・加工年月日が表示されていたが、現在は消費期限か賞味期限が表示されている。

アレルギー表示

アレルゲンの表示は、**特定原材料**を原材料とする加工食品および特定原材料に由来する添加物を含む食品には義務づけられており、特定原材料に**準ずるもの**を原材料とする加工食品には推奨されています。

	表示	対象品目
特定原材料（8品目）	義務	えび、かに、くるみ、小麦、そば、卵、乳、落花生（ピーナッツ）
特定原材料に準ずるもの（20品目）	推奨	アーモンド、あわび、いか、いくら、オレンジ、カシューナッツ、キウイフルーツ、牛肉、ごま、さけ、さば、大豆、鶏肉、バナナ、豚肉、まつたけ、もも、やまいも、りんご、ゼラチン

遺伝子組換えに関する表示

遺伝子組換え表示制度には**義務表示**と**任意表示**があり、次の9つの対象農産物とその加工食品については、基準に基づいた表示が義務づけられています。

✓対象農産物

大豆（枝豆、大豆もやしを含む）、とうもろこし、ばれいしょ、なたね、綿実、アルファルファ、てん菜、パパイヤ、からし菜

合格への近道

食品学は、実際の調理師試験では、専門家でないとわからないような問題や、テキストに載っていない問題も出されます。6問中3点取れれば良いほうかもしれませんが、この科目が0点や1点になってしまうと合格が危うくなりますので、まずはこのテキストを繰り返し学習し、確実に解き切れる状況をつくることが、合格への近道となります。

用語2

消費期限

定められた保存方法を守って保存していた場合において、安全に食べられる期限（期限がすぎたら食べないほうがよい）。

用語3

賞味期限

定められた保存方法を守って保存していた場合において、品質が変わらずにおいしく食べられる期限（期限をすぎても食べられないわけではない）。

2023（令和5）年3月9日に食品表示基準が改正され、食物アレルギーの義務表示対象品目（特定原材料）に「くるみ」が追加されました。なお、くるみの義務表示化については、2025年（令和7年）3月31日までの経過措置期間が設けられています

Check！

MEMO

表示が任意の栄養成分

飽和脂肪酸、食物繊維、糖類、糖質、コレステロール、n-3系脂肪酸、n-6系脂肪酸、ビタミン・ミネラル類

用語4

食品関連事業者

食品の製造者、加工者、輸入者、販売者など。

達成度チェック

	問題	正誤	解説
1	ミネラルウォーターは食品である。	○	食品とは、栄養素が1つでも含まれていて、有害な物質が含まれておらず、ヒトのし好に適してるもの。ミネラルウォーターは、この3つの要素を含んでいるため（栄養素としてはミネラルが入っている）、食品である。
2	うるち米のでんぷんはアミロペクチンが20%含まれている。	×	うるち米にはアミロペクチンが80%程度含まれている。20%含まれているのはアミロース。
3	精白米のビタミンB_1含有量は玄米よりも多い。	×	精白米にしてしまうと、ビタミン成分が少なくなってしまう。玄米にはビタミン成分が比較的多く残る。
4	グルテンが多く含まれている小麦粉を強力粉といい、天ぷらを調理する際に使用する。	×	前半は正しい。強力粉は天ぷらでなく、パンに使用する。天ぷらには薄力粉を使う。
5	さつまいもやじゃがいもにはビタミンCがほとんど含まれない。	×	さつまいもやじゃがいもにはビタミンCが多く含まれている。
6	たんぱく質や脂質が多く、炭水化物が少なく、食物繊維を多く含むいもとして、さつまいもがある。便秘の予防に適している。	×	前半が間違い。たんぱく質や脂質が少なく、炭水化物が多く、食物繊維を多く含むいもが、さつまいも。
7	食物繊維はたんぱく質の仲間である。	×	食物繊維は炭水化物（糖質）の仲間である。
8	たんぱく質や脂質が多く、ビタミンB類やカルシウムなども多く含まれ「畑の肉」としても重宝される豆として小豆（あずき）が挙げられる。	×	小豆（あずき）ではなく、大豆が正しい。
9	ブロッコリーは茎菜類である。	×	ブロッコリーは花菜類である。茎菜類としてはアスパラガス、セロリ、玉ねぎなどがある。
10	食品全体10gあたりカロテンを600μg以上含む野菜のことを緑黄色野菜という。	×	可食部100gあたり、であれば正解。食べられるところだけで測定。

11	生のひじきは渋みが強いため、水煮して渋みを抜き、食用とする。	○	正しい。渋みのある食品は事前に水煮などを行うことが多い。
12	魚の油には飽和脂肪酸が多く含まれており、血中LDLコレステロール上昇作用があるため、血栓予防になる。	×	魚の油には不飽和脂肪酸が多く含まれており、血中LDLコレステロール低下作用があるため、血栓予防になる。
13	魚類の赤身の肉色は、アントシアニンによるものである。	×	アントシアニンではなく、ミオグロビンである。
14	さつまいもは炭水化物がおもで、たんぱく質、脂質が少なく、ビタミンCが比較的多く、食物繊維も多く含む。	○	正しい。
15	黒砂糖より白砂糖のほうがカルシウムや鉄の含量が多く、栄養価が高い。	×	黒砂糖と白砂糖を逆にすれば正解となる。
16	肉類はたんぱく質と脂質を多く含み、食肉処理後に一時的に柔らかくなるが、日時がすぎると熟成が進み、硬くなる。	×	食肉処理後に一時的に固くなる（死後硬直）。日時がすぎると熟成が進み、硬くなる。
17	肉の加工品であるハムは豚のバラ肉を使い、ベーコンは豚のもも肉を使ってつくられる。	×	ハムはもも肉やロース肉が多く、ベーコンはバラ肉や肩ロース肉がよく使われる。
18	鶏卵の脂質の99%以上は卵白に含まれる。	×	鶏卵の脂質の99%以上は卵黄に含まれる。卵白は水分が多い。
19	卵黄には溶菌作用をもつたんぱく質が含まれる。	×	卵白にはリゾチームという細菌の細胞壁を加水分解する酵素（たんぱく質）が含まれており、各種の細菌に対し溶菌作用を示す。
20	チーズは牛乳にカゼインという牛乳酵素を加えて凝固発酵させたものである。	×	カゼインではなく、レンネットを加える。カゼインとは牛乳に含まれるたんぱく質のことである。
21	練乳には砂糖を加えたエバミルクと砂糖を加えていないコンデンスミルクがある。	×	砂糖を加えたほうがコンデンスミルクで、砂糖を加えていないほうがエバミルクである。
22	ヨーグルトは牛乳や脱脂乳を酢酸菌で発酵させてつくる。	×	酢酸菌ではなく、乳酸菌で発酵させてつくる。酢酸菌でつくるのは酢である。

23	乳脂肪が主成分であるバターはビタミンAを含み、消化も良く、血中LDLコレステロールを上げる飽和脂肪酸も少ない。	×	バターには飽和脂肪酸が多い。
24	グアニル酸はうま味成分の一種である。	○	グアニル酸はしいたけのうま味成分である。うま味成分にはほかにもグルタミン酸やイノシン酸、コハク酸などがある。
25	かつお節のうま味成分はグルタミン酸である。	×	かつお節のうま味成分はイノシン酸である。グルタミン酸は昆布などに含まれる。
26	特定保健用食品（トクホ）は食品ごとに有効性、安全性に関する科学的根拠について個別審査が行われ、厚生労働大臣の許可を受けることが必要である。	×	厚生労働大臣ではなく、内閣総理大臣の許可である。そのほかの文章は正しい。
27	ビールやパンは酵母を使って発酵させ、食品に仕立てる。	○	ほかに、ワインなども酵母発酵である。
28	酸素を多くした人工空気のなかで密閉し、呼吸作用を積極的に抑制して貯蔵する方法をCA貯蔵という。	×	CA貯蔵は酸素を少なくした（＝炭酸ガスなどを多くした）空気を使い、呼吸作用が抑制して、品質の劣化を抑制する貯蔵方法である。
29	サラダ油は低温で濁りが生じないようにウィンタリング処理がされている。	○	ウィンタリング処理とは、脱ろう処理のことで、低温でも透明度を保つためなどに行われる。
30	チルド保管とは食品の温度を－5℃より低くする保管方法のことである。	×	チルド保管とは食品の温度を5℃から－5℃での保管をいう。
31	日本では食品への放射線照射は全面的に禁止されている。	×	じゃがいもの発芽防止にのみ、放射線照射は認められている。
32	消費期限とは 定められた方法により保存した場合において期待されるすべての品質の保持が十分に可能であると認められる期限をいう。	×	この説明は賞味期限のものである。

栄養学

CONTENTS

Chapter3

Chapter 3-1

栄養学概論

重要度 ★★★☆

ここでは、生物が生命活動を行ううえで欠かせない仕組みである「栄養」と、食品から摂取する栄養素について取り上げます。また、人体を構成する要素についても学びます。

栄養とは

私たちは、食品に含まれる**化学物質**（**栄養素**）を摂取し、体内でそれを**成長**や**健康**の維持・増進などのために利用しています。このような営みを「**栄養**」といいます。

個々の食品に含まれる**栄養素**[用語1]の割合は、人間にとって望ましいバランスとは限りません。したがって、さまざまな種類の食品を適切に組み合わせて摂取し、**栄養素のバランス**を整えることが大切です。

栄養素の種類

食べ物に含まれる栄養素には、**炭水化物**（**糖質**）、**たんぱく質**、**脂質**、**ビタミン**、**無機質**（**ミネラル**）の5つがあります。これを「**5大栄養素**」と呼びます。5大栄養素のうち、**炭水化物**、**脂質**、**たんぱく質**の3つをとくに、「**3大栄養素**」といいます。

なお、**糖質**は、炭水化物から**食物繊維**を除いたものをいいます。

用語1

栄養素

栄養という一連の活動のために、食品から摂取する物質をいう。「この食べ物は栄養がある」を栄養学的に正しくいう場合、「この食べ物には栄養素がある」となる。

栄養とは、「食品に含まれる化学物質（栄養素）を摂取し、体内でそれを成長や健康の維持・増進などのために利用すること」、つまり「活動」なのです

Check！

MEMO

1日に必要な水分量

成人の場合、生命維持のために1日2,000ml～2,500mlの水分を摂取する必要がある。

栄養素の分類

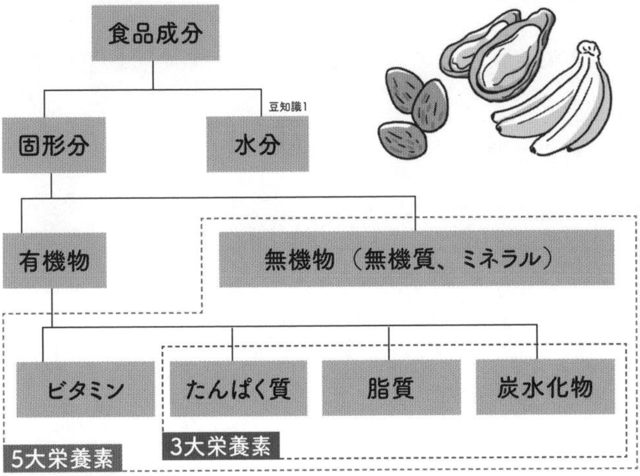

5大栄養素の働き

栄養素の働きは、次のように大別できます。

✓熱量素

酸素との化学反応で燃焼し、**熱（体温）や活動のエネルギー源**になります。**たんぱく質**、**炭水化物**（**糖質**）、**脂質**が該当します。

✓構成素

血、肉、骨などの**身体の組織**をつくります。**たんぱく質**、**無機質**、**脂質**が該当します。

✓調整素

身体の調子を整えます。**ビタミン**、**無機質**、**たんぱく質**が該当します。

なお、食品成分には**水分**も含まれます。水分は栄養素ではありませんが、体内での**栄養素**の運搬、消化・吸収、体内で不要になったものの**排泄**（はいせつ）、呼吸や発汗などによる**体温**の調整、**浸透圧**（しんとうあつ）の維持など、大切な役割を多岐にわたって担っています。

豆知識1

水の出納

1日の水の出納はおおよそ、以下のようになっている。

●身体に入る水
飲料水：800～1,300ml
食品などから摂取する水：1,000ml
代謝水（栄養素の燃焼で得られる水）：200ml
【計　2,000～2,500ml】

●身体から出る水
尿：1,000～1,500ml
不感蒸泄（皮膚や呼吸から無意識に失う水分）：900ml
便：100ml
【計　2,000～2,500ml】

MEMO

有機物と無機物

炭素を含んだ物質を有機物、それ以外を無機物という。

MEMO

ビタミンとミネラル

5大栄養素のうち、「たんぱく質」「炭水化物」「脂質」を3大栄養素と総称した場合、ビタミンとミネラルは「保全素」と呼ばれる。

●熱量素＝3大栄養素
●たんぱく質は熱量素でもあり、構成素でもあり、調整素でもある（すべての素とつながっている）
試験対策上、必ず押さえておきたい2点です
Check！

5大栄養素と水のおもな役割

5大栄養素と水のおもな役割をまとめると以下のようになります。

栄養素の機能

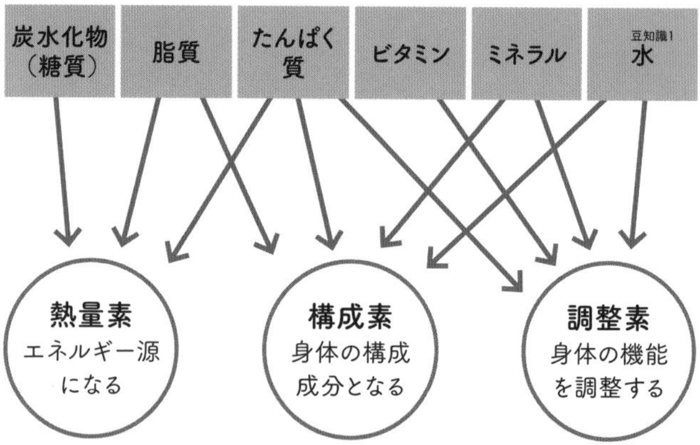

用語2
元素
物質を構成する、もっとも基本的な成分をいう。これまでに発見されている元素は全部で118ある。なお、人体の元素は、ごく微量なものを含めると約60種になる。

人体を構成する元素と成分

私たちの身体はさまざまな**元素**（用語2）で構成されています。そのうち、主要な元素は**約20種**です。含有率の高い構成元素は以下のようになります。

身体の構成元素（体重50kgの場合）

元素	含有率（%）	元素	含有率（%）
酸素（O）	62.4	マグネシウム（Mg）	0.03
炭素（C）	21.2	ヨウ素（I）	0.01
水素（H）	9.9	フッ素（F）	0.01
窒素（N）	3.1	鉄（Fe）	0.005
カルシウム（Ca）	1.9	銅（Cu）	微量
リン（P）	1.0	マンガン（Mn）	微量
カリウム（K）	0.2	コバルト（Co）	微量

身体の構成元素の1位は酸素ですが、大気の組成の1位は酸素ではありません。また、身体の構成元素の1位は酸素ですが、人体を構成する成分の1位は水分です。間違いやすい項目ですので、各科目を横断的に学び、混乱しないよう整理しておきましょう
Check！

硫黄（S）	0.2	亜鉛（Zn）	微量
ナトリウム（Na）	0.08	モリブデン（Mo）	微量
塩素（Cl）	0.08	セレン（Se）	微量

また、人体を構成する成分の割合は、年齢や性別、体格などによって異なり、とくに**脂質**の量は個人差が大きいものの、成人男女の平均は概ね以下のとおりです。

人体を構成する成分の割合

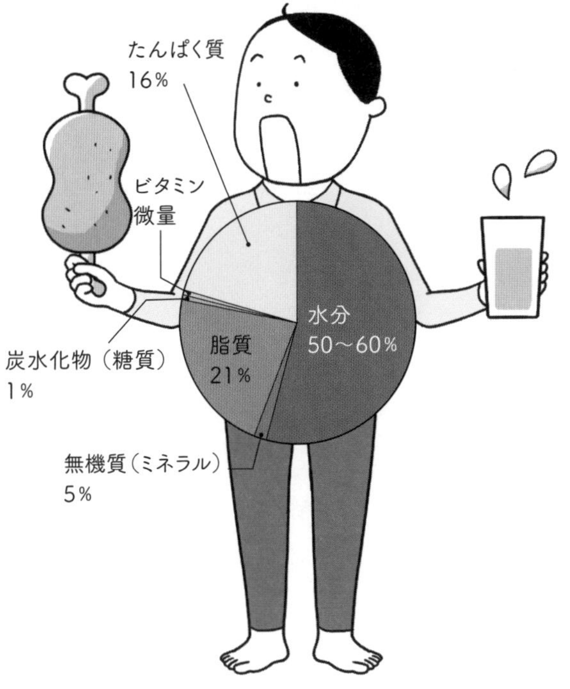

水の働き

成人の場合、体重の約50〜60%を水が占めており、10%失うと健康が損なわれ、20%失うと死んでしまいます。生命を維持するうえで、水はもっとも重要な成分です。なお、体内の水分は、水の摂取を求める感覚（口渇感（こうかつかん））による水分摂取と、腎臓の排尿調整作用によってバランスを保っています。

MEMO
新生児の構成成分
水分が80%超、たんぱく質は12〜13%ほど。成長とともに水分50〜60%、たんぱく質16%ほどにバランスが取れていく。

MEMO
栄養と代謝
ヒトの身体の営みには、栄養のほかに代謝もあります。代謝とは、古い細胞と新しい細胞を入れ替え続けて、生命活動を維持すること。代謝を行うために食べ物から栄養素を摂って利用していくことが「栄養」です。

ある食物がもっている栄養素は、調理によって壊れる（失われる）こともあります。ビタミンCやオレイン酸などは熱に弱く、加熱調理に向かないといわれています
Check！

Chapter 3-2

栄養素の機能

重要度 ★★★★

ここからは、炭水化物、脂質、たんぱく質、ビタミン、無機質（ミネラル）の5大栄養素について、それぞれの機能や働きを見ていきます。例年、出題率の高い項目なのでしっかりと覚えましょう。

炭水化物とは

炭水化物は**炭素**と**水**の化合物です。エネルギー源となる**糖質**と、体内の消化酵素では消化できない**食物繊維**から成り、1gあたり4kcalのエネルギーをもちます。

✓糖質の分類

糖質は単糖類、少糖類、多糖類に分類されます。

● 単糖類

それ以上分解されない糖類です。

● 少糖類

単糖が2つ以上結びついたもので、多糖類ほどは分子量が大きくない糖類です。二糖類や三糖類があります。

● 多糖類

単糖がいくつも連なった構造をもつ糖類です。

単糖類、少糖類、多糖類は、さらに次のような種類がに細分されます。

分類	おもな種類	特徴
単糖類	ブドウ糖（グルコース）	果実などに含まれる
	果糖（フルクトース）	はちみつや果実などに含まれる
	マンノース	ブドウ糖と結びついてこんにゃくの主成分であるグルコマンナンになる
	ガラクトース	ブドウ糖と結びついて乳糖になる

消化酵素によっては分解されない食物繊維ですが、腸内細菌の発酵によってごくわずかに分解されると考えられています

Check！

MEMO

糖質の不足と過剰摂取

糖質のなかでも砂糖類（砂糖や果糖など）の取りすぎは、肥満や糖尿病、動脈硬化の原因になるため、注意が必要。一方で、糖質が不足すると、成長や発育がさまたげられる。

糖類の種類は、和名、洋名、両方押さえておき、すぐに言い換えられるようにしておきましょう。また、少糖類について、試験では二糖類としての出題がほとんどです。地域によって、二糖類として出題されることもありますので、読み替えて覚えておきましょう

Check！

少糖類	ショ糖(スクロース)	二糖類。ブドウ糖と果糖が1分子ずつ結びついたもの
	麦芽糖(マルトース)	二糖類。ブドウ糖が2分子結びついたもの
	乳糖(ラクトース)	二糖類。ブドウ糖とガラクトースが1分子ずつ結びついたもの
多糖類	でんぷん	穀類、いも類、豆類、とうもろこしなどに多く含まれる
	グリコーゲン	肝臓や筋肉中に存在する。牡蠣に多く含まれる
	食物繊維	ヒトの消化酵素[用語1]では分解できず、エネルギー源にならない

食物繊維の働き

食物繊維は、ヒトの**消化酵素**では分解できない**難消化性**の成分です。多くの種類がありますが、水に溶けない**不溶性食物繊維**と水に溶ける**水溶性食物繊維**に大別でき、それぞれ次のような働きがあります。

分類	おもな働き	おもな種類
不溶性食物繊維	●便通をよくする	セルロース…野菜や豆類に多い
		キチン…えびやかにの殻の成分
水溶性食物繊維	●コレステロール低下作用 ●急激な血糖や血圧の上昇抑制	ペクチン…果実に多い
		グルコマンナン…こんにゃくの成分
		アルギン酸…こんぶに多い

食物繊維は上記のほかにも、大腸がん予防、**血中LDLコレステロール**[用語2]の低下、糖尿病の予防などの効果が知られ、**第6の栄養素**といわれることもあります。

MEMO

酵素

体内で起こるさまざまな化学反応を引き起こす働きをもつ。主要な構成要素はたんぱく質。

用語1

消化酵素

食べた食品を消化する酵素。でんぷんを分解するアミラーゼ、たんぱく質を分解するプロテアーゼ、脂肪を分解するリパーゼなどがある。

用語2

血中LDLコレステロール

いわゆる「悪玉コレステロール」。➡113ページ

MEMO

食物繊維の食事摂取基準

「日本人の食事摂取基準」(2020年版)では、食物繊維の摂取基準は以下のようになっている。

- 18～64歳男性：21g／1日以上
- 18～64歳女性：18g／1日以上

炭水化物の摂取基準

「**日本人の食事摂取基準**[用語3]」（2020年版）では、**炭水化物**の目標量は、1歳以上で1日の総エネルギーの**50〜60％**とされています。また、炭水化物（糖質）をエネルギーとして消費するには**ビタミンB_1**が必要です。

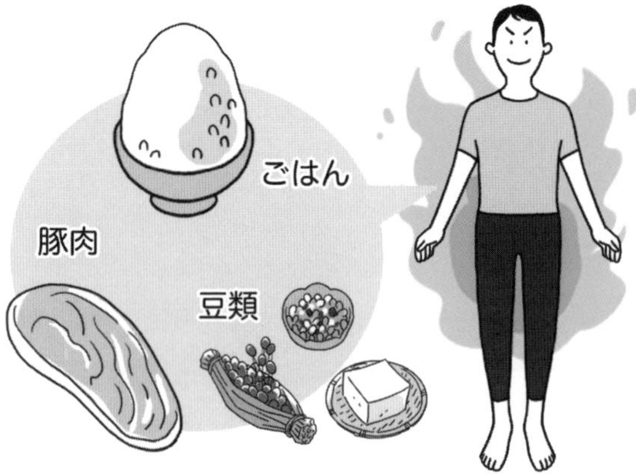

脂質とは

脂質は、水に溶けずに、エーテル、クロロホルムなどの**有機溶媒**に溶ける物質です。1gあたり9kcalあり、3大栄養素のうちでもっとも高いエネルギーを得られます。

✔脂質の分類

単純脂質、**複合脂質**、**誘導脂質**に分類できます。

● 単純脂質

脂肪酸とアルコール（グリセロール）の**エステル**[用語4]です。中性脂肪、コレステロールエステルなどがあります。

● 複合脂質

単純脂質にリン酸、炭水化物などが結合したもの。

● 誘導脂質

単純脂質や複合脂質が**加水分解**[用語5]されて生じたもの。

用語3

日本人の食事摂取基準

健康増進法の第16条に基づき、国民の健康の保持・増進を図るうえで摂取することが望ましいエネルギーおよび栄養素の量の基準を、厚生労働大臣が定めたもの。5年ごとに改訂が行われる。最新版は2020年版で、使用期間は2020（令和2）年度から2024（令和6）年度の5年間。

用語4

エステル

酸とアルコールから、水分子が分離して生成する化合物の総称。

用語5

加水分解

化学物質が水に反応した結果、化学分解が起きて別の化合物が発生する現象をいう。

とんかつ定食、豚しょうが焼き定食、豚丼など、炭水化物とビタミンB_1はエネルギー消費に良い組み合わせです。ビタミンB_1が多く含まれている食品に豚肉があります。

Check！

MEMO

脂質の不足と過剰摂取

脂質は効率のよいエネルギー源として使われるほ

脂質の分類とおもな特徴

分類	おもな種類	特徴
単純脂質	中性脂肪	●一般的に脂肪と呼ばれる ●エネルギー源として利用され、使われない分は肝臓や皮下脂肪などに貯蔵される ●分解すると、脂肪酸とグリセロールになる
複合脂質	リン脂質	●細胞膜を形成するおもな成分 ●レシチンはリン脂質の1つで、卵黄や大豆などに多く含まれる
	糖脂質	●脳や神経組織に多く存在する ●スフィンゴ糖脂質、グリセロ糖脂質などがある
誘導脂質	脂肪酸	●中性脂肪を構成する成分の1つ ●二重結合[用語6]をもつ不飽和脂肪酸[豆知識1]と、二重結合をもたない飽和脂肪酸[用語7]に分けられる
	ステロイド	●おもに動物性油脂に含まれるステロイドをコレステロールという ●胚芽油に多い植物ステロールにはコレステロール低下作用がある
	コレステロール	●おもに動物性油脂に含まれるステロイドをいう ●細胞膜や、ステロイドホルモン、胆汁酸、ビタミンDの材料となる ●体内ではおもに肝臓で構成され、食事から摂取するよりも、肝臓で合成されるコレステロールのほうが多い ●エネルギー源にはならない ●LDLコレステロールは肝臓でつくられたコレステロールを全身へ運ぶ役割を担っているが、増えすぎると動脈硬化を起こし、心筋梗塞や脳梗塞の引き金となる。いわゆる「悪玉コレステロール」のこと

か、ホルモンや神経伝達物質などの原料にもなる非常に重要な栄養素。不足するとホルモンバランスの乱れ、エネルギー不足、抵抗力の低下などが起こる可能性があるが摂りすぎは肥満を招き、生活習慣病の原因となる。

MEMO
脂溶性（油溶性）ビタミン
油脂に溶けるビタミン。水に溶けるビタミンは水溶性ビタミンという。

用語6
二重結合
分子と分子の結びつき方の1つ。

豆知識1
不飽和脂肪酸の種類
二重結合を1つだけもつ一価不飽和脂肪酸と、2つ以上もつ多価不飽和脂肪酸があり、前者はオメガ9系、後者はオメガ6系と3系がある。多価不飽和脂肪酸には、血栓予防作用、血中LDLコレステロール低下作用がある。
➡114ページ

用語7
飽和脂肪酸
血中LDLコレステロール上昇作用がある。

MEMO

脂質によるビタミンB_1の節約作用

脂質は、体内でエネルギーとして消費される際に必要なビタミンB_1の量が、糖質より少量で済む。

用語8

リノール酸

植物油のうち、とくにひまわり油、綿実油に多く含まれる。

用語9

アラキドン酸

肉、卵、魚、母乳に含まれる。

用語10

α-リノレン酸

しそ油、えごま油、アマニ油に多く含まれる。

用語11

EPA

さば、いわし、まぐろ等に多く含まれる。

用語12

DHA

まぐろ、かつお、ぶり、さば、いわし等に多く含まれる。

用語13

オレイン酸

動物脂肪ではラード、牛脂、植物性油脂ではオリーブ油、つばき油に多く含まれる。

脂質の働き

脂肪はすぐれたエネルギー源です。また、体内でエネルギー源となるときに要するビタミンB_1の量が糖質よりも少ないため、**B_1を節約する**ことができ、**脂溶性ビタミン**（**A、D、E、K**）の吸収を促進する作用もあります。

脂肪酸の分類

脂質を構成する重要な要素が**脂肪酸**です。脂肪酸には多くの種類があり、二重結合が2つ以上のものを**多価不飽和脂肪酸**といいます。また多価不飽和脂肪酸は、二重結合の位置によって**n-3系脂肪酸**（オメガ3脂肪酸）、**n-6系脂肪酸**（オメガ6脂肪酸）に分けられます。

脂肪酸の分類を図に示すと以下のようになります。

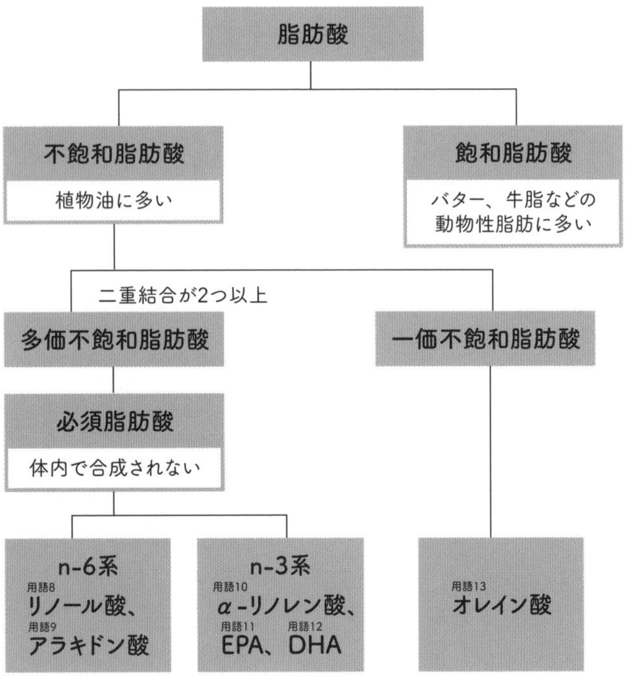

脂質の摂取基準

「日本人の食事摂取基準」（2020年版）では、脂質の目標量は男女ともに、1歳以上で1日の総エネルギーの**20～30%**とされています。

たんぱく質とは

たんぱく質は、炭素、水素、酸素、窒素などを主成分とし、**約20種類**の**アミノ酸**が結びついてできた栄養素です。1gあたり4kcalのエネルギーをもちます。

✓たんぱく質とアミノ酸

たんぱく質は、体内ではアミノ酸にまで分解されて吸収されます。しかし、すべてというわけではありません。一部はアミノ酸が少数つながった**ペプチド**の状態でも吸収されます。

✓必須アミノ酸（豆知識2）と非必須アミノ酸（豆知識3）

アミノ酸は、体内で合成できない**必須アミノ酸**（非可欠アミノ酸）と、体内で糖質や脂質からつくり出せる**非必須アミノ酸**（可欠アミノ酸）に分類されます。必須アミノ酸は**9種類**あります。

✓アミノ酸スコア（アミノ酸価）

アミノ酸スコア（アミノ酸価）は、食品に含まれる必須アミノ酸のうち、もっとも**不足**している必須アミノ酸（**第１制限アミノ酸**）が基準値をどれだけ満たしているかを算出したものです。アミノ酸スコアが**100**に近い数値であるほど理想的で、良質なたんぱく質が含まれているといえます。なお、アミノ酸スコアが100の食品には、豚肉（ロース）、あじ（生）、鶏卵、牛乳、大豆などがあります。

MEMO
飽和脂肪酸の摂取量
生活習慣病予防の観点から、3～14歳までは10%以下、15～17歳で8%以下、18歳以上で7%以下が目標摂取量とされています。

必須アミノ酸の数と種類は頻出問題です。しっかり覚えておきましょう
Check！

豆知識2
必須アミノ酸の種類
フェニルアラニン、トリプトファン、リシン、メチオニン、ヒスチジン、ロイシン、イソロイシン、バリン、スレオニン

必須アミノ酸は「太り目広いバス」と、語呂合わせで覚えましょう
Check！

豆知識3
非必須アミノ酸の種類
次の11種類がある。
アルギニン、グリシン、アラニン、セリン、チロシン、システイン、アスパラギン、グルタミン、プロリン、アスパラギン酸、グルタミン酸

たんぱく質は卵、乳、魚、肉類に多く含まれ、穀類や野菜類にはそれほど多く含まれません。ただし、例外的に大豆はたんぱく質が多く、アミノ酸組成（成分値）も肉や魚に近い、良質なたんぱく質源です

Check！

MEMO

たんぱく質の不足と過剰摂取

たんぱく質が不足すると、発育不良、免疫低下、貧血、活力低下、月経異常、母乳分泌不良、浮腫などの障害が現れる。一方で、過剰に摂取すると、消化不良を起こしやすくなったり、動脈硬化、腎臓病を発症しやすくなったりする。

たんぱく質の分類

たんぱく質は非常に多くの種類がありますが、次の3つに大別できます。

● **単純たんぱく質**

アミノ酸だけで構成されているたんぱく質です。

● **複合たんぱく質**

単純たんぱく質とほかの物質（**核酸**、**糖**、**脂質**、**リン酸**、**色素**、**金属**など）が結合したものです。

● **誘導たんぱく質**

たんぱく質が、**熱**、**酸**、**酵素**、**アルカリ**、**アルコール**などにより変化したものです。

単純たんぱく質、複合たんぱく質、誘導たんぱく質にはそれぞれ次のような種類があります。

分類	種類	例
単純たんぱく質	アルブミン	血清アルブミン、卵アルブミン、乳アルブミンなど
	グロブリン	血清グロブリン、ラクトグロブリン、ミオシン（筋肉グロブリン）など
	グルテリン	小麦のグルテニン、米のオリゼニなど
	プロラミン	とうもろこしのツェイン、小麦のグリアジンなど
	アルブミノイド	爪や毛のケラチン、骨や結合組織のコラーゲン、エラスチンなど。硬質たんぱく質とも呼ばれる
複合たんぱく質	核たんぱく質	核酸とたんぱく質が結合したもの
	糖たんぱく質	粘質多糖類とたんぱく質が結合したもの。粘膜、分泌液、卵白などに含まれ、ムコたんぱく質とも呼ばれる

複合たんぱく質	リポたんぱく質	脂質とたんぱく質が結合したもの
	リンたんぱく質	リン酸とたんぱく質が結合したもの。乳汁のカゼイン、卵黄のビデリンなど
	色素たんぱく質	色素を含むたんぱく質。色素成分中に金属を含むものは金属たんぱく質とも呼ばれ、鉄を含むヘモグロビン(血色素)、筋肉中のミオグロビンなどがある
誘導たんぱく質	ゼラチン	コラーゲンを長時間煮出してできたもの
	プロテオース、ペプトン	たんぱく質を加水分解したもの
	ペプチド	ペプトンよりさらに分解が進んだ、2〜10数個のアミノ酸の結合物

たんぱく質の働き

たんぱく質は、**筋肉**、**血液**、**脳**、**皮膚**、**爪**、**毛髪**、**酵素**、**ペプチドホルモン**[用語14]などの主要な成分です。また、たんぱく質は2次的なエネルギー源としても利用されますが、**炭水化物**と**脂質**の摂取が十分な場合、エネルギー源としてのたんぱく質の消費が抑えられます。この現象を、**たんぱく質節約作用**といいます。

合格への近道

栄養学は覚えなければならない単語が多い科目ですが、比較的、出題予測しやすい科目です。5大栄養素を押さえれば、確実に4〜5点は獲得でき、合格ラインに近づけます。ここで確実に点数を稼いでおきましょう。公衆衛生学や食品学のように、出題範囲が予想しにくいところは、勉強してもその甲斐がなかった、というケースもあり得るのですが、栄養学は頑張ったら頑張った分、点数になりやすい科目ですので、繰り返し学習し、頭に定着させるようにしてください。

MEMO

アミノ酸評点パターン

ヒトの身体に必要な必須アミノ酸の量を示すデータ。国際機関(FAO/WHO/UNU)によって定義されている。また、アミノ酸スコアの算出の基準としても使われる。2007年に改訂されたアミノ酸評点パターンの18歳以上の数値は以下のとおり。

イソロイシン…30
ロイシン…59
リシン(リジン)…45
含硫アミノ酸…22
芳香族アミノ酸…38
スレオニン(トレオニン)…23
トリプトファン…6.0
バリン…39
ヒスチジン…15
(mg/gたんぱく質)

用語14

ペプチドホルモン

ホルモンの一種。細胞内のたんぱく質を活性化させて生理作用を起こす。

ビタミンとは

ビタミン自体は、エネルギーや身体の組織のもとにはなりません。しかし、微量で**栄養機能**を発揮し、**代謝**に欠かせない栄養素です。

ビタミンの種類と特徴

ビタミンにはそれぞれの次のような特徴があります。

種類		特性・おもな働き	欠乏症	多く含まれる食品
脂溶性ビタミン	A	●通常はレチノールを指す ●カロテンは体内でビタミンAになる ●皮膚や粘膜を正常に保つ ●神経や骨の発達に関わる ●免疫細胞の活性化 ●目の働きを助ける	[用語15]夜盲症、発育不全、皮膚や粘膜の乾燥	緑黄色野菜、卵類、レバー、うなぎ
脂溶性ビタミン	D	●皮膚が直射日光にあたると体内で生成される ●カルシウム、リンの吸収を促進 ●骨や歯の形成などに関わる ●腎臓でカルシウムの再吸収を促す	骨粗しょう症、[用語16]骨軟化症（子どものくる病）	きのこ類、肝油、魚介類
脂溶性ビタミン	E	●抗酸化作用 ●老化防止	未熟児の溶血性貧血、乳児の皮膚硬化症	植物油、種実類、魚介類、胚芽米
脂溶性ビタミン	K	●血液凝固や骨の形成に関わる ●成人は腸内細菌によっても合成される ●腸内細菌が少ない新生児は不足しやすい	血液凝固不良、[用語17]新生児メレナ	緑黄色野菜、海藻類、納豆
水溶性ビタミン	B_1	●おもに炭水化物（糖質）の代謝に補酵素として関わる	脚気、神経性障害	豚肉、豆類、種実類、米や小麦の胚芽

「脂溶性ビタミンは4つDAKE（だけ）」と覚えましょう
Check！

MEMO
水溶性ビタミンと過剰症
水溶性ビタミンは尿によって体外に排出されるため、過剰症になりにくい。

用語15
夜盲症
夕方になるとものが見えにくくなる状態をいう。「鳥目」とも呼ばれる。

用語16
骨軟化症、くる病
骨が軟化し、細くなり、もろくなる病気を、成人の場合は骨軟化症、子どもの場合はくる病という。

用語17
新生児メレナ
吐血や下血などの症状を呈する新生児の病気を総称していう。

MEMO
ビタミンのおもな過剰症
- ビタミンA：頭痛、吐き気、肝障害
- ビタミンD：高カルシウム血症、腎障害
- ナイアシン：消化管障害、肝障害
- ビタミンB_6：感覚神経障害

水溶性ビタミン	B_2	●脂質の代謝に補酵素として関わる ●成長促進作用 ●皮膚や粘膜の保護作用	口角炎、皮膚炎、発育不良	レバー、緑黄色野菜、チーズ、魚介類
	B_6	●たんぱく質（アミノ酸）の代謝に補酵素として関わる	口角炎、貧血、湿疹	レバー、肉類、魚介類、豆類、卵類
	B_{12}	●おもに葉酸の代謝に補酵素として関わる ●腸内細菌により構成される	悪性貧血	レバー、魚介類、肉類、卵類
	C	●ヒトは合成できない ●補酵素としての機能はない ●コラーゲンの合成に関わる ●鉄の吸収促進 ●脂質、たんぱく質の代謝 ●抗ストレス・抗酸化作用 ●発がん物質生成抑制	用語18 壊血病、皮下出血	果実類、いも類、緑黄色野菜
	ナイアシン	●ビタミンB群の1つ ●生体内にもっとも多く存在するビタミン ●3大栄養素からのエネルギー産生に補酵素として関わる	用語19 ペラグラ、舌炎、皮膚炎	レバー、魚介類、鶏肉、豆類
	パントテン酸	●3大栄養素の代謝に重要な補酵素として関わる	—（欠乏症はまれ）	レバー、納豆、魚介類、卵
	葉酸	●核酸の合成などに補酵素として関わる ●造血作用 ●妊娠初期における胎児の神経管閉鎖障害のリスクを低減	巨赤芽球性貧血、胎児の神経管閉鎖障害	レバー、魚介類、豆類、緑黄色野
	ビオチン	●3大栄養素の代謝に補酵素として関わる ●腸内細菌によっても合成される	—（欠乏症はまれ）	レバー、卵類、魚介類、豆類

用語18

壊血病

血管がもろくなり全身に出血が起こりやすくなる。

用語19

ペラグラ

下痢、皮膚炎、認知症などの症状が起こる。

MEMO

日本人の食事摂取基準2020年版

ビタミンA、D、E、B_6、ナイアシン、葉酸は、耐用上限量（健康障害をもたらすリスクがないとみなされる、習慣的な摂取量の上限）が定められている。

ビタミンは体内でつくれないので食品から摂取する必要がある一方で、脂溶性ビタミンは排出されにくいため、過剰症にも注意が必要です

Check !

MEMO

●水に溶けにくいビタミン

ビタミンB_1、B_2、B_6、B_{12}、C、ナイアシン

●熱に弱いビタミン

ビタミンC

●酸化しやすいビタミン

ビタミンA、C

●光に弱いビタミン

ビタミンB群（B_2、B_6、B_{12}）、E、K

無機質とは

身体を構成する**酸素**、**炭素**、**水素**、**窒素**の**主要4元素**以外のものの総称が**無機質**です。微量ですが、おもに次のような働きがあります。

✓無機質のおもな働き

- 骨や歯などを構成する
- 生体膜などの生体成分を構成する
- **イオン**[用語20]（**電解質**）として存在し、体液の浸透圧を調節
- 血液や体液の**酸塩基平衡**[用語21]を正常に維持
- 酵素の活性化

日本の食事摂取基準（2020年版）では、以下の無機質についての**摂取基準**が策定されています。なお、無機質は体内では合成できないため、食品から摂取する必要があります。

無機質の種類と特徴

種類	特性・おもな働き	欠乏症	多く含まれる食品
ナトリウム	●細胞外液の主要な陽イオン ●約50％が細胞外液、約40％が骨、約10％が細胞内に存在 ●神経伝達や筋収縮に関わる ●体液の浸透圧や酸塩基平衡の維持に関わる	血圧低下	食塩、みそ、しょうゆなどの食塩を含む調味料や加工食品
カリウム	●細胞内液の主要な陽イオン ●約98％が細胞内液、約2％が細胞外液に含まれる ●神経伝達や筋収縮に関わる ●体液の浸透圧や酸塩基平衡の維持に関わる	筋無力症、不整脈	海藻類、豆類、いも類、肉類、魚介類、野菜類、果実類
カルシウム	●約99％は骨と歯、残りの約1％は体液や血液中に存在 ●体内にもっとも多く存在する無機質 ●骨や歯の構成成分になる	骨軟化症、くる病、骨粗しょう症	牛乳・乳製品、小魚、海藻類
	●筋収縮作用、神経の興奮を抑えるなどさまざまな働きがある	骨軟化症、くる病、骨粗しょう症	牛乳・乳製品、小魚、海藻類

用語20

イオン（電解質）

水などの溶媒に溶かしたとき、正と負に分かれて電気伝導性をもつ物質のこと。正の電荷をもつイオンを陽イオン、負の電荷をもつイオンを陰イオンという。

用語21

酸塩基平衡

体内での酸性物質とアルカリ性物質のバランスをいう。

MEMO

ナトリウムの不足と過剰摂取

ナトリウムの過剰摂取は高血圧や胃がんのリスクにつながるといわれている。一方で、極度の減塩は食欲不振を引き起こす。日本人の食事摂取基準（2020年版）では、15歳以上の1日あたりの食塩の目標量は以下のとおり。

- 男性：7.5g／日未満
- 女性：6.5g／日未満

MEMO

カルシウムと食品の相性

ビタミンDやたんぱく質などと組み合わせて食べるとカルシウムの吸収が高まるが、ほうれんそうに含まれるシュウ酸やリンの過剰摂取は、カルシウムの吸収を阻害する。

マグネシウム	●約60％が骨に存在 ●酵素の活性化作用 ●カルシウムやリンとともに骨の構成成分になる ●体温調節に関わる	循環器障害、代謝不全	海藻類、豆類、野菜類、魚介類
リン	●約85％がカルシウムと結合し、骨や歯になる ●核酸の構成成分 ●細胞内外液の浸透圧や酸塩基平衡の維持に関わる	—（欠乏症はまれ）	穀類、豆類、魚介類、牛乳・乳製品、卵類
鉄	●体内の血の約60～70％は赤血球中のヘモグロビン（血色素）に、約10％は筋肉に存在 ●ヘム鉄[豆知識4]は比較的吸収されやすいが、非ヘム鉄[豆知識5]は吸収されにくい ●女性は月経、妊娠、出産で鉄が欠乏しやすい	貧血	レバー、あさり、卵類、野菜類、海藻類、豆類
亜鉛	●おもに、骨、歯、肝臓、腎臓、筋肉に含まれる ●多くの酵素の構成成分 ●核酸やたんぱく質の合成に関わる ●遺伝子の発現に関わる	味覚障害、発育不全、皮膚炎	肉類、魚介類、種実類、穀類
銅	●約50％が骨、骨格筋、血液、約10％が肝臓に存在 ●ヘモグロビンの合成に関わる	骨の異常、貧血	肉類、魚介類、種実類
マンガン	●肝臓や膵臓に多く存在 ●多くの酵素の構成成分 ●3大栄養素の代謝に関わる	骨の異常	穀類、種実類、野菜類
ヨウ素	●ヨードとも呼ばれる ●ほとんどが甲状腺に存在 ●甲状腺ホルモンの主原料となる	甲状腺腫、甲状腺機能低下症、クレチン病[用語22]	海藻類
セレン	●抗酸化酵素の成分として活性酸素を分解する	心筋障害、骨関節障害	魚介類、レバー、穀類、肉類
クロム	●体内や食品中における含有量は少ない ●インスリン作用を増強する	耐糖能[用語23]低下	穀類、肉類
モリブデン	●肝臓と腎臓に多く存在する ●尿酸の代謝に関わる	頻脈、成長障害	穀類、種実類、豆類

豆知識4

ヘム鉄と非ヘム鉄

食品に含まれる鉄分はおもにヘム鉄と非ヘム鉄の2種類。ヘム鉄は、ヘムというたんぱく質に包まれた状態の鉄をいい、比較的吸収されやすい。

用語22

クレチン病

先天性甲状腺機能低下症の通称。生まれつき甲状腺ホルモンが欠乏することで起こる。

用語23

耐糖能

血糖値が高くなったときに、それを正常値まで下げる能力。低下すると血糖値が下がりにくくなる。

MEMO

無機質のおもな過剰症

- ナトリウム：血圧上昇、腎障害
- カルシウム：ミルクアルカリ症候群、結石
- リン：腎機能低下、副甲状腺機能亢進
- 鉄：鉄沈着、胃腸障害
- 銅：肝障害、脳障害
- ヨウ素：甲状腺腫、甲状腺機能低下症、甲状腺中毒症
- セレン：脱毛、爪の変形

Chapter 3-3
消化、吸収、エネルギー代謝

重要度 ★★★☆

ここでは、摂取した食べ物がどのような過程を経て、私たちの身体のなかで利用されているのかをみていきます。あわせて、エネルギー代謝と食事摂取基準についても学びます。

ホルモンのはたらき

ホルモン[用語1]は、身体のさまざまな働きを調整する重要な**情報伝達物質**です。**内分泌腺**[用語2]から分泌され、血液中を通ってさまざまな器官や組織に運ばれます。栄養素との関わりが深いホルモンには次のようなものがあります。

分泌部位	ホルモン名	特性
甲状腺	甲状腺ホルモン（サイロキシン）	●ヨウ素を含む ●新陳代謝を活発にする ●過剰分泌によりバセドウ病を発症する
副甲状腺	副甲状腺ホルモン（パラソルモン）	●カルシウムとリンの代謝に関わる
膵臓のランゲルハンス島	インスリン	●血糖を低下させる唯一のホルモン ●血中のグルコース（ブドウ糖）を筋肉などに取り込む
	グルカゴン	●肝臓のグリコーゲンの分解を促し、血糖を上昇させる
副腎皮質	アルドステロン	●腎臓でナトリウムの再吸収とカリウムの排出に関与
	コルチゾール	●炭水化物とたんぱく質の代謝に関わる
副腎髄質	アドレナリン ノルアドレナリン	●交感神経[用語3]を刺激して血圧を上昇させる ●肝臓のグリコーゲンの分解を促し、血糖値を上げる
脳下垂体	成長ホルモン	●たんぱく質の合成と蓄積を促進 ●成長や発育に関わる

用語1
ホルモン
ギリシャ語で「興奮させる」という意味。ほかに代表的なものは以下。
●ガストリン
消化管ホルモンの1つ。胃幽門や十二指腸などで分泌され、胃酸分泌促進、ペプシノーゲン分泌促進作用がある。
●セクレチン
消化管ホルモンの1つ。十二指腸や空腸で分泌され、膵液の分泌を促進する働きをもつ。
●コレシストキニン
消化管ホルモンの1つ。十二指腸や空腸で分泌され、胆のうの収縮や膵酵素分泌促進用がある。
●男性ホルモン（アンドロゲン、テストステロン）
変声や性器の発達などに関わる。
●女性ホルモン（エストロゲン、プロゲステロン）
乳房の発達や性器の発達などに関わる。

用語2
内分泌腺
ホルモンを分泌する器官。

消化と吸収

食品は、そのままの形では体内で働くことができません。そのため、消化管内で吸収されやすい形に分解されます。これを「**消化**」といいます。また、消化された物質が、**腸粘膜**を経て血液やリンパ液に取り込まれることを「**吸収**」といいます。

消化の働きは次の3つに分けられます。

✓3つの消化作用

●物理的（機械的）消化

咀嚼[用語4]や**嚥下**[用語5]、腸の**蠕動運動**[用語6]・**分節運動**[用語7]・**振子運動**[用語8]によって細かく砕く。

●化学的消化

消化液に含まれる**消化酵素**の作用で分解する。

●生物学的（細菌学的）消化

おもに大腸に存在する**腸内細菌**に含まれている**酵素**の働きによって、分解・発酵する。

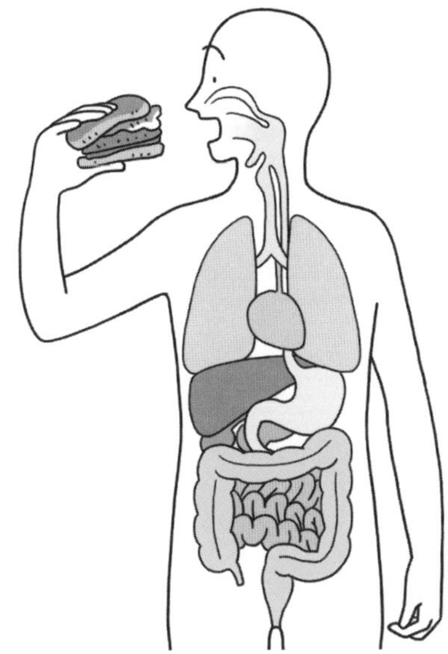

ヒトは口から食べ物を摂取し、咀嚼して体内に取り込む。咽頭や食道を通って内臓に到着したあとは、各臓器で栄養を吸収し、最終的に摂り込まれなかったもの（食物繊維など）を排出する。

用語3

交感神経

自律神経の1つ。活動時に活発になり、臓器や器官など、生体の働きを向上させる。

用語4

咀嚼（そしゃく）

食べ物を噛んでだ液と混ぜ、飲み込みやすくすること。

用語5

嚥下（えんげ）

食べ物を飲み込み、口から胃へ運ぶまでの一連の動作をいう。

用語6

蠕動運動（ぜんどううんどう）

腸管の収縮により、食べ物などを口側から肛門に向かって送る運動。

用語7

分節運動（ぶんせつうんどう）

腸に数cm間隔でくびれが生じる分節に分かれる動きで、食べ物などを粉砕する運動。

用語8

振子運動（ふりこうんどう）

腸の一部分で収縮と弛緩（しかん）が交互に起こることで、食べ物などを移動させる運動。

用語9

食塊（しょっかい）

食べ物が咀嚼され、飲み込める状態になったもの。

用語10

小腸

十二指腸・空腸・回腸に分けられる。

用語11

胆汁

消化酵素を含まないが、脂質の消化吸収に重要な役割を果たす。

用語12

大腸

盲腸・結腸・直腸に分けられる。結腸はさらに、上行結腸・横行結腸・下行結腸・S状結腸に分けられる。

それぞれどの消化器官でどの消化酵素が分泌されるのか、また、どんな作用をもつのか、しっかりと覚えておきましょう

Check！

✔食べ物が消化されるまでの流れ

①**口腔**（こうくう）：食べ物をかみ砕いてだ液と混ぜ、**食塊**[用語9]にする。

②**咽頭**（いんとう）：嚥下運動により飲み込む。

③**食道**：蠕動運動で食塊を胃に送る。

④**胃**：食べた物を貯留／胃液で消化・殺菌／十二指腸に送る。

⑤**小腸**[用語10]：胆汁[用語11]、膵液、腸液で最終的な消化を行い、ほとんどの栄養素を吸収➡水溶性成分は毛細血管へ、脂溶性成分はリンパ管へ流入。

⑥**大腸**[用語12]：水分と電解質の吸収／糞便をつくる。

おもな消化酵素と働き

消化器官	消化液	消化酵素	作用
口	だ液	プチアリン（だ液アミラーゼ）	でんぷん➡麦芽糖に分解
胃	胃液	ペプシン	たんぱく質➡ペプトン、プロテオースに分解
十二指腸	膵液（すいえき）	トリプシン、キモトリプシン、エラスターゼ	たんぱく質、プロテオース、ペプトン➡ポリペプチドに分解
		カルボキシペプチダーゼ	ポリペプチド➡アミノ酸に分解
		アミロプシン（膵液アミラーゼ）	デンプン➡麦芽糖に分解
		リパーゼ（ステアプシン）	脂肪➡脂肪酸、モノグリセリドに分解
小腸	腸液	マルターゼ	麦芽糖➡ブドウ糖に分解
		ラクターゼ	乳糖➡ブドウ糖、ガラクトースに分解
		アミノペプチダーゼ	ポリペプチド➡アミノ酸に分解
		スクラーゼ	ショ糖➡ブドウ糖、果糖に分解

各栄養素の吸収

炭水化物、脂質、たんぱく質の栄養素の吸収のほとんどは**小腸**で行われます。ビタミンも小腸で吸収されますが、脂溶性ビタミンの場合は、膵液の分泌低下や、胆汁の分泌障害などにより脂肪の吸収が低下することにより、吸収が阻害されます。

無機質や水は**小腸**および**大腸**で吸収されます。ただし、**フィチン酸（リン酸化合物）**、**ポリフェノール**、**食物繊維**などには、鉄やカルシウムなどの吸収を阻害する作用があります。

なお、アルコールは**胃**で吸収されます。

合格への近道

消化酵素について、覚えにくいと思う人がたくさんいます。皆さんにおすすめしたいのは、P124の「おもな消化酵素の働き」の表を自作することです。P124の表は「消化器官別」に記載されていますが、「栄養素別」の表を自作してみましょう。やってみるとだんだん理解が深まってきます。白い紙に自分で書きだし、どの栄養素はどの部位で、どのように変化するのかを理解するようにしてください。

MEMO

消化吸収率の計算式

一定期間での栄養素の摂取量に対する吸収量の割合を示したものをいう。

- 見かけの消化吸収率＝（摂取量－糞便中の排泄量）÷摂取量×100
- 真の消化吸収率＝｛摂取量－（糞便中の排泄量－内因性損失量)｝÷摂取量×100

アルコールや薬などは、吸収される前に、肝臓で解毒・分解されます

Check！

日本人の食事摂取基準

「**日本人の食事摂取基準**[豆知識1]」は、国民の健康の保持・増進、生活習慣病の予防のために必要な**エネルギー**および**栄養素**の摂取量の基準を示したガイドラインです。

同基準はほぼ**5年**ごとに改訂され、最新版の「日本人の食事摂取基準（2020年版）」は2020年度から2024年度まで使用されます。

✓栄養素の指標

同基準では、栄養素は次の指標が設定されています。

● **推定平均必要量**[豆知識2]

50％の人が必要量を満たす量。

● **推奨量**[豆知識3]

ほとんどの人（97～98％の人）が充足している量。

● **目安量**[豆知識4]

一定の栄養状態を維持するのに十分な量。推定平均必要量と推奨量が設定できない場合に設定される。

● **耐容上限量**[豆知識5]

健康障害をもたらすリスクがないとみなされる、習慣的な摂取量の上限。この量を超えて摂取すると、健康障害のリスクが高まる可能性がある。

● **目標量**[豆知識6]

生活習慣病の発症予防を目的として、現在の日本人が当面の目標とすべき摂取量。

✓2015年版からのおもな変更点

2020年版では、おもに以下の点が変更されました。

- **生活習慣病**の発症予防・重症化予防、高齢者の**低栄養**予防や**フレイル**[用語13]予防も視野に入れて策定。
- 高齢者の年齢区分が従来の50～69歳と70歳以上の2つから、50～64歳、65～74歳、75歳以上の3つに。

日本人の食事摂取基準は、必要なエネルギー量および栄養素の摂取量を、年齢別、性別、身体活動レベル別、妊婦・授乳婦別に、1日あたりの数値で定めています

Check！

豆知識1

日本人の食事摂取基準の対象

健康な個人および集団を対象として、高血圧、脂質異常、高血糖、腎機能低下に関して保健指導レベルにある人までが含まれる。

豆知識2

栄養素の推定平均必要量

次の栄養素は推定平均必要量が設定されている（1歳以上）。

たんぱく質、ビタミンA、B_1、B_2、B_6、B_{12}、C、ナイアシン、葉酸、ナトリウム、カルシウム、マグネシウム、鉄、亜鉛、銅、ヨウ素、セレン、モリブデン

豆知識3

栄養素の推奨量

次の栄養素は推奨量が設定されている（1歳以上）。

たんぱく質、ビタミンA、B_1、B_2、B_6、B_{12}、C、ナイアシン、葉酸、カルシウム、マグネシウム、鉄、

- 高齢者のフレイル予防の観点から、総エネルギー量に占めるべきたんぱく質由来エネルギー量の割合（%エネルギー）において、65歳以上の目標量の下限を13%エネルギーから**15%エネルギー**に引き上げ。
- 若いうちからの生活習慣病予防を推進するため、**飽和脂肪酸**、**カリウム**について、小児の目標量を新たに設定。また、**ナトリウム（食塩相当量）**[豆知識7]の成人の目標量を0.5g／日引き下げ。

エネルギー代謝

食品から摂取した**炭水化物（糖質）**、**たんぱく質**、**脂質**は体内で分解・合成されてエネルギーをつくり出します。この仕組みを**エネルギー代謝**といいます。

ヒトの身体では次の3種類の代謝が行われています。

- **活動代謝**

日常の活動や運動で消費されるエネルギー

- **食事誘発性熱産生（DIT）**

食事や、消化・吸収で消費されるエネルギー

- **基礎代謝**

安静にしていても消費される、生きていくうえで最低限必要なエネルギー

亜鉛、銅、ヨウ素、セレン、モリブデン

豆知識4

栄養素の目安量

次の栄養素は目安量が設定されている（1歳以上）。

n-6系脂肪酸、n-3系脂肪酸、 ビタミンD、E、K、B_{12}、パントテン酸、ビオチン、カリウム、リン、マンガン、クロム

豆知識5

栄養素の耐容上限量

次の栄養素は耐用上限量が設定されている（1歳以上）。

ビタミンA、D、E、B_6、ナイアシン、葉酸、カルシウム、マグネシウム、リン、鉄、亜鉛、銅、マンガン、ヨウ素、セレン、クロム、モリブデン

豆知識6

栄養素の目標量

次の栄養素は目標量が設定されている（1歳以上）。

たんぱく質、脂質、飽和脂肪酸、炭水化物、食物繊維、ナトリウム、カリウム

用語13

フレイル

高齢者が心身や社会的なつながりが弱くなった状態。放置すると要介護状態になることも。

基礎代謝の特徴

基礎代謝量には、次のような特徴があります。

- 女性よりも男性のほうが大きい（同年齢）
- 男性は15〜17歳、女性は12〜14歳が最も高い
- 体表面積が大きいほうが高い
- **夏**のほうが**冬**よりも低い
- 低栄養状態では低い
- 身体活動量が多い人は高い
- バセドウ病患者は高い
- 妊娠時（特に後期）は高くなる

身体活動レベル

身体活動レベル（Physical Activity Level：PAL）とは、1日の総エネルギー消費量が基礎代謝量の何倍になるかを示した値です。身体活動レベルは次の3段階に区分されており、次項の推定エネルギー必要量の算出に必要です。

フレイルの予防にはバランスのとれた食事を1日3食摂る、たんぱく質をしっかり摂る、ウォーキングやストレッチなどの身体活動に取り組む、社会参加を心がけるなどが大切です

Check！

豆知識7

ナトリウム（食塩相当量）の成人の目標量

男性は7.5g／日未満で、女性は6.5g／日未満となっている。

MEMO

1日の基礎代謝量の計算式

- 1日の基礎代謝量（Kcal）＝体重（kg）×基礎代謝基準値（kcal／kg　体重／日）

体重が同じ場合、身長が高いほうが体表面積が大きくなります

Check！

MEMO

バセドウ病とは

甲状腺の働きが異常に活発化し、甲状腺ホルモンが過剰に生産される。全身の臓器に作用して新陳代謝を過剰に促進させる甲状腺機能亢進症。

身体活動レベル（20～59歳の場合）

身体活動区分	低い（Ⅰ）	ふつう（Ⅱ）	高い（Ⅲ）
身体活動レベル*	1.50（1.40～1.60）	1.75（1.60～1.90）	2.00（1.90～2.20）
日常生活の内容	生活の大部分が座位で、静的な活動が中心の場合	座位中心の仕事だが、職場内での移動や立位での作業・接客等、通勤・買い物での歩行、家事、軽いスポーツのいずれかを含む場合	移動や立位の多い仕事への従事者、あるいは、スポーツ等余暇における活発な運動習慣をもっている場合
中程度の強度（3.0～5.9メッツ[用語14]）の身体活動の1日あたりの合計時間（時間／日）	1.65	2.06	2.53
仕事での1日あたりの合計歩行時間（時間／日）	0.25	0.54	1.00

＊代表値。（　）内はおよその範囲

食事摂取基準

日本人の食事摂取基準（2020年版）では、エネルギーの指標として、**推定エネルギー必要量**[豆知識8]（エネルギーの食事摂取基準）が設定されています。推定エネルギーは、**健康的な体重**を維持するために、食品から摂取する必要があるエネルギーのことです。

日本人の食事摂取基準（2020年版）では、身体活動レベルが「ふつう（Ⅱ）」の18～29歳の場合、推定エネルギー必要量は男性は2,650kcal、女性は2,000kcalとなっています。

用語14
メッツ
身体活動の強さを表す指数。座って楽にしている安静時の状態が1メッツ、普通歩行が3メッツに相当する。

豆知識8
推定エネルギー必要量の計算式
- 推定エネルギー必要量（kcal／日）＝基礎代謝量（kcal／日）×身体活動レベル

Chapter 3-4

栄養と食生活

重要度 ★★☆☆

ここでは、ライフステージごとの栄養のポイントについて学びます。また、現在の国民の栄養状態を把握したうえで、「食生活指針」「食事バランスガイド」についても覚えておきましょう。

母子栄養

母親の健康は子どもの発育や健康維持・向上に大きく影響するため、栄養に配慮する必要があります。

✓妊娠期・授乳期の栄養

妊娠期、授乳期は以下の点に注意しましょう。

妊娠期・授乳期の栄養のポイント

- 胎児の発育のため、良質な**たんぱく質**、**鉄**、**カルシウム**、**ビタミン**を十分に摂取する。
- 胎児の**神経管閉鎖障害発症**(用語1)リスク低減のために、妊娠初期には**葉酸**を十分に摂取する。
- 妊娠期には**妊娠高血圧症候群**(用語2)、**肥満**、**糖尿病**などになりやすいため**食塩**を控え、**エネルギー**の過剰摂取を避ける。
- **授乳**のためには平常より多くの栄養素が必要となる。
- 消化の悪いもの、冷たいもの、鮮度の落ちたものは避ける。

MEMO
妊婦の食事摂取基準
妊婦は、胎児発育にともなう蓄積量と、妊婦の体蓄積量を考慮し、付加量が設定されている。妊娠中はカルシウム吸収率が著しく増加するため、カルシウムは負荷量が設定されていない。

MEMO
妊婦の推定エネルギー必要量
- 妊娠初期は＋50
- 中期は＋250
- 後期は＋450

用語1
神経管閉鎖障害
妊娠初期に起こる先天異常の1つ。脳や脊髄などのもととなる神経管がうまく形成されないことで起こる。

用語2
妊娠高血圧症候群
妊娠時に高血圧となる疾患。妊娠中毒症とも呼ばれる。

✓乳児期の栄養[用語3]

乳児への栄養の与え方は、**授乳栄養**と**離乳栄養**に分かれます。

●授乳栄養

授乳栄養には、**母乳栄養**、**人工栄養**、**混合栄養**があり、それぞれの意味と特徴は以下のとおりです。

	説明	特徴
母乳栄養	母乳で育てること	●母乳は栄養成分の組成が理想的 ●感染抑制作用をもつ免疫グロブリン[用語4]なども含まれる
人工栄養	母乳以外の乳汁（母乳成分に近づけた育児用ミルクなど）で育てること	●母乳成分に少ない栄養素などが強化されている製品もある ●免疫物質が含まれないため、感染症予防の観点からは注意が必要
混合栄養	母乳栄養と人工栄養を併用して育てること	●人工栄養よりは、乳児の抵抗力が高くなると考えられる

●離乳栄養

母乳や育児用ミルクなどの**乳汁栄養**から、幼児食に移行する過程を**離乳**といいます。通常は生後5～6か月ごろからはじめ、12～18か月ごろに完了します。

離乳は以下の点に注意が必要です。

- 発育が盛んな時期なので、とくに**エネルギー**と**たんぱく質**が不足しないようにする。
- 母乳栄養のみの場合、**ビタミンD**や**カルシウム**、**鉄分**などが不足する可能性があるため、適切な時期に離乳を開始する。
- **乳児ボツリヌス症**[用語5]予防のため、はちみつは満1歳までは使わない。

用語3
乳児期
出生から1歳未満まで。

用語4
免疫グロブリン
血液中や組織液中に存在する。IgG、IgA、IgM、IgD、IgEの5種類がある。

用語5
乳児ボツリヌス症
食品に含まれるボツリヌス菌が腸管内で発芽、増殖し、その際に産生される毒素によって発症する。症状は便秘、哺乳力の低下、元気の消失、首のすわりが悪くなるなど。はちみつにはボツリヌス菌が混入していることがあり、1歳未満の赤ちゃんが食べると乳児ボツリヌス症を発症し、死に至るおそれがある。

幼児期の栄養

幼児期[用語6]は、乳児期に次いで心、身体、脳の発育が盛んなだけでなく、**運動量**も増えます。そのため、体重あたりの食事摂取基準は、成人より多めに設定されています。

✓幼児期の栄養のポイント

- 良質な**たんぱく質**が豊富に含まれる**卵**、**牛乳・乳製品**、**魚**、**肉**、**大豆製品**を十分に食べさせる。
- 味は薄味にし、バランスのよい献立を心がける。
- 3度の食事だけでは栄養素の必要量を満たすことが難しいため、**間食**で適切に補う。
- 間食は総エネルギーの**10～20%**程度を目安に、2～3時間の間隔をあけて与える。

学童期・思春期・成人期の栄養

学童期[用語7]から**思春期**[用語8]にかけては、幼児期に引き続き心身が著しく成長する時期であり、年齢や発達などに応じて栄養を摂ることが大切です。身長や体重が大きく変化し、**性ホルモン**の影響も受けます。なかでも**思春期**は、一生でもっとも多くのエネルギーと栄養素を必要とする時期です。**成人期**[用語9]は多忙により食生活が乱れやすく、**生活習慣病**[用語10]のリスクが高まります。

✓学童期・思春期の栄養のポイント

- **欠食**によるエネルギー不足に注意する。
- 体重をコントロールする場合は、摂取エネルギーを減らすよりも、**活動量**を増やすことを心がける。
- **アミノ酸価**の高いたんぱく質の摂取を心がける。ただし、動物性たんぱく質の比率は**40～50%**が望ましい。
- 脂質由来のエネルギーは**20～30%**を目安とする。

用語6
幼児期
満1～5歳まで。

用語7
学童期
6～11歳。

用語8
思春期
一般的に、12歳前後から17歳くらいとされる。

用語9
成人期
一般的に、20歳前後から60代前半をいう。

用語10
生活習慣病
➡44～47ページ

たんぱく質の“質”には、動物性と植物性があり、植物性を積極的に摂取するのがおすすめです

Check！

- 骨形成に必要な**カルシウム**と**ビタミンD**を十分にとる。
- **鉄不足**に注意する（とくに初潮を迎えた女子）。

✓**成人期の栄養のポイント**

社会的・家庭的な責任が大きくなり、不規則かつ多忙な生活を送りがちです。そのため栄養バランスも乱れやすく、**生活習慣病**のリスクが高まります。1日3食、規則正しく、過不足なく栄養素を摂取し、適正体重を維持することが大切です。

高齢期の栄養

高齢期は老化現象により、栄養に関して次のような特徴が現れます。

✓**高齢期の特徴**

- 消化吸収能力が低下し、体重や食欲が落ちやすい
- 歯が悪くなり、咀嚼力が低下する
- だ液の分泌量が減り、むせ込みやすくなる
- 食事や水分量が減り低栄養状態を招くことがある。
- 口渇感が衰え、脱水症状を起こしやすい。
- 味覚が鈍くなるため、味つけが濃くなりやすい。

✓**高齢期の栄養のポイント**

- 摂取エネルギーは**青年期**[用語9]・**壮年期**よりも少なめでよい。
- たんぱく質は**量**よりも**質**を重視する。

MEMO

青年期・壮年期

一般的に、青年期は18～29歳、壮年期は30～49歳を指す。

MEMO

ロコモティブシンドローム（ロコモ）

骨や関節、神経、筋肉などの運動器の衰えによって、立つ・歩くといった移動動作機能が低下した状態をいう。放置すると寝たきりや要介護になりやすい。

●**カルシウム**、**鉄**が不足しやすいので、食品からしっかりとる。
●**食塩**、**砂糖**の摂りすぎに気をつけ、味つけは薄味を心がける。

国民の栄養状態

国民の栄養等の摂取状況と身体状況は、厚生労働省が毎年11月に実施している**国民健康・栄養調査**(用語11)で把握できます。

栄養素等摂取量の年次推移

過去4年および1985（昭和60）年の年次推移は下記のようになります。

	1985（昭和60）年	2016（平成28）年	2017（平成29）年	2018（平成30）年	2019（令和元）年
エネルギー kcal	2,088	1,865	1,897	1,900	1,903
たんぱく質 g （うち動物性 g）	79.0 40.1	68.5 37.4	69.4 37.8	70.4 38.9	71.4 40.1
脂質 g （うち動物性 g）	56.9 27.6	57.2 29.1	59.0 30.0	60.4 31.8	61.3 32.4
炭水化物 g	298	252.8	255.4	215.2	248.3
カルシウム mg	553	502	514	505	505
鉄 mg	10.8	7.4	7.5	7.5	7.6
ビタミンA μgRE	2,188 IU(用語12)	524	519	518	534
ビタミンB1 mg	1.34	0.86	0.87	0.90	0.95
ビタミンB2 mg	1.25	1.15	1.18	1.16	1.18
ビタミンC mg	128	89	94	95	94

用語11
国民健康・栄養調査
2020（令和2）年、2021（令和3）年は新型コロナウイルス感染症の影響により調査が中止されたため、2019（令和元）年の調査が最新となる（2023年7月時点）。

用語12
IU
International Unit。ミネラルやビタミンなどの効力を表す単位。2001（平成13）年にレチノール当量を表す単位μgRE（マイクログラムレチノール）に変更された。

用語13
脂肪エネルギー比率
総摂取エネルギーに占める、総脂質からの摂取エネルギーの割合。

用語14
炭水化物エネルギー比率
総摂取エネルギーに占める、炭水化物からの摂取エネルギーの割合。

用語15
動物性たんぱく質比率
たんぱく質の総摂取量に占める、動物性たんぱく質の摂取量の割合。

食塩相当量　g	12.1	9.6	9.5	9.7	9.7
用語13 脂肪エネルギー比率　%	24.5	27.4	27.7	28.3	28.6
用語14 炭水化物エネルギー比率　%	60.4	57.8	57.5	56.8	56.3
用語15 動物性たんぱく質比率　%	47.2	52.8	52.7	53.5	54.3
用語16 穀類エネルギー比率　%	50.8	40.9	40.4	40.0	39.5

食生活指針

用語17 **食生活指針**は、一人ひとりの健康増進、生活の質の向上、食料の安定供給の確保などを図ることを目的に策定されたものです。食生活指針では、望ましい食のあり方として次の10項目が示されています。

✓食生活指針

- 食事を楽しみましょう
- 1日の食事のリズムから、健やかな生活リズムを
- 適度な運動とバランスのよい食事で、適正体重の維持を
- 主食、主菜、副菜を基本に、食事のバランスを
- ごはんなどの穀類をしっかりと
- 野菜・果物、牛乳・乳製品、豆類、魚なども組み合わせて
- 食塩は控えめに、脂肪は質と量を考えて
- 日本の食文化や地域の産物を活かし、郷土の味の継承を
- 食料資源を大切に、ムダや廃棄の少ない食生活を
- 「食」に関する理解を深め、食生活を見直してみましょう

用語16

穀類エネルギー比率

総摂取エネルギーに占める、穀類からの摂取エネルギーの割合。

用語17

食生活指針

2000（平成12）年に、当時の文部省、厚生省および農林水産省が連携して策定。2016（平成28）年に一部改正された。

MEMO

栄養状況の傾向

国民の栄養状態は以下のような傾向があります。

- エネルギー摂取量は2018（平成30）年に1900kcalとなり、ほぼ適正量に回復してきている。
- 穀類エネルギー比（穀類から摂取するエネルギーの割合）は年々減少傾向にあり、現在は30%台である。
- 動物性たんぱく質、動物性脂質の摂取量は増加傾向にある。
- 炭水化物の摂取量は減少傾向にある。
- 食塩の過剰摂取はこの10年間でみると、男性では有意に減少しているが、女性では過去4年で有意な増減は見られない。

食事バランスガイド

食事バランスガイド[用語18]は、「何を」「どれだけ」食べたらよいかを、コマをイメージしたイラストでわかりやすく示したものです。コマのイラストは、**主食**、**副菜**、**主菜**、**牛乳・乳製品**、**果物**の5つの料理に区分され、1日にとる各料理の量は、「**つ**」または「**サービングサイズ（SV）**」の単位で示されています。

1つ（SV）の基準

主食	主材料の穀類に由来する炭水化物　約40g
副菜	主材料の野菜、きのこ、いも、豆類（大豆を除く）、海藻類の重量　約70g
主菜	主材料の魚、肉、大豆、大豆製品に由来するたんぱく質　約6g
牛乳・乳製品	主材料の牛乳・乳製品に由来するカルシウム　約100mg
果物	主材料の果物の重量　約100g

食事バランスガイドの「1日分」の項目を見ると、主食は「5～7つ（SV）」となっています。また、料理例を見ると、1つ分、1.5つ分、2つ分に相当する料理が掲載されています。

たとえば、次のような組み合わせで食事をした場合、1日あたりの主食の最低ラインである**5つ**（SV）を満たしたことになります。

- 朝食：ごはん小盛り1杯（1つ分）
- 昼食：うどん1杯（2つ分）
- 夕食：スパゲッティ（2つ分）

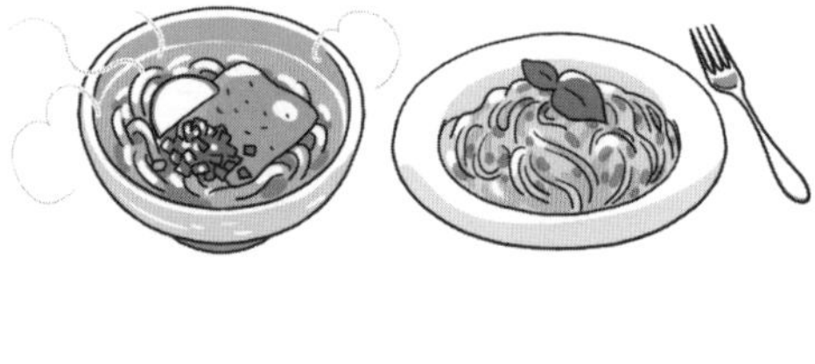

用語18

食事バランスガイド

食生活指針を具体的に行動に結びつけるものとして、2005（平成17）年に厚生労働省と農林水産省が決定した。

MEMO

食事バランスガイドの考え方

主食、副菜、主菜、牛乳・乳製品、果物のすべての区分において1日分の目安量を食べると、バランスのよい食事になるという考え方。

MEMO

食事バランスガイドのねらい

国民の健康と食料自給率の向上、そして生活習慣病の予防。望ましい食生活で、これらを実現させるのが目的。

食事バランスガイドを覚えるためには、実際にご自身が1日に食べたものを137ページの図に当てはめて考えるのが最も早いです。自身の栄養バランスのチェックにもなりますので、ぜひやってみてください

Check！

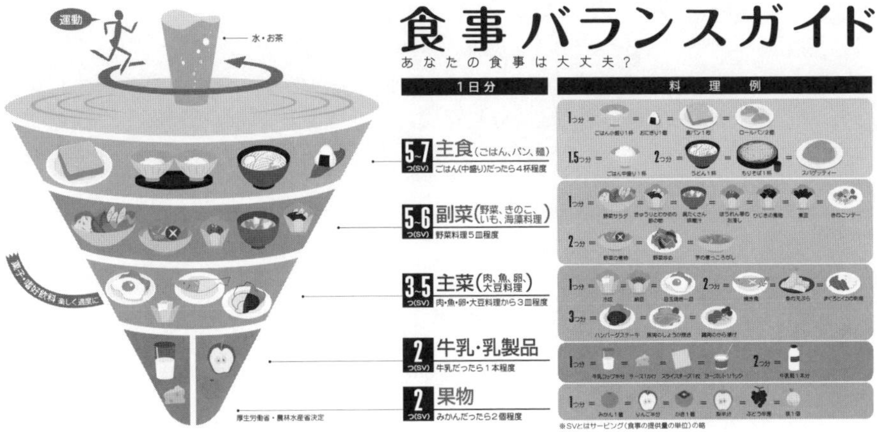

6つの基礎食品

食品に含まれている栄養素の分類は、**5大栄養素**のほかに「**3色食品群**」「**6つの基礎食品**」などがあります。6つの基礎食品は栄養成分の類似している食品を6群に分類し、栄養素をバランスよく摂取するためにどのような食品を組み合わせればよいかを示したものです。

群	食品の種類	おもな栄養素
1群	魚、肉、卵、大豆、大豆製品	たんぱく質
2群	牛乳、乳製品、海藻、小魚	カルシウム
3群	緑黄色野菜	カロチン
4群	淡色野菜、果物	ビタミンC
5群	穀類、いも類、砂糖類	糖質
6群	油脂、脂肪の多い食品	脂質

MEMO

4群組み合わせ

食品を栄養素の特徴にしたがって4つの群に分類したもの。

第1群：乳・乳製品、卵

第2群：魚介、肉、豆・豆製品

第3群：野菜（きのこ・海藻を含む）、いも、果物

第4群：穀類、種実、油脂、砂糖、菓子、飲料、アルコール、調味料等

Chapter 3-5

食事療法

重要度 ★☆☆☆

病気の治療方法の1つに食事・栄養療法があり、食事・栄養療法に用いられる食事を治療食といいます。ここでは、治療食の種類と、病気ごとのポイントについて解説します。

治療食の種類

病気や症状を改善するために、栄養バランスや制限する食品などを考慮してつくられた食事を**治療食**といいます。治療食には、**一般食**と**特別食**があります。

✓一般食(一般治療食)

特別な制限などがない食事で、栄養的な配慮によって治療効果を間接的に高めます。**食事のかたさ**によって、次の3つに分類されます。

●常食(普通食、固形食)

病気の回復期や食欲のある患者向けで、健康な人の食事に準じた内容です。主食はごはん、パン、麺類など。高脂肪のもの、消化しにくいものは避けます。

●軟食[豆知識1](粥食)

流動食から常食への移行期に適した食事で、やわらかく、消化されやすい状態に調理されています。主食は粥が中心です。

●流動食

固形物をほとんど含まない液状の食事です。口腔に障害があるとき、急性の胃腸病や高熱があるとき、手術後、重病のときなどに適しています。

✓特別食(特別治療食)

医師が発行する食事箋[用語1]に基づいた、エネルギーや栄養素に制限がある食事です。

豆知識1

軟食の種類

お粥は、おまじり(一分粥)、三分・五分・七分・全粥などの段階がある。

用語1

食事箋

食事に関する医師の指示をまとめた書類。食事箋をもとに、管理栄養士が献立を考える。

特別食には以下のようなものがあります。

病名	病気の特徴	特別食のポイント
糖尿病	インスリン[用語2]が十分に働かないために、血液中を流れるブドウ糖（血糖）が増えてしまう病気。動脈硬化、高血圧、腎臓病などさまざまな合併症を引き起こす。	●1日の総エネルギーの摂取量を決める ●たんぱく質、脂質、炭水化物をバランスよく摂る ●食物繊維、ビタミン、無機質は積極的に摂取する ●砂糖類や動物性食品を摂りすぎないようにする
脂質異常症	血液中の脂質の値が基準値から外れた状態をいう。動脈硬化との関連が深い。	●エネルギーの過剰摂取を控え、適正体重を保つ ●飽和脂肪酸を多く含む動物性脂質は少なめに、魚油に多く含まれる不飽和脂肪酸は多めに摂取する ●コレステロールを多く含む食品（卵黄、レバー、魚卵）などは控える ●アルコールの摂りすぎに注意する
高血圧症	診察室でくり返し血圧を計測したとき、最高血圧が140mmHg以上、あるいは、最低血圧が90mmHg以上のとき、高血圧と診断される。動脈硬化や心臓病、脳血管疾患（脳卒中）を引き起こす原因となる。	●病態に合わせ、塩分摂取量を1日6g未満に制限する ●エネルギーは摂りすぎないようにし、標準体重を維持する ●肉より魚を積極的に摂取し、コレステロールや飽和脂肪酸の摂取を控える ●アルコールは控える
肝臓病	急性肝炎[豆知識2]、肝硬変[用語3]、肝がんなどがある。	●病態や患者の食欲に合わせて、良質なたんぱく質の割合を増やす ●脂質の摂りすぎに注意する ●糖質、ビタミンを十分に摂る
腎臓病	急性腎炎[豆知識3]、慢性腎炎、腎不全[用語4]、ネフローゼ症候群[用語5]などがある。	●病態に合わせ、塩分摂取量を1日6g未満に制限する ●急性腎不全や浮腫があるときなどは水分を制限する ●腎炎や腎不全は病態に合わせてたんぱく質を制限する

用語2

インスリン

膵臓から分泌されるホルモンの一種。血糖値を直接的に下げることができる唯一のホルモン。

➡122ページ

豆知識2

肝炎とは

肝臓の細胞に炎症が起こり、肝細胞が破壊されていく疾患。

用語3

肝硬変

肝臓に慢性的に炎症が起こり、肝臓が硬くなった状態をいう。

豆知識3

腎炎とは

血液をろ過する腎臓の糸球体に炎症が起こる疾患。

用語4

腎不全

腎炎などの病気で腎臓の機能が落ち、老廃物を十分排泄できなくなった状態をいう。

用語5

ネフローゼ症候群

尿にたんぱくがたくさん出てしまうことで血液中のたんぱくが減り（低たんぱく血症）、その結果、浮腫（むくみ）が起こる疾患。

達成度チェック

	問題	正誤	解説
1	無機化合物は三大栄養素である。	×	三大栄養素とは、炭水化物、脂質、たんぱく質のことであり、無機化合物は含まれていない。
2	ビタミンは身体の機能を調節する。	○	ビタミンは調整素であり、身体の機能を調節する働きがある。
3	血や肉、骨となる栄養素には、炭水化物、脂質などがある。	×	この設問は構成素が何かを問う質問である。血や肉、骨となる栄養素にはたんぱく質、脂質、無機質（ミネラル）がある。
4	調整素にたんぱく質は含まれない。	×	たんぱく質は熱量素、構成素、調整素、すべてになり得る、と覚えておくとよい。
5	身体の構成元素として最も多く含まれているのは窒素であり、2位に酸素が続く。	×	1位窒素、2位酸素の順は大気（空気）の組成である。身体の構成元素の含有率として最も多いのは酸素であり、2位が炭素である。
6	栄養素からみた人体構成成分の大人の平均値は、たんぱく質50～60%、脂質約21%、水分約16%などとなっている。	×	人体の構成成分で最も多く含まれているのは水分であり50～60%である。2位が脂質約21%、3位がたんぱく質で約16%などとなっている。
7	ショ糖は単糖類である。	×	ショ糖は二糖類である。単糖類には果糖、ブドウ糖、ガラクトースなどがある。
8	炭水化物は主要なエネルギー供給源であり1gあたり約9kcalのエネルギーをもつ。	×	9kcalではなく4kcalが正解。9kcalのエネルギーをもつのは脂質である。
9	難消化性炭水化物には血中LDLコレステロールの上昇作用がある。	×	難消化性炭水化物とは食物繊維のことである。食物繊維には血中LDLコレステロールの「低下」作用がある。
10	必須脂肪酸とはヒトの体内で合成不可能または十分な量を合成することができないため食品から取り入れなければならない脂肪酸でありおもなものとしてオレイン酸がある。	×	オレイン酸は必須脂肪酸に含まれない。リノール酸、α-リノレン酸、アラキドン酸、EPA、DHAなどが必須脂肪酸である。

11	必須脂肪酸は飽和脂肪酸である。	×	必須脂肪酸はいずれも不飽和脂肪酸であり、多価不飽和脂肪酸である。飽和脂肪酸といえばバター、牛脂、豚脂（ラード）など、動物性脂肪と結びつけて覚えておくとよい。
12	たんぱく質には酸素が含まれている。	×	たんぱく質には窒素が含まれている。窒素といえばたんぱく質、大気の組成1位くらいはすぐにイメージできるようにしておきたい。
13	日本の食事摂取基準2020年版では1歳以上のすべての年齢で総摂取エネルギーの20～30%をたんぱく質で摂取することを目標にしている。	×	たんぱく質の摂取目標値は13～20%。設問にある20～30%は脂質の摂取目標値である。
14	必須アミノ酸にはリノール酸、α-リノレン酸、アラキドン酸、DHA、EPAなどがある。	×	それらはいずれも必須脂肪酸である。
15	体内で合成できない6種類のアミノ酸を必須アミノ酸という。	×	必須アミノ酸は6種類ではなく9種類存在する。
16	ビタミンDは骨の代謝に関わり、代表的な欠乏症としてくる病がある。	○	ビタミンDとカルシウムはセットで覚える。骨の代謝に関わる大切なものである。
17	脂溶性ビタミンとして、ビタミンA、ビタミンC、ビタミンD、ビタミンEの4つが挙げられる。	×	ビタミンCは水溶性ビタミンである。脂溶性ビタミンはそれ以外の3つに加え、ビタミンKが挙げられる。脂溶性ビタミンが4つあるという記述自体は正しい。
18	ビタミンB_2はおもに脂質の代謝に補酵素として関わっている。	○	ビタミンB_2と脂質はセットで覚える。
19	日本人の食事摂取基準（2020年版）では成人の1日あたりの食塩の目標量は男性9.5g未満、女性8.5g未満としている。	×	数値が異なる。食塩の目標量は男性7.5g未満、女性6.5g未満となっている。
20	生体中の鉄の約60～70%は肝臓に存在する。	×	肝臓ではなく、血液（赤血球中のヘモグロビン（血色素））のなかに存在する。
21	ナトリウムの主要な摂取源である食塩の過剰摂取は、低血圧のリスクとなる。	×	食塩の過剰摂取は、「高」血圧のリスクとなる。ほかにも胃がんのリスクも高まる。

22	インスリンは膵臓のα細胞から分泌されるものであり、血糖値を上昇させる作用がある。	×	インスリンは膵臓の「β」細胞から分泌されるものであり、血糖値を「低下」させる作用がある。
23	副腎髄質ホルモンであるアドレナリンには血圧を上昇させる作用がある。	○	正しい。ノルアドレナリンも同じような作用をもつ。
24	胆汁には三大栄養素を消化する酵素が含まれている。	×	胆汁には消化酵素は含んでいない。三大栄養素を消化する酵素を含む消化液は膵液である。
25	胃液にはたんぱく質を消化する酵素（リパーゼ）が含まれている。	×	胃液に含まれる消化酵素はペプシンである。リパーゼは膵液に含まれ、脂質を消化する働きをもつ。
26	幼児に間食をさせると3食の食事で食べる量が減ってしまうため、間食はさせないようにする。	×	幼児は消化機能が不十分であるため3度の食事で必要量を満たすことは難しく、むしろ間食が必要である。
27	日本人の食事摂取基準のなかで、過剰摂取による健康障害の回避を目的として「目安量」が設定されている。	×	目安量ではなく、「耐容上限量」である。目安量は一定の栄養状態を維持するために十分な量のことである。
28	食事バランスガイドについて、コマのイラストは上から 主食、主菜、副菜、牛乳・乳製品、果物の順に区分され、水・お茶などの水分は軸として、菓子、し好飲料についてはコマを回すヒモとして示されている。	×	イラストの順は上から主食、副菜、主菜…の順であり、設問は副菜と主菜が逆になっている。
29	日本人の食事摂取基準（2020年版）によると、基礎代謝量が最も高い値を示しているのは男女ともに1歳～2歳となっており、それ以降、年齢を重ねるにつれ低下していく。	×	1歳～2歳が最も高い値を示すのは基礎代謝基準値である。基礎代謝量は男性で15～17歳、女性で12～14歳が最も高い値を示す。
30	BMI25kg／㎡のときが健康障害の危険性が最も低い。	×	25ではなく、22が正解。25以上は肥満を示す値となる。
31	6つの基礎食品のなかで1群に含まれるものはたんぱく質であり、魚、肉、卵、大豆などが含まれる。	○	正しい。よく引っ掛かるのは牛乳、乳製品、小魚などがある基礎食品に含まれていることである（2群）。
32	腎炎の患者には食事療法として高たんぱく質食を提供することとし、とくに良質のたんぱく質を含む食材を用いるようにする。	×	高たんぱく質食ではなく、低たんぱく質食である。たんぱく質を食事で提供する際は、良質なものを使うとよいため、設問の後半は正しい。

食品衛生学

CONTENTS

Chapter4

Chapter
4-1
食品衛生学概論

重要度 ★☆☆☆

食品はもちろん、添加物や容器包装、さらには生産・製造・流通に関わる人もすべて、食品衛生の対象となります。食品衛生の目的は、食品に起因した病気や事故などを防ぐことです。

食品衛生とは

食品衛生法では、食品衛生を「**食品、添加物、器具**および**容器包装**を対象とする**飲食**に関する衛生をいう」と定義しています（食品衛生法　第4条）。細菌やウイルスなどの**微生物**、**有害物質**などを飲食物などから取り除いて食品による**健康危害**を防ぎ、食品本来の役割を十分に発揮させることが、食品衛生の目的です。

食品による健康危害には、[用語1]**生物学的危害**、**化学的危害**、**物理的危害**があります。

✓ **生物学的危害**

食品に潜む病原細菌や病原微生物、ウイルス、寄生虫などによって健康を損なう危害をいいます。

✓ **化学的危害**

食品に潜む有害な食品添加物や農薬、[用語2]**有害金属**などによって健康を損なう危害をいいます。

✓ **物理的危害**

[豆知識1]食品に混入した異物や害虫などによって健康を損なう危害をいいます。

食品衛生行政

日本の**食品衛生行政**は、**食品衛生法**（➡146〜149ページ）と**食品安全基本法**（➡150〜151ページ）に基づき行

用語1
生物学的危害
赤痢、コレラ、腸チフスなどの病原微生物による経口感染症、微生物性食中毒、寄生虫症がある。

用語2
有害金属
ヒ素、鉛、亜鉛、カドミウムなど。

豆知識1
食品に混入した異物や害虫の具体例
異物は砂、ガラス片、髪など。害虫はハエ、ゴキブリ、ダニなど。

用語3
医薬・生活衛生局
医薬品、医薬部外品、化粧品・医療機器および再生医療等製品の品質、有効性・安全性の確保対策のほか、血液事業、麻薬・覚せい剤対策、食品の安全確保による国民の健康の保護、理・美容店などの生活衛生関係営業の振興策、シックハウス対策、水道の整備等を担当する。

われています。国における食品衛生行政の中心機関が**厚生労働省**です。厚生労働省内には**医薬・生活衛生局**[用語3]があり、同局には**生活衛生・食品安全企画課**[用語4]、**食品基準審査課**[用語5]、**食品監視安全課**[用語6]などがあります。また、**検疫所**[用語7]は厚生労働省の機関の1つです。厚生労働省は**農林水産省**や**消費者庁**、**食品安全委員会**、**地方厚生局**、地方自治体などと相互連携しながら、食品衛生行政を運営しています。

食品衛生行政の展開

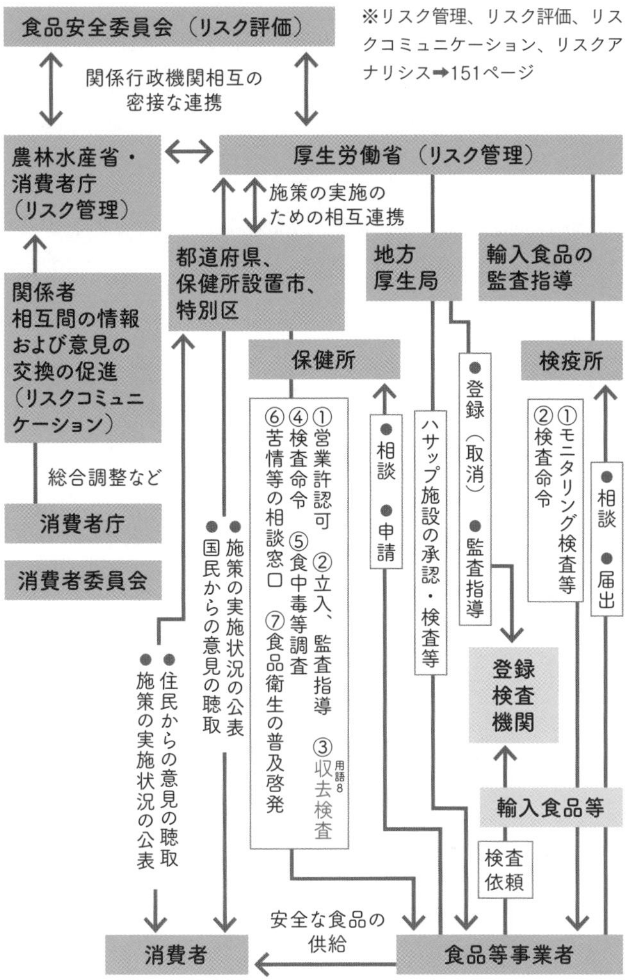

用語4
生活衛生・食品安全企画課
食品の安全性の確保、生活衛生の向上および増進に関する総合的な企画・立案・調整などを行う。

用語5
食品基準審査課
食品、洗浄剤などの衛生用品や、農薬が含まれる、または付着している食品の飲食に起因する衛生上の危害の防止に関する規格または基準に関連する業務を行う。

用語6
食品監視安全課
飲食に起因する衛生上の危害の発生の防止に関する調査や指導、食品衛生監視員に関する業務などを行う。

用語7
検疫所
検疫とは、海外から感染症や病害虫などが国内にもち込まれたり、国内から海外にもち出されたりすることを防ぐための検査で、それを行う厚生労働省の施設等期間を「検疫所」という。

用語8
収去検査
検査対象を抜き取って、食品衛生法に基づいて行われる微生物や残留農薬、添加物などの検査。

Chapter 4-2 食品衛生法

重要度 ★★☆☆

食品衛生法は、飲食による衛生上の問題を予防するための法律です。食品や添加物の基準・規格から、食中毒が発生したときの措置まで幅広く網羅しています。調理師を目指すならしっかりと覚えておきましょう。

食品衛生法の目的

食品衛生法[豆知識1]は次のような目的のもと制定されました。

食品の安全性の確保のために公衆衛生の見地から必要な規制その他の措置を講ずることにより、飲食に起因する衛生上の危害の発生を防止し、もつて国民の健康の保護を図ることを目的とする。（第1条より）

1947（昭和22）年、内閣府令により制定され、2018（平成30）年に改正されました。

取り扱いの原則と禁止事項

食品衛生法では、販売用の食品または添加物の**採取**、**製造**、**加工**、**使用**、**調理**、**貯蔵**、**運搬**、**陳列**および**授受**は、「清潔で衛生的に行われなければならない」[豆知識2]と規定されています。また、以下のような食品、添加物の販売は禁止されています。

✔ **販売などが禁止される食品および添加物**

- **腐敗・変敗**したもの、または**未熟**なもの（飲食に適すると認められているものは除く）。
- **有毒**あるいは**有害**な物質が含まれていたり、付着していたりするもの、またはその疑いがあるもの。
- **病原微生物**により汚染されているもの、またはその疑いがあり、人の健康を損なうおそれがあるもの。

豆知識1
食品衛生法の改正
①広域的な食中毒事案への対策強化　②HACCP（ハサップ）に沿った衛生管理の制度化　③特別の注意を必要とする成分等を含む食品による健康被害情報の収集　④国際整合的な食品用器具・容器包装の衛生規制の整備　⑤営業許可制度の見直し、営業届出制度の創設　⑥食品リコール情報の報告制度の創設など。

MEMO
HACCP
➡178～181ページ

豆知識2
清潔で衛生的とは
食品衛生法では、営業上使用する器具、容器包装についても、「清潔で衛生的でなければならない」としている。

- 不潔、異物の混入または添加などの事由により、**人の健康**を損なうおそれがあるもの。
- 健康を損なうおそれがないという確証が得られない新開発商品。
- 厚生労働大臣の定める規格や基準に合わない食品や添加物。
- 特定の**疾病**にかかっている、またはその疑いのある家畜や食鳥の肉、その疾病により病死した家畜・食鳥の肉。

豆知識3

食品添加物の制限等

厚生労働大臣は、販売用の食品もしくは添加物の製造、加工、使用、調理、保存の方法について**基準**を定めたり、販売用の食品もしくは添加物の成分について**規格**を定めたりすることができます。

また、基準または規格が定められた添加物と、食品表示法により基準が定められた添加物については、**食品添加物公定書**に基準と規格が収載されています。

食品衛生の監視・指導・責任者について

食品衛生の監視や指導に関わる職務には、次のようなものがあります。

食品衛生法は、国、都道府県、保健所を設置する市および特別区の責務を明確化しています。あわせて、食品事業者の責務も明確にしており、「自らの責任において安全性を確保するため、知識および技術の習得、安全性の確保、自主検査の実施など、必要な措置を講ずるよう努めなければならない」としています

Check!

豆知識3

食品添加物の制限とは

1日の摂取許容量。Acceptable Daily Intakeの頭文字を取って、ADIとも。

➡157ページ

MEMO

食品衛生法のそのほかのポイント

●表示および広告

食品、添加物、器具または容器包装に関しては、公衆衛生に危害をおよぼすおそれがあるような虚偽や、誇大な表示または広告をしてはならない。

●検査

規格が定められた食品や添加物、器具、容器包装は、厚生労働大臣もしくは都道府県知事や登録検査機関の行う検査を受け、検査に合格したことを表示する必要がある。

✓食品衛生監視員

輸入食品の監視、試験検査、検疫・衛生、地方厚生局業務などを行う公務員です。厚生労働大臣、内閣総理大臣または都道府県知事等は、食品衛生に関する指導の職務を行わせるために**食品衛生監視員**を命じ、**食品衛生監視指導計画**に基づいて監視指導を行わなければなりません。

✓食品衛生管理者

食品や添加物を製造・加工する施設において、食品の**衛生**を管理する国家資格です。乳製品、食肉製品、マーガリン、添加物などの製造または加工を行う施設は、その製造または加工を衛生的に管理させるため、施設ごとに専任の**職員衛生管理者**を置かなければなりません。

✓食品衛生責任者

営業施設で**衛生管理**や**衛生教育**、従事者の**健康管理**などを行います。飲食店営業、菓子製造業、食肉販売業や魚介類販売業などの営業者は、都道府県の条例により、施設ごとに食品衛生責任者を選任することが義務づけられています。

✓食品衛生推進委員

食品衛生に関する内容について営業者からの相談に応じたり、営業者に対する助言などを行ったりします。都道府県等は、食品衛生の向上に関する自主的な活動を促進するため、食品衛生推進員を委嘱(いしょく)することができます。

営業の許可・取り消し・禁止などについて

　食品関係の営業をするには、厚生労働省の定めるところにより、**都道府県知事**の許可を受けなければなりません。なお、営業許可が必要な業種は、飲食店営業、菓子製造業、惣菜製造業など[豆知識4]**32業種**です。

●検査命令

都道府県知事は、食品衛生上の危害の発生を防止するために必要だと認める場合、食品、添加物、器具または容器包装について、検査を受けるよう命令することができる。

●臨検検査・収去

厚生労働大臣、内閣総理大臣または都道府県知事等は、必要があると認めるときは、次の措置を取ることができる。

①営業者その他の関係者から必要な報告を求める。

②営業の場所、事務所、倉庫その他の場所に臨検(立ち入り検査)する。

③営業上使用する食品、添加物、器具もしくは容器包装を試験用に無償で収去する。

食品衛生管理者と食品衛生責任者は仕事がまったく違います。名前が似ているので混同してしまいます。間違えないように覚えましょう。「食品衛生管理者＝大規模なハム工場の工場長」「食品衛生責任者＝飲食店の店主や料理長など」と覚えておけば、間違えにくいです

Check！

営業者が食品衛生法や規格・基準などに反した場合、内閣総理大臣または厚生労働大臣、都道府県知事は、食品などの廃棄や施設の改善を命令することができます。

また、違反が著しい場合や食中毒が発生した場合は、営業の全部もしくは一部を禁止したり、期間を定めて停止したりすることができます。

食中毒が発生してしまったら

食中毒が発生した場合は、次のように対応するよう定められています。

食品毒届出の流れ

医師	食中毒患者等を診断し、またはその死体を検案した医師は、ただちに（24時間以内に）最寄りの保健所長に届け出る
↓	
保健所長	医師からの届出を受けたときや、食中毒患者等が発生していると認められるときは、保健所長はすみやかに都道府県知事等に報告するとともに、調査を行う
↓	
都道府県知事等	保健所長より報告を受けた場合や、食中毒患者等が厚生労働省令で定める数以上発生した（または発生するおそれがある）と認めるとき、そのほか厚生労働省令で定めるときは、都道府県知事等は直ちに厚生労働大臣に報告する

豆知識4

都道府県知事の営業許可が必要な32業種

①飲食店営業　②調理の機能を有する自動販売機　③食肉販売業　④魚介類販売業　⑤魚介類競り売り営業　⑥集乳業　⑦乳処理業　⑧特別牛乳さく取処理業　⑨食肉処理業　⑩食品の放射線照射業　⑪菓子製造業　⑫アイスクリーム類製造業　⑬乳製品製造業　⑭清涼飲料水製造業　⑮食肉製品製造業　⑯水産製品製造業　⑰氷雪製造業　⑱液卵製造業　⑲食用油脂製造業　⑳みそまたはしょうゆ製造業　㉑酒類製造業　㉒豆腐製造業　㉓納豆製造業　㉔麺類製造業　㉕惣菜製造業　㉖複合型惣菜製造業　㉗冷凍食品製造業　㉘複合型冷凍食品製造業　㉙漬物製造業　㉚密封包装食品製造業　㉛食品の小分け業　㉜添加物製造業

「医師」が連絡する先は「保健所長」一択です。ちなみに「医師」が連絡する期間の「ただちに」は、24時間です。24時間は「ただちに」ではないように感じるかもしれませんので、気をつけましょう

Check！

Chapter 4-3

食品安全基本法

重要度 ★☆☆☆

食品衛生法と並ぶ、食品に関する法律が食品安全基本法です。同法には、関係者の責務および役割のほか、食品安全委員会の設置についても盛り込まれています。内容をしっかり押さえておきましょう。

食品安全基本法とは

食品安全基本法[用語1]は、食品の安全性の確保に関して基本理念を定め、関係者の責務・役割を明らかにするとともに、施策の策定に関する基本的な方針を定めることにより、食品の安全性の確保に関する施策を総合的に推進することを目的に、2003（平成15）年、**内閣府**により制定されました。3つの基本理念は以下のとおりです。

①国民の健康の保護が最重要であるという基本的認識のもとに、食品の安全性の確保のための措置を実施する。
②食品供給行程の各段階において、安全性確保のための適切な措置を行う。
③国際的動向および国民の意見に十分配慮しつつ、**科学的知見**[用語2]に基づき、安全性確保のための必要な措置を実施する。

関係者の責務・役割

食品安全基本法は、国、地方公共団体、**食品関連事業者**[用語3]、消費者の**責務**と**役割**について、次のように定めています。

✔国の責務

基本理念にのっとり、食品の安全性の確保に関する施策を総合的に策定・実施する。

用語1
食品安全基本法
遺伝子組換え食品の登場など、食生活を取り巻く環境が大きく変化したことや、BSE（牛海綿状脳症）発生などの事態を受け、2003（平成15）年に施行された。

用語2
科学的知見
学術研究の結果で検証されたデータのこと。エビデンス。

用語3
食品関連事業者
食品安全基本法では、次のように定義されている。肥料、農薬、飼料、飼料添加物、動物用の医薬品その他食品の安全性に影響をおよぼすおそれがある農林漁業の生産資材、食品（その原料または材料として使用される農林水産物を含む）、もしくは添加物、器具、容器包装の生産、輸入または販売そのほかの事業活動を行う事業者。

✓地方公共団体の責務

国との適切な役割分担のもと、その区域の自然的・経済的・社会的諸条件に応じた施策を策定・実施する。

✓食品関連事業者の責務

- 自らが食品の安全性の確保について第一義的な責任を有していることを認識し、食品供給行程の各段階において食品の安全性確保のために必要な措置を適切に講ずる。
- 正確かつ適切な情報の提供に努める。
- 国または地方公共団体が実施する食品の安全性の確保に関する施策に協力する。

✓消費者の役割

食品の安全性の確保に関する知識と理解を深めるとともに、食品の安全性の確保に関する施策について意見を表明するように努めることで、食品の安全性の確保に積極的な役割を果たす。

食品の安全を守る仕組み（リスクアナリシス 用語4）

リスクコミュニケーション

リスク評価やリスク管理を行う際、そのすべての過程においてリスク評価者、リスク管理者のみならず、消費者、事業者、研究者、その他の関係者の間で、相互に情報の共有や意見の交換を行うこと

食品安全委員会（用語5）

リスク評価

食べても安全かどうか評価する

⟷ 機能的に分担する
相互に情報を発信

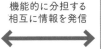

厚生労働省
農林水産省
環境省 等

リスク管理

安全管理のためルールを決めたうえで監視する

消費者庁

関係府省庁および地方公共団体等との連絡調整、企画・運営など

用語4

リスクアナリシス

問題発生を未然に防止したり、悪影響の起きる可能性を低減したりして、リスクを減らすあるいは撲滅するための枠組み。

用語5

食品安全委員会

国民の健康の保護がもっとも重要であるという基本的認識のもと、関係行政機関から独立して、科学的知見に基づき客観的かつ中立公正にリスク評価を行う機関。食品健康影響評価の実施、食品健康影響評価の結果に基づいた関係大臣への勧告、施策の実施状況の監視などを行う。7名の委員から構成され、その下に16の専門調査会がある。2003（平成15）年に内閣府により設置された。

食品安全基本法にはこのほか、食品健康影響評価の実施や、食品健康影響評価の結果に基づいた施策の策定、情報および意見の交換の促進、緊急の事態への対処などに関する体制の整備や、関係行政機関の相互の密接な連携、試験研究の体制の整備などといった内容が盛り込まれています

Check！

Chapter 4-4

食品にまつわる法律と基準

重要度 ★☆☆☆

ここでは、食品衛生法、食品安全基本法以外の、食品にまつわる法律について説明します。どれも調理師の業務に深く関係する法律です。それぞれの概要を理解しておきましょう。

製造物責任法(PL法)

1995(平成7)年に施行された、**欠陥製品**によって被害を受けた人を保護する法律です。消費者が品質の悪い製品を購入し、その製品の欠陥が原因で生命、身体または財産に損害を被った場合、製造業者に**過失**[用語1]がなくても、**製造物責任法**にのっとり、損害賠償を求めることができます。この際、製造業者は、過失の有無に関わらず、製品によって生じた損害を賠償する責任があります。

飲食店が提供する料理は、**製造物**として製造物責任法の対象となります。一方、米、野菜、果実、魚介類、肉などの**加工していない商品**は対象にはなりません。

と畜場法[用語2]

と畜場法は、1953(昭和28)年に施行された、国民の健康の保護を目的に、**畜場**の経営および、食用に供するために行う**獣畜の処理**が適正に行われるよう必要な規制や措置を講じた法律です。

用語1
過失
不注意などによる失敗のこと。

用語2
と畜場
食用に供する目的で獣畜をと殺、解体するために設置された施設。都道府県知事らの許可を受けなければ設置できない。

食鳥の処理に関しては、「食鳥処理の事業の規制および食鳥検査に関する法律」があります

Check!

用語3
景品表示法
正式名称は「不当景品類および不当表示防止法」。不当表示には大きく分けて、優良誤認表示、有利誤認表示、そのほかの3種類がある。
●優良誤認表示
商品やサービスの品質、規格などの内容について、実際のものや競争事業者のものより著しく優良で

景品表示法[用語3]

消費者がよい商品・サービスを安心して選べる環境を守ることを目的に、1962（昭和37）年に施行された法律です。同法では、**商品・サービスの品質、内容、価格**などを偽って表示することを厳しく規制するとともに、過大な景品類の提供を禁止しています。

ホテルや百貨店、レストランなどが提供するメニューや料理などの表示はすべて同法の対象となり、たとえば、メニューに記載された食材が実際に使っている食材より著しく優良な場合は、同法の「**優良誤認表示**」にあたり、景品表示法に違反する行為を行ったとして**措置命令**などの措置がとられます。

食品表示法

食品衛生法、JAS法、健康増進法を一元化し、2015（平成27）年に施行された法律です。食品を摂取する際の安全性および消費者の自主的かつ合理的な食品選択の機会を確保することを目的としています。

食品関連事業者等が食品を販売する場合、食品表示法に基づいて定められた「**食品表示基準**[用語4]」にしたがった表示をしなければなりません。

放射性物質の基準値

福島第一原子力発電所の事故後に、厚生労働省により食品中の放射性物質の基準値が設定されました。2012（平成24）年以降は以下の値に設定されています。

●飲料水：10ベクレル／kg　●牛乳：50ベクレル／kg　●乳児用食品：50ベクレル／kg　●一般食品：100ベクレル／kg

あると消費者に誤認される表示。

●有利誤認表示
商品やサービスの価格などについて、実際のものや競争事業者のものより著しく有利であると消費者に誤認される表示。

●そのほか
優良誤認表示、有利誤認表示以外で、商品またはサービスなどについて消費者に誤認されるおそれがある表示。

用語4
食品表示基準
たとえば消費者向けの加工食品の場合、下記の9項目を表示しなくてはならない。
①名称　②保存の方法　③消費期限または賞味期限　④原材料名　⑤添加物　⑥内容量または固形量または内容総量　⑦栄養成分の量および熱量　⑧食品関連事業者の氏名または名称および住所　⑨製造所、または加工所の所在地および製造者、または加工者の氏名または名称等

食品表示基準については100〜101ページもあわせてチェックしましょう
Check！

Chapter 4-5

食品添加物

重要度 ★★★☆

すべての食品添加物は食品衛生法によって規制されており、規格にかなったものを、使用基準にしたがって用い、必要な事項を表示しなければなりません。その概要について学習しましょう。

食品添加物とは

食品添加物[用語1]とは、食品の**製造**や**加工**、**保存**の目的で食品に添加・混和される**調味料**、**着色料**、**保存料**などをいいます。厚生労働省は、食品添加物の安全性について**食品安全委員会**による評価をふまえ、健康を損なうおそれがないと判断できた場合に限り、成分の**規格**や**使用基準**を定めたうえで使用を認めています。

食品添加物の分類

食品添加物は、**安全性**と**有効性**を確認して厚生労働大臣が指定した「**指定添加物**」、長年使用されてきて例外的に使用が認められている「**既存添加物**」、植物や動物から得られ、着香の目的で使用される「**天然香料**」、通常は食品として用いられながら食品添加物としても使用される「**一般飲食物添加物**」の4つに分類されます。

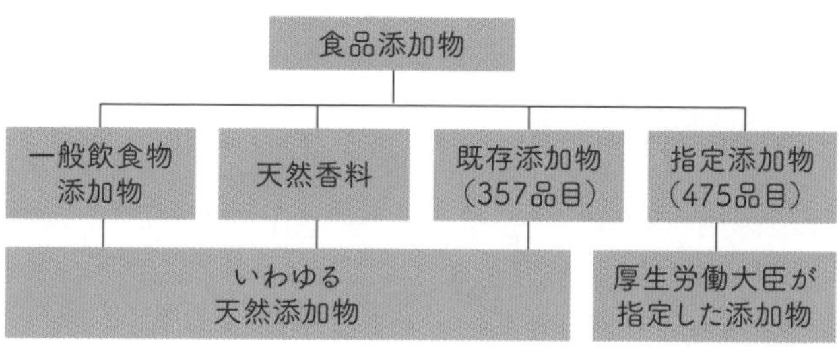

（令和5年7月26日現在）

用語1
食品添加物
食品衛生法では次のように定義されている。
「食品の製造の過程においてまたは食品の加工若しくは保存の目的で、食品に添加、混和、浸潤その他の方法によって使用する物をいう」（食品衛生法　第4条）

食品添加物の使用目的

食品添加物には、「食品の風味や外観をよくする」「保存性をよくし、食品の腐敗・変敗や食中毒を防ぐ」「製造・加工に必要なもの」「品質を向上させる」「栄養価を維持・補強する」という使用目的があり、次のような種類があります。

食品添加物のおもな種類と用途

種類	用途	食品添加物例
甘味料	食品に甘味を与える	キシリトール、アスパルテーム、アセスルファムカリウム、サッカリン、グリチルリチン酸ニナトリウム、サッカリンナトリウム、スクラロース、ソルビトール、ステビアエキス
着色料	食品に色をつける	三二酸化鉄、カラメル、タール色素製剤、銅クロロフィリンナトリウム
保存料	カビや細菌などの発育を抑え、食品の保存性を高める。ただし、殺菌力は非常に弱い	ソルビン酸カリウム、安息香酸、デヒドロ酢酸ナトリウム
酸化防止剤	油脂などの酸化を防ぐ	エリソルビン酸、グアヤク脂、カテキン
発色剤	ハム・ソーセージなどの色調・風味を改善する	亜硝酸ナトリウム、硝酸カリウム、硫酸第一鉄
漂白剤	食品を漂白し、色調を白くする。保存料や酸化防止剤、殺菌料として使われるものもある	亜塩素酸ナトリウム、亜硫酸ナトリウム、次亜硫酸ナトリウム
防カビ剤（防ばい剤）	カビの発生を防ぐ。かんきつ類とバナナのみに使用が認められている	オルトフェニルフェノール、ジフェニル、イマザリル
調味料	食品にうま味などを与える	L-グルタミン酸ナトリウム、5'-イノシン酸ニナトリウム
乳化剤	水と油を均一に混ぜ合わせる	グリセリン脂肪酸エステル、レシチン、ステアロイル乳化カルシウム

MEMO

食品添加物の目的

- 食品の風味や外観をよくする…調味料、甘味料、酸味料、着色料、発色剤、漂白剤など。
- 食品の腐敗・変敗や食中毒を防ぎ、保存性をよくする…殺菌料、保存料、防カビ剤、酸化防止剤など。
- 製造・加工に必要…凝固剤、乳化剤、膨張剤など。
- 品質を向上させる…安定剤、増粘剤、品質保持剤、糊料など。
- 栄養価を維持・補強する…ビタミン剤、アミノ酸、無機質など。

食品添加物でもっとも試験で問われやすいのは「甘味料」です。種類は多いですが、その名前が出たら「甘味料である」と見抜けるようにしておきましょう

Check！

MEMO

ポジティブリスト

使用してもよい食品添加物のリスト。ここに記載されていない添加物を含む食品は輸入禁止。

豆腐用凝固剤	豆腐を固める	塩化マグネシウム、グルコノデルタラクトン、塩化カルシウム
栄養強化剤	食品の栄養素を強化する	ビタミンC、乳酸カルシウム
着香料	食品に香りをつける	バニリン、酢酸エチル、エステル類

食品添加物の安全性

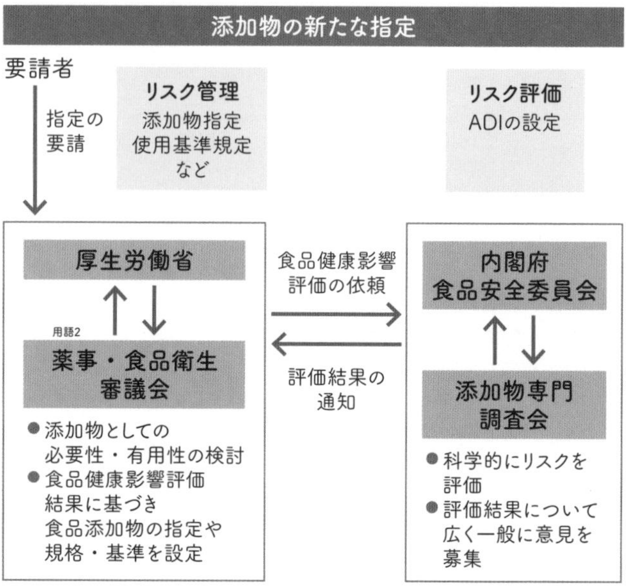

用語2
薬事・食品衛生審議会
厚生労働省に設置されている審議会の1つ。

MEMO
加工助剤とキャリーオーバーについて
加工助剤は、最終的に食品は残存していない食品添加物のこと。キャリーオーバーは、少量すぎて効果が発揮されない食品添加物のこと。加工助剤とキャリーオーバー、および栄養強化の目的で使用する食品添加物については表示しなくてもよいことになっている。

加工助剤やキャリーオーバー、栄養強化目的の添加物であっても、その添加物に由来する特定原材料についてのアレルゲン表示は必要です

Check!

用語3
1日摂取許容量（ADI）
ヒトが毎日一生涯摂取し続けても、健康への悪影響がないと推定される1日あたりの摂取量。

ADIは「1日」の摂取許容量。一生や1年、1か月ではありません

Check!

食品添加物は、リスク評価機関である**食品安全委員会**が安全性評価を行っています（**食品健康影響評価**）。健康への悪影響がないとされる「**1日摂取許容量**」[用語3]（**ADI**）は、科学的なデータに基づき、食品添加物ごとに設定されます。この結果を受けて厚生労働省は、**薬事・食品衛生審議会**において**規格基準案**を審議・評価し、**1日摂取許容量**を超えないよう、食品添加物ごとの使用量や使用ごとの基準を設定します。

食品添加物の安全性を保つための仕組み

使用基準は、食品添加物をどのような食品に、どれくらいの量まで加えてよいかを示したものです。食品添加物によって次のような基準があります。

✓基準

①使用できる食品の種類　②使用量等の最大限度　③使用目的　④使用方法　⑤食品中の残存量　⑥表示方法

また厚生労働省は、品質の安定した食品添加物が流通するよう**成分規格**[用語4]も設定しています。

食品添加物の表示

食品に添加物を使用した場合は、**食品衛生法**により表示することが定められています。添加物は原則として、使用したすべての添加物が「**物質名**」で表示されますが、一部、**簡略名**[用語5]や**類別名**[用語6]等の一般に広く使用されている名称で表示することも可能です。

表示例

物質名	簡略名または類別名
L-アスコルビン酸ナトリウム	ビタミンC、V.C
炭酸水素ナトリウム	重曹
亜硫酸ナトリウム	亜硫酸塩、亜硫酸Na

MEMO

食品添加物表示の３つの例外

1.甘味料、着色料、保存料、増粘剤、安定剤、ゲル化剤または糊料、酸化防止剤、発色剤、漂白剤、防カビ剤は、物質名だけでなく用途名の併記が必要

2.イーストフード、ガムベース、かんすい、酵素、光沢剤、香料、酸味料、軟化剤、調味料、豆腐用凝固剤、苦味料、乳化剤、水素イオン濃度調整剤（pH調整剤）、膨張剤は一括名として表記が認められている

3.加工剤やキャリーオーバー、栄養強化が目的の添加物は表示しなくてもよい

用語4

成分規格

純度や成分について遵守すべき項目。

用語5

簡略名

一般的に広く知られている名称。

用語6

類別名

物質の化学構造等から類別した名称。

Chapter 4-6

微生物による食中毒

重要度 ★★★★

飲食を通じて体内に入った微生物や毒素、化学物質などが原因で起こる健康障害が食中毒です。食中毒にはさまざまな種類がありますが、まずは、微生物である細菌とウイルスによって生じる食中毒を取り上げます。

食中毒とは

食中毒とは、食中毒を起こすもととなる**病原細菌**[用語1]や**ウイルス**、あるいは、病原細菌が発生した**毒素**[用語2]、有毒な**化学物質**に汚染された食べ物を飲食することによって、下痢や腹痛、発熱、嘔吐などの症状や神経障害などが出る病気です。なかには死に至るケースもあります。

食中毒の分類

食中毒は次のように分類されます。

<table>
<tr><th colspan="4">分類</th><th>原因</th></tr>
<tr><td rowspan="4">微生物</td><td rowspan="3">細菌性</td><td rowspan="2">感染型</td><td>感染侵入型</td><td>サルモネラ属菌、カンピロバクター・ジェジュニ／コリ、リステリア　など</td></tr>
<tr><td>感染毒素型</td><td>腸炎ビブリオ、ウェルシュ菌、腸管出血性大腸菌、腸管毒素原性大腸菌、セレウス菌（下痢型）　など</td></tr>
<tr><td>毒素型（食品内毒素型）</td><td colspan="2">黄色ブドウ球菌、ボツリヌス菌、セレウス菌（嘔吐型）　など</td></tr>
<tr><td>ウイルス性</td><td colspan="3">ノロウイルス、A型肝炎ウイルス、B型肝炎ウイルス　など</td></tr>
<tr><td>寄生虫</td><td colspan="4">アニサキス　など</td></tr>
<tr><td>化学性</td><td colspan="4">水銀、ヒ素、銅、鉛、食品添加物、ヒスタミン　など</td></tr>
<tr><td rowspan="2">自然毒</td><td>植物性</td><td colspan="3">毒きのこ、有害植物　など</td></tr>
<tr><td>動物性</td><td colspan="3">ふぐ、貝毒　など</td></tr>
</table>

用語1

病原細菌

病気の原因となる細菌をいう。

用語2

毒素

生物によって生じる毒性の物質。

MEMO

細菌とウイルスの違い

細菌とウイルスには次のような違いがある。

● 細菌

目で見ることはできない小さな生物で、大きさは0.5〜4μm。1つの細胞しかないので単細胞生物とも呼ばれ、分裂しながら増殖する。納豆菌など、ヒトの生活に有用な細菌もある。抗菌薬（抗生剤、抗生物質）が効く。

● ウイルス

一般的に細菌より小さい。細胞をもたないため、ほかの細胞に入り込んで増殖する。抗菌薬（抗生剤、抗生物質）は効かない。

食中毒の発生状況

厚生労働省は**食中毒統計資料**として、**食中毒発生状況**を毎年発表しています。2022（令和4）年に発生した食中毒事件は962件、患者数は6,856人でした。

✓**月別発生状況**

2022年の1年間で食中毒の事件数がもっとも多い月は6月（128件）で、次いで10月（120件）、7月（95件）となっています。

✓**病因物質別発生状況**（豆知識1）

2022年に発生した食中毒事件において、病因物質が判明した食中毒事件数は99.0％でした。事件数でみると、もっとも多かったのが寄生虫によるもので、事件数の60.5％を占めています。次は細菌で27.0％、ウイルスは6.6％でした。患者数でみると、細菌が52.4％、ウイルスが32.2％、寄生虫が約9.9％でした。

✓**施設別発生状況**

2022年の食中毒の事件数において、食中毒の発生がもっとも多かった施設は順に、飲食店、家庭、販売店でした。患者数でみると、飲食店、仕出屋、老人ホームとなっています。

合格への近道

食品衛生学は試験全体の25％を占めており、最も学習に時間を割くべき科目であるといえます。また、給食工場などで働いている方でない限り、慣れない言葉や細菌・ウイルスの名前、統計上の数字など、覚えておかないと答えられないものが多数出題されます。逆にいえば、勉強したらした分だけ点数が稼げる科目でもありますので、何度も問題集を解き、確実に解けるようにしておくことが大切です。

MEMO

食中毒の原因食品別発生状況

2022（令和4）年の食中毒発生状況によると、原因となる食品がわかった食中毒のうち、もっとも件数が多いのは順に、魚介類、複合調理食品、野菜およびその加工品、肉類、魚介類加工品となっている。

MEMO

複合調理食品

コロッケや餃子など、複数の原料を使いつつどちらが主でもなく調理または加工されている食品。食中毒等の発生において、どの原料が原因食品であるかはっきりしない場合に使われる。

豆知識1

病因物質別発生状況

2022年は、細菌による食中毒はカンピロバクター・ジェジュニ／コリによる食中毒が、ウイルスによる食中毒はノロウイルスによる食中毒が、寄生虫による食中毒はアニサキスによる食中毒がもっとも多いという結果になっている。

用語3
感染侵入型
細菌そのものが原因となる食中毒のこと。

MEMO
感染毒素型と毒素型
細菌が産生する「毒素」が原因。毒素が体内で産生されて起きる食中毒は「感染毒素型」、食品中で産生された毒素を体内に摂取することで起きた食中毒は「毒素型」となる。

細菌による食中毒を「感染型」、毒素によるものを「毒素型」に分け、感染毒素型を「生体内毒素型」、「毒素型」を「食品内毒素型」と呼ぶケースもあります

Check！

感染侵入型菌、感染毒素型菌、毒素型菌については、うろ覚えではなく正確に仕分けができる必要があります。また、それぞれのタイプの特徴についても正しく認識をしていくことが大切です

Check！

細菌性食中毒

病原細菌に汚染された食品を飲食したことが原因で発症する食中毒を**細菌性食中毒**といいます。細菌性食中毒は、**気温**、**湿度**ともに高くなる細菌が育ちやすい時期に起こりやすくなります。なお、細菌が付着していても、食品の色や香り、味などには変化がないことが多いため、気づきにくいので、注意が必要です。

予防には次の3つを徹底することが大切です。

細菌性食中毒予防の3つのポイント

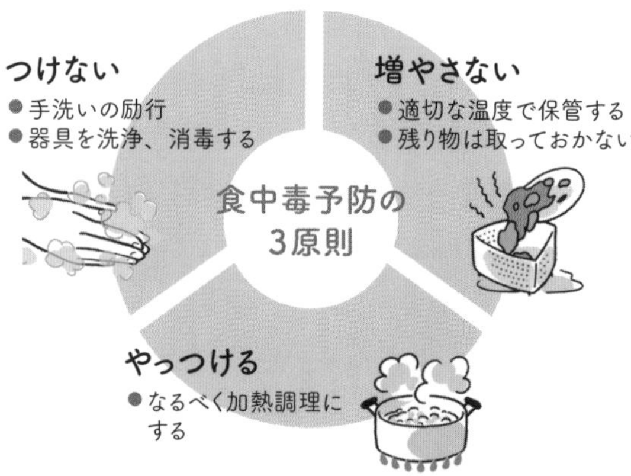

つけない
●手洗いの励行
●器具を洗浄、消毒する
増やさない
●適切な温度で保管する
●残り物は取っておかない
食中毒予防の
3原則
やっつける
●なるべく加熱調理にする

なお、細菌性食中毒はその発症の仕方により**感染型**と**毒素型**に分けられ、感染型はさらに、[用語3]**感染侵入型**と**感染毒素型**に分けられます。

感染侵入型（細菌性食中毒）

感染侵入型は、食品に付着した原因細菌が生きたまま体内に入り、**腸管**内で増殖して発症する食中毒です。次のような種類があります。

✓サルモネラ属菌食中毒

サルモネラ属菌は、**グラム陰性**[用語4]の**通性嫌気性菌**[用語5]です。自然界のあらゆるところに生息し、**家畜（豚、鶏、牛）**やペット、鳥類、爬虫類、両生類が保菌しています。このサルモネラ属菌がヒトの体内に入って増殖すると、**サルモネラ属菌食中毒**を引き起こします。

✓カンピロバクター・ジェジュニ／コリ食中毒

カンピロバクター・ジェジュニ／コリは、鶏や牛などの腸管内にいる細菌です。**微好気**[用語6]的条件下でのみ発育し、**芽胞**[用語7]は形成しません。4℃以下の低温でも長く生存し、少量の菌数でも発病します。日本では事件数の多い食中毒となっており、2022（令和4）年の食中毒統計によると、細菌性食中毒でもっとも事件数が多いのが、カンピロバクター・ジェジュニ／コリ食中毒でした。

✓病原性大腸菌食中毒（下痢原性大腸菌）

大腸菌は家畜や人の腸内にも存在する細菌で、その多くに**病原性**はありません。しかし、病原性を示すものもあり、これらを総称して**病原性大腸菌**、または**下痢原性大腸菌**といいます。現在は**腸管侵入性大腸菌、腸管病原性大腸菌、腸管毒素原性大腸菌、腸管集合性大腸菌、腸管出血性大腸菌（O157）**の5種類が知られており、**感染侵入型**と**感染毒素型**があります。

食中毒の原因食品・症状・対策

種類	原因食品	症状	対策
サルモネラ属菌食中毒	十分に加熱していない卵・肉・魚など。ゴキブリ、ハエ、家畜からの汚染が原因となることもある	食後6～48時間で嘔吐、腹痛、下痢、発熱、頭痛などの症状が出る。ほかの食中毒に比べて経過が長い	乾燥に強く熱に弱いので十分に加熱する

用語4
グラム陰性
グラム染色法により、紫色に染まる細菌をグラム陽性（菌）、染まらないものをグラム陰性（菌）という。

グラム陰性菌とは、芽胞をつくらない、「熱に弱い菌」です。逆にグラム陽性菌とは、芽胞をつくる、「熱に強い菌」です。以降、グラム陰性、陽性と出てきた場合、熱に強いのか、弱いのかを確認しながら読み進めるのがよいでしょう

Check！

用語5
通性嫌気性
酸素の有無に関わらず増殖する細菌をいう。

用語6
微好気
酸素が少量の状態。

用語7
芽胞
一部の細菌が、生育環境が悪化した際に形成する細胞。きわめて耐久性が高く、100℃以上の熱にも耐えるものもある。

カンピロバクター・ジェジュニ／コリ食中毒	十分に加熱されていない肉（とくに鶏肉）のほか、サラダ、生水など	潜伏期間[用語8]は2～5日。下痢、腹痛、発熱。まれに関節炎、髄膜炎	鶏肉をはじめとする食肉の生食は避け、十分に加熱する。2次汚染[用語9]にも注意
病原性[豆知識2]大腸菌食中毒（下痢原性大腸菌）	食品や水道水など	腹痛、下痢、発熱、嘔吐	生野菜などはよく洗い、食肉は中心部まで十分に加熱（中心温度が75℃で1分間以上）する。調理従事者、調理器具の清潔を徹底する。なお、低温には強いため、家庭の冷蔵庫では菌が生き残ることもあるとされている

感染毒素型（細菌性食中毒）

食品に付着した**原因細菌**が体内に入り、**腸管**内で増殖したり、**芽胞**を形成したりするときに産生した**毒素**によって発症する食中毒です。

✓腸管出血性大腸菌（O157）[豆知識3]による食中毒

腸管出血性大腸菌は**病原性大腸菌**の1つで、代表的なのが**O157**です。O157は「**ベロ毒素**」（**VT**）という強力な毒素をつくり出す性質があり、この毒素が体内で産生されることにより、食中毒を引き起こします。O157は少量の菌（約100個）でも発症するとされ、感染症予防法で**3類感染症**に位置づけられています。

✓腸炎ビブリオ食中毒

腸炎ビブリオは**グラム陰性**の**通性嫌気性菌**で、一端に1本の**鞭毛**[用語10]があります。3％程度の塩分濃度の環境でよく増殖し、腸炎ビブリオに汚染された食品（ほとんどは**魚介類**）を摂取すると体内で毒素が産生され、これにより

用語8
潜伏期間
病原体に感染してから発症するまでの期間。

用語9
2次汚染
病原微生物が付着して汚染されている食品を調理する過程で、まな板や包丁などの調理器具や調理台が汚染され、その汚染された調理器具や調理台を使用して切った食材が、二次的に汚染されてしまうこと。

豆知識2
病原性とは
病気を起こす性質や能力。

MEMO
大腸菌の分類
腸管侵入性大腸菌と腸管病原性大腸菌は感染侵入型、それ以外は感染毒素型に分類される。

豆知識3
腸管出血性大腸菌の種類
O157のほかに「O26」や「O111」等がある。

用語10
鞭毛
毛状の細胞で、おもに泳力を生み出す。

MEMO
細菌性食中毒
ほかに、エルシニア・エンテロコリチカ食中毒（感染侵入型）、リステリア菌食中毒などがある。

食中毒が起きます。

✔ウェルシュ菌食中毒

ウェルシュ菌は、ヒトの腸管内など自然界に広く分布する**偏性嫌気性**(用語11)の細菌です。食品に付着していたウェルシュ菌が腸管内で増殖すると、芽胞形成時に**エンテロトキシン**という毒素が産生されます。この毒素によって食中毒が起こります。

食中毒の原因食品・症状・対策

種類	原因食品	症状	対策
腸管出血性大腸菌（O157）	ひき肉、レバー、ユッケなどの生肉、十分に加熱されていない焼き肉やハンバーグなど	潜伏期間は3～5日。激しい腹痛、出血性大腸炎。幼少時や高齢者が感染すると腎臓障害を起こし、死亡することもある	食材の中心温度が75℃の状態で1分以上加熱
腸炎ビブリオ食中毒	魚介類（アジ、イカ、タコなどの近海産が多い）および加工品など	潜伏期間は10～24時間。激しい腹痛、下痢など。まれに死亡することもある	真水や熱に弱いので飲用に適した水（流水）でよく洗う、5℃以下の低温で保存する、中心まで十分に加熱するなど
ウェルシュ菌食中毒	肉、魚介類、野菜類およびこれらを用いた煮物、カレー、シチューのほか、めんつゆなど。大量調理食品や前日に調理された食品が多い	潜伏期間は8～20時間。腹痛、下痢	食中毒の原因となるウェルシュ菌芽胞は100℃で1～6時間加熱しても生残する耐熱性のものもあるので、普通の調理では死滅できない。一方、嫌気性で酸素が少ない状況を好むので、大量調理する場合は食品をかき混ぜて酸素を送り込むこと、急速に冷却すること、小分けに保存することなどが重要

MEMO

ウェルシュ菌芽胞

自然界に分布するウェルシュ菌芽胞は、100℃で数分加熱すると死滅する易熱性のものが多い。

近年の大規模食中毒発生には、ウェルシュ菌が原因であるものが多く、これに伴い、出題傾向も上がってきています。抜かりなく要点を押さえて学習するようにしましょう

Check！

用語11

偏性嫌気性

酸素がまったくないか、微量のときだけ増殖する。

毒素型食中毒（細菌性食中毒）

食品中で細菌が増殖し、そのときに産生された**毒素**を摂取することによって発症するタイプの食中毒です。感染型に比べて潜伏期間が短いのが特徴です。

✓ブドウ球菌食中毒

毒素型食中毒の代表です。ブドウ球菌には**黄色ブドウ球菌**[豆知識4]、**表皮ブドウ球菌**などがありますが、ブドウ球菌食中毒の原因となるのは黄色ブドウ球菌です。黄色ブドウ球菌はサルモネラ属菌などに比べるとはるかに多く存在し、健康な人の**鼻腔**、**咽頭**、**腸管**などにも生息しています。また、**手指の傷（化膿巣）**にも多量に存在しています。
黄色ブドウ球菌が食品に付着すると、増殖時に**エンテロトキシン**という毒素を産生し、これが食中毒の原因となります。

✓ボツリヌス菌食中毒

ボツリヌス菌[用語12]は芽胞を形成する**偏性嫌気性菌**で、土壌や河川などに広く存在しています。**低酸素状態**に置かれると発芽・増殖が起こり、毒素を産生します。この毒素によりボツリヌス食中毒が起こります。

✓セレウス菌食中毒（嘔吐型）

セレウス菌[用語5]は芽胞を形成する**通性嫌気性菌**で、土壌や河川、植物などに広く分布しています。セレウス菌食中毒

豆知識4
黄色ブドウ球菌の毒素
黄色ブドウ球菌は、エンテロトキシンという毒素をつくる。ほかの毒素同様、熱、酸、アルカリに強い。

ボツリヌス菌には7種類ありますが、ヒトが中毒症状を起こすのは、A型、B型、E型、F型の４種類。とくに日本ではE型が好発します
Check！

用語12
ボツリヌス菌
ボツリヌス菌が原因の病気には、乳児ボツリヌス症もある。➡131ページ

豆知識5
セレウス菌食中毒の例
嘔吐型はとくにチャーハン、ピラフなどの焼飯類が、次いで焼きそばやスパゲッティなどの麺類が原因食品となる事例が多い。欧米では下痢型の発生が多く、バニラソース、スープ類、プディング、ソーセージ、肉類、野菜などさまざまな食品が原因となっている。

は**嘔吐型**と**下痢型**に大別され、嘔吐型は**毒素型**、下痢型は**感染毒素型**で、日本で多いのは嘔吐型です。セレウス菌の毒素によって汚染された食品を摂取することで、食中毒が起こります。

食中毒の原因食品・症状・対策

種類	原因食品	症状	対策
ブドウ球菌食中毒	卵焼き、おにぎり、すし、サラダ、焼き魚、弁当、生菓子類など	潜伏期間は30分～6時間（平均3時間）。嘔吐、下痢、腹痛など。発熱はほとんどない	調理従事者の手指の傷に存在する黄色ブドウ球菌が原因のケースが多いと考えられるため、調理する際は調理用の使い捨て手袋や消毒済みトング、マスクなどを使用して予防する。また、手指に膿のでるできものや傷がある場合は、調理や食品の取り扱いはしない
ボツリヌス菌食中毒	酸素のない状態になっている食品（缶詰、びん詰め、保存食品、ソーセージなど）。日本では、からしれんこんや飯鮨（いずし）（なれずしの一種）が原因で発生した事例もある	めまい、頭痛、吐き気など。胃腸障害はあまりひどくなく、発熱もないが、致死率は高い。日本での致死率は20～60%、平均30%となっている	毒素は熱に弱く、80℃で20～30分加熱すると無毒になる。食前に十分に加熱調理する
セレウス菌食中毒（嘔吐型）	穀類およびその加工品、乾燥食品、香辛料、食肉製品、乳製品、弁当など	潜伏期間は1～5時間。悪心、嘔吐。ただし、まれに急性肝不全などで死亡する事例もある	一度に大量調理しない、調理後はすぐに食べる、米飯は2時間以上放置しない、65℃以上あるいは5℃以下で保存するなど

エンテロトキシン（黄色ブドウ球菌などから産生される毒素）とテトロドトキシン（フグの毒）を混同してしまう人がいます。同じ8文字の似たような名前ですが、まったく違うものです

Check！

用語13
二枚貝
軟体動物。左右に2枚の貝殻がついているため、この名がついた。2枚の貝は蝶番で接触し、靭帯で結ばれている。牡蠣のほか、あさりなどがある。

用語14
感受性動物
感受性（➡38ページ）がある動物のこと。

2022（令和4）年のノロウイルスによる食中毒の事件数は63件、患者数は2,175人でした。患者数がもっとも多い食中毒となっています
Check！

用語15
2次感染
2次感染には次の2つの意味があり、ここでは②の意味。
①同じ人が、ある感染症に続いて別の感染症にかかること　②感染症にかかった人から、ほかの人が感染すること。

用語16
ppm
parts per million（パーツ・パー・ミリオン／100万分の1）の略語で、液体の濃度を示す単位として使われる。

ウイルス性食中毒

ウイルス性食中毒とは、その名のとおり、ウイルスによって発症する食中毒の総称です。**病原性**を有するウイルスが蓄積している食品を飲食したり、感染者が触るなどして付着したウイルスを食品と一緒に摂取したりすることで起こります。

ウイルス性食中毒のおもな原因には**ノロウイルス**、**B型肝炎**などがあります。

ノロウイルスの感染経路

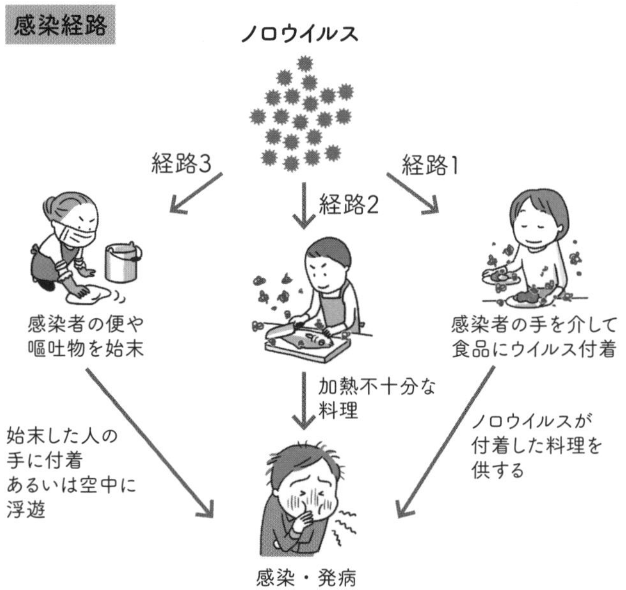

✔ノロウイルスによる食中毒

ノロウイルスは、**非細菌性急性胃腸炎**の原因となるウイルスです。ノロウイルスによる感染性胃腸炎や食中毒は1年を通して発生していますが、とくに11～3月にかけて**乳幼児**を中心に流行する傾向があります。ノロウイルスと聞くと、原因としてカキなどの**二枚貝**[用語13]を思い浮かべる人も多いかもしれません。しかし、ノロウイルスは貝

類や食品、河川水、海水中などでは増殖せず、ヒトの**小腸**のみで増殖します。また、ヒトが唯一の**感受性動物**[用語14]で、感染力は強く、10～100個程度で発症します。

✔ **ノロウイルスの特徴**

- 集団感染しやすい…１件発生すると感染が広がりやすく、多数の患者が出る
- 症状が消えてもウイルスの排出が続くことも…このケースにより、**２次感染**[用語15]につながることも少なくない
- ワクチン（即効薬）がない
- 不活性化させるための加熱時間と温度…90℃で90秒と、ほかの菌よりも長く、高温の処置が必要

✔ **E型肝炎ウイルスによる食中毒**

E型肝炎ウイルス（HEV）に感染すると食中毒になることがあります。

食中毒の原因食品・症状・対策

種類	原因食品	症状	対策
ノロウイルスによる食中毒	ノロウイルスに汚染された牡蠣やはまぐり、ほたて貝など。ただし、原因食品が特定できないケースも多い	潜伏期間はウイルスの量によるが24～48時間。吐き気、嘔吐、下痢、激しい腹痛、軽度の発熱、寒気、頭痛など	二枚貝は中心温度が85～90℃の状態で90秒以上加熱する。食品や調理器具、調理従事者などからの２次感染を防止することも重要。調理器具などは、塩素濃度約200ppm[用語16]の次亜塩素酸ナトリウム[用語17]などで消毒する。消毒用アルコール、逆性せっけん[用語18]による消毒効果は期待できない
E型肝炎ウイルスによる食中毒	加熱不十分なブタ、シカ、イノシシの肉やレバー、貝類、汚染された飲料水など	ほとんど症状ないが、一部の人は感染から平均6週間経過した頃に倦怠感や黄疸[用語19]、発熱などの症状が出る。まれに劇症化することも	生食を避け、中心温度が85～90℃の状態で90秒以上加熱

用語17

次亜塩素酸ナトリウム

殺菌や漂白に使われる塩素系の消毒剤の一種。

用語18

逆性せっけん

陽イオン性界面活性剤の１つ。せっけんと混ぜて使うと中和され、効果がなくなる。

用語19

黄疸

皮膚や白目が黄色くなる状態をいう。

MEMO

日本人おけるE型肝炎ウイルスの食中毒例

2003（平成15）年に兵庫県で発生した野生シカ肉の生食を原因とする食中毒事件により、特定の食品の摂食とE型肝炎発症との直接的な因果関係がはじめて確認された。また、北海道で市販されていた生豚レバーの一部からE型肝炎ウイルスの遺伝子が検出されており、十分に加熱されていない豚レバーからヒトへの感染の可能性も示唆されている。

ウイルスが原因の食中毒はほかに、A型肝炎（流行性肝炎）、急性灰白髄炎（ポリオ、小児麻痺）などがあります

Check！

Chapter 4-7

寄生虫による食中毒

重要度 ★★★☆

生の魚介類や肉類、野菜などには寄生虫がいることがあります。食べても健康に影響がないものもありますが、食中毒を起こすこともあります。多くの食材を扱う調理師は、しっかり覚えておかなくてはいけません。

寄生虫とは

寄生虫とは、肉や魚などのほかの生物の体内や体表に取りついて、そこから栄養を摂取して生活する生物のことです。ほかの生物に取りつくことを「**寄生**」といい、寄生される生物を「**宿主**」といいます。寄生虫が付着した飲食物を摂取することで、食中毒になることがあります。

寄生虫の感染経路はおもに、食品と一緒に寄生虫が体内に侵入する**経口感染**と、皮膚を通して侵入する**経皮感染**があります。

✓魚介類から感染する寄生虫

日本には魚介類を生食する習慣があり、そのため、魚介類から寄生虫に感染する機会が多くなっています。代表的なものに、**アニサキス**や**日本海裂頭条虫（サナダムシ）**などがあります。

✓対策

いずれも原因食品の「**生食**を避ける」「十分に**加熱**する」が基本的な対策です。アニサキスは60℃で1分間、日本海裂頭条虫（サナダムシ）は60℃で10分、**クドア・セプテンプンクタータ**は75℃で5分以上の加熱が目安です。

また、**冷凍保存**も有効です。アニサキスは－20℃で40時間以上、日本海裂頭条虫は－18℃で10～20時間、**顎口虫**は－20℃で3～5日、クドア・セプテンプンクタータは－20℃で4時間以上の冷凍保存が目安です。

衛生状態の向上により、寄生虫による食中毒のリスクは昔に比べると減ってはいますが、近年になって新たに報告された寄生虫による食中毒もあります

Check！

豆知識1

寄生虫の宿主

寄生虫は発育段階によって宿主を変えることがある。途中の宿主を中間宿主、最終的な宿主を終末宿主（終宿主）という。

➡38ページ

用語1

アニサキス

2022（令和4）年に発生した食中毒事件において、寄生虫による食中毒の原因としてもっとも多かったのがアニサキスだった。なお、酸に対して抵抗性があるため、酢などでしめてもアニサキスは死滅できない。

魚介類から感染するおもな寄生虫の種類

寄生虫	原因食品	寄生部位	症状
アニサキス	さば、あじ、いわし、さんま、めじまぐろ、いか	胃腸壁、小腸粘膜	悪心、嘔吐、激しい腹痛
旋尾線虫（スピルリナ）	ほたるいか	皮下	用語2 皮膚爬行症、腹部膨満感、腹痛
日本海裂頭条虫（サナダムシ）	さけ、ます（とくにさくらます）	小腸上部	下痢、腹部膨満感
肺吸虫（はいきゅうちゅう）	さわがに、もくずがに（まれにいのしし肉）	肺	血痰、喀血（吐血）
横川吸虫（よこがわきゅうちゅう）	あゆ、うぐい、しらうお	空腸上部	腹痛、下痢
肝吸虫（かんきゅうちゅう）	こい、ふな、たなご	胆管	下痢、黄疸
顎口虫	どじょう、らいぎょ、なまず	皮下	皮膚爬行症（まれに目や脳などに侵入）
クドア・セプテンプンクタータ	ひらめ	ヒトには寄生しない（ただし腸粘膜を傷つける）	下痢、嘔吐
サルコシスティス・フェアリー	馬肉	ヒトには規制しない	下痢、嘔吐、腹痛　など

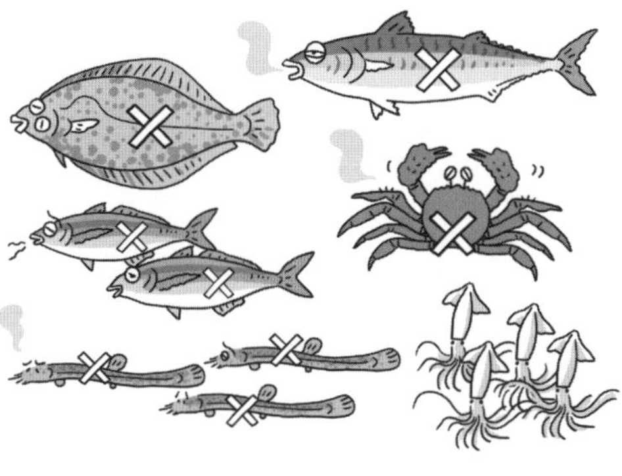

「アニサキス」は頻出事項。「寄生虫でアニサキスを押さえない」はあり得ません

Check！

用語2

皮膚爬行症

人間に感染した寄生虫が皮膚を移動することで起こる病気。かゆみや腫れが出る。

寄生虫と原因食品の組み合わせはしっかり覚えておきましょう。

Check！

MEMO

サルコシスティス・フェアリーの対策方法

原因食品となる馬肉を、－20℃で48時間以上冷凍する。

✔食肉類から感染するおもな寄生虫

食肉類から感染する寄生虫もあります。食用だけでなく、ペット（とくに**ネコ**）の糞尿を介して感染するケースもあり得ます。

✔対策

魚介類と同様に、「**生食**を避ける」「十分に**加熱**する」が
魚介類と同様に、「**生食**を避ける」「十分に**加熱**する」が
基本的な対策となります。また、**冷凍保存**が有効な寄生虫も少なくありません。ただし、**旋毛虫**は冷凍では死滅しません。また、**トキソプラズマ**は**ネコ**が感染源になることもあるため、ネコの**糞便**にも注意が必要です。

食肉類から感染するおもな寄生虫の種類

寄生虫	原因食品	寄生部位	症状
旋毛虫（トリヒナ）	豚肉、熊肉	小腸、筋肉	筋肉痛、発熱、悪寒、浮腫
トキソプラズマ	豚肉、羊肉、山羊肉、ネコの糞便	脳、目、リンパ節	頭痛、軽度の発熱、妊婦では流産や異常児（水頭症[用語3]）
有鉤条虫	豚肉、猪肉	小腸	腹部膨満感、悪心、下痢、便秘
無鉤条虫	牛肉	小腸	腹痛、悪心、食欲不振

MEMO

そのほかの寄生虫

●エキノコックス

原因食品：キタキツネなどの糞便で汚染された水や食品

寄生部位：肝臓、肺、リンパ節

症状：肝臓の腫大、腹痛など

対策：キタキツネには近づかない、感染する危険のある井戸水、沢水などは煮沸するなど

●クリプトスポリジウム

原因食品：家畜や患者の糞便で汚染された水や食品

寄生部位：小腸、胃、胆管

症状：下痢、激しい腹痛、嘔吐　など

対策：生水は飲まない、水は1分以上煮沸する　など

用語3

水頭症

脳室に髄液が過剰に溜まり脳を圧迫し、さまざまな症状を引き起こす疾患。

✓野菜類から感染するおもな寄生虫

野菜類から感染する寄生虫もあります。原因食品が野菜の場合、葉や茎などに寄生虫が卵を生みつけ、それをヒトが食べて感染するケースが少なくありません。

✓対策

野菜類に付着した寄生虫の食中毒対策としては、次の2点がポイントとなります。

● よく洗浄する

回虫などの寄生虫は野菜類の**表面**に付着しているだけなので、水道水や中性洗剤溶液で**振り洗い**すればほとんど取り除けます。

● 清浄野菜を用いる

生食できるようにし尿を用いず、**化学肥料**、**油かす**などで栽培された野菜を**清浄野菜**といい、寄生虫による食中毒のリスクを低減できます。

野菜類から感染するおもな寄生虫の種類

寄生虫	寄生部位	症状
回虫	小腸	腹痛、悪心、嘔吐、まれに腸閉塞[用語4]
蟯虫(ぎょうちゅう)	小腸、盲腸	肛門付近のかゆみ、
鉤虫(かいちゅう)（ズビニ鉤虫）	小腸	下痢、腹痛

合格への近道

食中毒の発生原因は、食品衛生学の分野でもっともよく問われるポイントであり、理解を深めておく必要があります。おすすめしたいのは、それぞれの食中毒について、いったん全体を読み込んだうえで、ご自身なりに表などにまとめて、違いを理解することです。このテキストにもたくさんの表は載せていますが、自身で表をつくると頭の中が整理され、記憶に残りやすくなります。

用語4
腸閉塞
何らかの原因により腸の内容物(飲食物や消化液)が肛門側に流れなくなる疾患。

MEMO
寄生虫の感染予防
基本的な予防策は、食中毒などと同様、食品の洗浄や熱湯消毒、加熱調理、調理器具の消毒、調理人の手指の洗浄など。

アニサキスをはじめとする魚介類・食肉類の寄生虫は凍結に弱いものが少なくないので、冷凍保存が有効です。また寄生虫＝虫ですので、加熱も効果があります。寄生虫中毒の多くは生食に原因があります。75℃以上、1分以上の加熱、または冷凍保存を心がけましょう。試験対策上は、菌と寄生虫の違いについても理解しておく必要があります。菌は冷凍では死滅しません。寄生虫は冷凍をすると食中毒予防効果があります。この違いを問うてくる問題もよくありますので、理解を深めておきましょう

Check!

Chapter
4-8
そのほかの食中毒

重要度 ★★★☆

ここでは、自然毒による食中毒と、化学物質による食中毒について取り上げます。細菌性食中毒よりも発生件数は少ないものの、致命率が高かったり、大規模化しやすかったりするため注意が必要です。

自然毒による食中毒

動物や植物がもともともっている**有害成分**や、食物連鎖により体内に取り込まれるなどした**有毒成分**を「**自然毒**」といいます。自然毒を保有する動植物を誤って飲食することで起こるのが**自然毒食中毒**です。

自然毒は**動物性**と**植物性**に大別できます。

動物性自然毒による食中毒

動物性自然毒は基本的に**魚介類**が由来です。代表的なのがふぐによる食中毒で、有毒成分の**テトロドトキシン**は卵巣にもっとも多く、肝臓、胃腸などにも多く存在します。

	食品	有毒物質	症状など
魚	ふぐ	テトロドトキシン	唇や手指のしびれ→嘔吐→全身の完全麻痺→呼吸停止。死亡する場合もある
	はたはた、ばらふえだい、おにかますなど（シガテラ毒[用語1]をもつ魚）	シガトキシン	下痢、嘔吐、腹痛、温度感覚異常
	いしなぎ	多量のビタミンA	激しい頭痛、発熱、嘔吐、顔面の浮腫（ふしゅ）、皮膚の剥離（はくり）
	ばらむつ、あぶらそこむつ	ワックス	下痢

MEMO
細菌性食中毒と自然毒食中毒
自然毒食中毒は、細菌性食中毒に比べると件数、患者数はそれほど多くないが、死亡に至るケースもあり、食品衛生上きわめて重要といえる。なお、2022（令和4）年の食中毒による死者は5人で、そのうち4人が自然毒によるものだった。

MEMO
ふぐの毒
ふぐの毒は内臓（とくに卵巣）に多く存在する。水に溶けにくいが、ふぐの肉を使う際は、流水などでしっかり洗って安全性を高める必要がある。

季節やふぐの種類によってふぐ毒の強さは違いますが、熱に強く、煮沸しても無毒になりません。都道府県によっては、ふぐ調理師制度を制定しています
Check！

貝	あさり、ほたて、むらさきいがい（用語2）	サキシトキシン、ネオサキシトキシン、ゴニオトキシン	麻痺→呼吸麻痺。死亡する場合もある
		（下痢性）オカダ酸	下痢、嘔吐、腹痛
	ひめえぞぼら	テトラミン	頭痛、めまい、視覚異常
	あさり	ペネルピン	倦怠感、嘔吐、頭痛、黄疸

植物性自然毒による食中毒

	食品	有毒物質	症状など
きのこ	毒きのこ（てんぐだけ、べにてんぐだけ、せいたかてんぐだけ、たまごてんぐだけ、どくつるたけ、からはつたけ、つきよたけ　など）	ムスカリン、アマトキシンなど	胃腸障害（下痢、嘔吐、腹痛など）、肝臓・腎臓障害など。死に至る場合もある
高等植物（用語3）	じゃがいも	ソラニン、チャコニン	嘔吐、下痢、腹痛、めまい、動悸
	チョウセンアサガオ	スコポラミン、ヒヨスチアミン	口渇、身体のふらつき、嘔吐、倦怠感、麻痺
	青梅	アミグダリン（用語4）	頭痛、めまい、発汗、けいれん、呼吸困難
	イヌサフラン	コルヒチン	嘔吐、下痢、呼吸困難
	トリカブト	アコニチン	口唇、舌、手足のしびれ→不整脈、血圧低下→呼吸不全。死亡することもある
	スイセン	リコリン（アルカロイド）	嘔吐、下痢、頭痛、昏睡（こんすい）、低体温

用語1
シガテラ
おもに熱帯および亜熱帯海域に生息する毒魚によって起こる食中毒。死亡率は低い。

用語2
むらさきいがい
ムール貝とも呼ばれる。

用語3
高等植物
根・葉・茎に分化している植物。一般的に種子植物とシダ植物を指す。

触れるだけで炎症を起こすものや、食べると死に至るものもあるので、食用と確実に判断できない植物は、絶対に「とらない」「食べない」「売らない」「人にあげない」

Check！

用語4
アミグダリン
すもも、びわ、あんずの種子にも含まれる。

MEMO
植物性自然毒のおもな原因食品と、原因食品によく似ている食品
チョウセンアサガオ➡ごぼう
イヌサフラン➡行者にんにく、うるい
トリカブト➡ニリンソウ
スイセン➡にら

カビによる食中毒

食品に付着するカビのなかには、**マイコトキシン**といわれる毒を産生するものがあります。また、こうじかびが生み出す**アフラトキシン**は発がん性があり、ナッツ類、穀類、乾燥果実、牛乳などでの汚染確認例があります。

一方、カビのすべてが毒を生むわけではありません。カマンベールチーズに代表される白かび系のチーズや、ゴルゴンゾーラチーズに代表される青かび系のチーズは食べても問題ありません。

化学性食中毒

食品に本来含まれていない有害な**化学物質**を摂取することで起こる食中毒です。化学物質には**食品添加物**や**農薬**、**殺虫剤**、**重金属**などがあります。

✓ヒスタミンによるアレルギー様食中毒

ヒスタミン[用語5]が多く蓄積された魚介類やその加工品などを飲食すると、食中毒を起こすことがあります。潜伏期間は食後30分～1時間程度で、顔が赤くなる、頭痛、じんましん、吐き気などの症状が出ます。この症状がアレルギー症状と似ているため、**アレルギー様食中毒**といわれます。ヒスタミンが多く蓄積されても腐敗臭などは発生しません。一度生成されたヒスタミンは調理時の加熱などでは分解されません。鮮度や温度管理が重要です。

✓そのほかの化学性食中毒の発生原因

●食品添加物などの不適正な使用

食品添加物の使用量や用途は**食品衛生法**[用語6]で定められています。しかし、その使用限度量を超えていたり、使用が認められていないものや不純なものを用いたりしたこと

MEMO
カビ毒
カビが産生する化学物質で、ヒトや家畜の健康に悪影響をおよぼすものをいう。マイコトキシンとも呼ばれる。

用語5
ヒスタミン
まぐろ、かつお、さば、いわし、あじなどの赤身の魚肉に多く含まれているヒスチジン（アミノ酸の一種）にヒスタミン生成菌（モルガン菌等）などの酵素が作用することで、ヒスタミンが生成される。

用語6
食品衛生法
➡146～149ページ

が原因で、食中毒が起こる場合があります。食品添加物は、認可されているものを、**使用基準**にしたがって用いるようにしましょう。

●有害物質の混入

メタノール、**農薬**、**殺虫剤**、**殺そ剤**、**ヒ素**、**水銀**、**PCB**（**ポリ塩化ビフェニル**）などの**有害物質**が食品の製造や加工過程で混入し、食中毒が起こることがあります。過去には、**森永ヒ素ミルク事件**[豆知識1]、**カネミ油症事件**[豆知識2]などが起きています。

●器具、容器包装から有害物質が溶出

調理器具や容器包装などから有害物質が溶け出したり、**化学変化**により生成されたりして、食中毒を起こすことがあります。たとえば、陶器やホーローの釉薬（ゆうやく）などに含まれている鉛は、酢や果汁など酸の強い食品によって溶け出すことがあり、長期間の摂取で慢性中毒になるおそれがあります。このほか、水筒ややかんに酸性の飲料（炭酸飲料や乳酸菌飲料、果汁飲料、スポーツ飲料など）を入れることで銅が溶け出し、食中毒が発生した例もあります。化学性食中毒を引き起こす有害物質はほかに、**亜鉛**[用語7]、**錫**[用語8]、**ホルムアルデヒド**[用語9]などがあります。

なお、化学性食中毒の現れ方はさまざまで、**急性中毒**として発症する場合と、身体に少しずつ蓄積して**慢性中毒**として発症する場合がありますが、慢性中毒のほうが**重症化**しやすくなっています。

食中毒が発生したら

食中毒が発生したら、24時間以内に保健所に届け出ます。また、食中毒の原因と思われる食品や患者の嘔吐物、便などを保存し、調査者に提供します。食中毒を起こした営業者や従事者は、保健所の食品衛生監視員の調査に積極的に協力しなくてはなりません。

豆知識1
森永ヒ素ミルク事件とは
1955（昭和30年）、育児用粉乳の製造過程において大量のヒ素が混入。

豆知識2
カネミ油症事件とは
1968（昭和43）年、食用油の製造過程においてPCBが混入。

用語7
亜鉛
酸性の飲料などを入れると溶け出し、中毒を起こすことがある。

用語8
錫（すず）
錫めっきの飲料缶を開けて放置すると錫が溶け出し、中毒を起こすことがある。

用語9
ホルムアルデヒド
合成樹脂食器などの原料。成型の際に十分に加熱しないと食事中、食器などから溶け出して中毒を起こすことがある。

食中毒が起きた際の対応については、149ページでもう一度確認しておきましょう
Check！

Chapter 4-9

発酵と腐敗

重要度 ★☆☆☆

食品は、微生物などの働きによって見た目や風味が変化することがあります。食用に適さない状態になることを「変質」といい、ヒトに好ましくない働きをする微生物を「衛生微生物」といいます。

MEMO
食用微生物
発酵など食品製造にかかわる微生物のこと。
➡97〜98ページ

発酵と腐敗の違い

食品を空気中に放置しておくと、時間が経つにつれて見た目や性質が変化し、食用として適さなくなることがあります。このような食品の変化を**変質**といい、次のような種類があります。いずれも食中毒の原因となる可能性があるので注意が必要です。

食品の変質

腐敗	おもに食品のたんぱく質が微生物によって分解され、徐々に小さな化合物となって、不快な味になったり、腐敗臭（アンモニア臭）がしたり、色が変化したりして、不衛生な状態になること
変敗	食品の炭水化物（糖質）や脂質が微生物によって分解され、不快な味やにおい（すっぱいにおい）がしたり、色が変化したりして食用に適さなくなること
酸敗	食品の脂質が酸化し、味やにおい、色などが悪くなり食用として適さなくなること（微生物は関係しない）

一方、みそ、しょうゆ、酢、みりん、酒などの発酵食品の製造に欠かせない**発酵**は、食品の**炭水化物（糖質）**や**たんぱく質**が**微生物**に分解されることで起きます。微生物の働きによって食品の風味が変わるという点では、腐敗・変敗と発酵は同じです。しかし、その変化の結果が人間にとって有益であれば「**発酵**」と呼ばれ、有害であれば「**腐敗**」「**変敗**」と呼ばれます。

衛生微生物とは

微生物のうち、ヒトにとって有害なものを総称して**衛生微生物**といい、次のように分類されます。

種類	特徴
真菌	いわゆるカビや酵母のこと。食品に付着して繁殖し、外見や風味などを損ねる。種類によってはカビ毒を産生するものもあるが、酒やみそなどの製造に使用されるこうじカビなど、製造上有用な種類も多い
細菌	分裂しながら増殖する。外形から次のように分類される ●球菌類：球状の菌で、単球菌、双球菌、ブドウ球菌、連鎖球菌がある ●かん菌類：棒（桿）状の菌で、かん菌、連鎖かん菌がある ●らせん菌類：らせん状の菌で、らせん菌がある
そのほか	●リケッチア[用語1]：細菌より小さい ●ウイルス：リッチケアより小さい ●スピロヘータ：細菌より大きく、らせん状 ●原虫：最下級の単細胞生物

✓衛生微生物の増殖条件

真菌類や細菌などの微生物が発育し、繁殖するには、次の3つの条件が必要です。

①栄養分：食品中の窒素化合物、炭素化合物、無機塩類、ビタミンなど。

②水分：水分が多いほど微生物が繁殖しやすい。多くの細菌は食品中の水分が20％以下になると発育できなくなります。

③温度：細菌によって発育に適した温度帯が異なりますが、低温微生物は20～25℃、中温微生物は25～40℃、高温微生物は55～75℃を好みます。

なお、上記の3つの条件は増殖に必要な条件であり、このうち1つ、あるいは2つだけ満たしている状況でも生存は可能です。

用語1

リケッチア

発疹チフスやつつがむし病を引き起こす。

➡39ページ

スピロヘータは性病の原因となることが多い微生物で、食品とはあまり関係しません

Check！

MEMO

水分活性（Aw）

食品中の水は、その状態により自由水と結合水に分けられ、微生物が利用できる水を自由水という。食品中の自由水の割合は水分活性（範囲は0～1.0）で表すことができ、微生物の増殖に最適な水分活性は0.800～0.999とされ、0.6以下では増殖しない。

➡193ページ

MEMO

水素イオン濃度（pH）

衛生微生物は、中性から弱アルカリ性の環境で増殖しやすい。しかし、真菌類のなかには強い酸性の環境でも増殖するものがある。

Chapter 4-10
HACCP

重要度 ★★★★

現在、すべての食品等事業者に（一部例外あり）、HACCPに沿った衛生管理が義務づけられています。HACCPは食品の安全性を確保するための手法です。一般的衛生管理プログラムとあわせて覚えておきましょう。

HACCPとは

HACCP[用語1]は「Hazard Analysis Critical Control Point」の頭文字を取った造語で、**ハサップ**と読みます。日本語では「**危害分析重要管理点**」と訳され、食品の安全を確保するための衛生管理手法のことです。HACCPは、**危害分析（HA）**と**重要管理点（CCP）**の2つの軸から成り立っています。

HA（Hazard Analysis）危害分析

食品事業者自らが、原材料の入荷から製品の出荷に至るすべての工程において、食中毒菌汚染や異物混入等の危害要因[用語2]（ハザード）を把握したうえで、危害要因を管理する方法を明らかにします。

CCP（Critical Control Point）重要管理点

各工程を管理し、さらに、危害要因を除去・低減させるためにとくに重要な工程においては、科学的根拠に基づく管理基準を定めて安全措置を実施し、監視・記録します。

従来方式との違い

HACCPは、1960年代に、**NASA（アメリカ航空宇宙局）**で安全な宇宙食をつくるために考案されました。従来の衛生管理は、最終段階で安全点検（抜取検査など）

用語1

HACCP

国連食糧農業機関(FAO)と世界保健機関（WHO）の合同機関であるコーデックス委員会から示された。国際的に認められた衛生管理法として、各国にその採用が推奨されている。

用語2

危害要因

以下のようなものがある。

①生物学的要因…サルモネラ、O157、リステリアなど。

②化学的要因(化学物質)…農薬、抗生物質、動物用医薬品など。

③物理的要因（異物）…金属片、ガラス片、石など。

MEMO

HACCPの考え方を取り入れた衛生管理

該当する事業者は、業界団体が作成し、厚生労働省がその内容を確認した「手引書」のひな形を利用して、衛生管理計画を作成し、実施・確認・記録する。

を行うのが一般的でしたが、HACCPではその安全点検をすべての工程で行い、かつ記録します。これにより、問題のある製品の出荷を未然に防ぐことが可能になるとともに、食中毒等が起きた場合でも、どの工程に原因があるのかを迅速に追求できます。

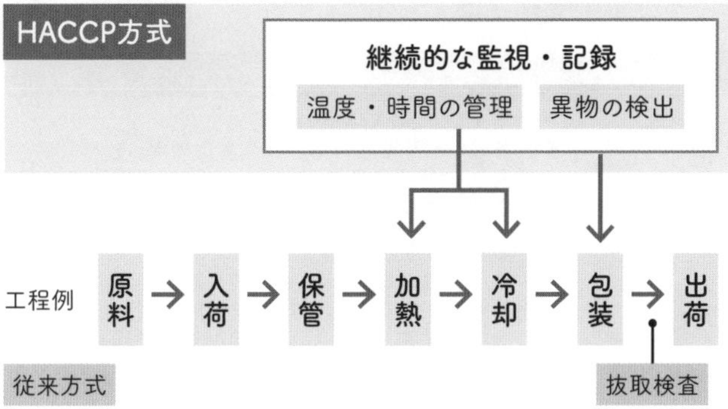

HACCPに沿った衛生管理の制度化の流れ

▼1996（平成8）年

食品衛生法の改正により、HACCPの概念を採り入れた「**総合衛生管理製造過程**」**の承認制度**（通称：**マル総**）がスタート。※2020年に廃止。

▼1997（平成9）年

集団給食施設などにおける食中毒などを予防するため、厚生労働省がHACCPの概念に基づいた「**大量調理施設衛生管理マニュアル**」[用語3]を示す。

▼2018（平成30）年

食品衛生法の改正により、原則として、すべての食品等事業者に、一般衛生管理に加え、HACCPに沿った衛生管理の実施が求められるようになった。

▼2021（令和3）年

HACCPに沿った衛生管理の実施が**完全義務化**に。

用語3
大量調理施設衛生管理マニュアル
➡198～199ページ

衛生管理の基準

HACCPに沿った衛生管理の義務化は、一部の例外を除き「すべての食品等事業者」となっていますが、事業者の規模や業種により次の2つのパターンがあります。

2つの衛生管理基準

区分	規模や業種など
HACCPに基づく衛生管理	●従業員数が50人以上の事業場 ●と畜場（と畜場設置者、と畜場管理者、と畜業者） ●食鳥処理場（食鳥処理業者）※認定小規模食鳥処理業者を除く
HACCPの考え方を取り入れた衛生管理	●従業員数が50人未満の事業場 ●菓子、豆腐の製造販売、食肉の販売、魚介類の販売、飲食店営業、喫茶店営業、惣菜製造業、パン製造業、学校・病院等の営業以外の集団給食施設など

HACCPの7原則と12手順

HACCPシステムは次の12の手順に沿って導入を進めます。そのなかでも後半の7手順はとくに重要で、これらは「7原則」と呼ばれています。

HACCP導入の流れ（7原則12手順）

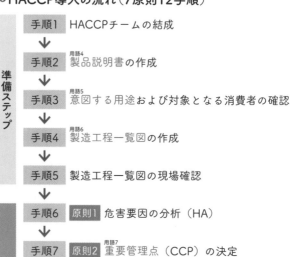

準備ステップ

- 手順1　HACCPチームの結成
- ↓
- 手順2　製品説明書[用語4]の作成
- ↓
- 手順3　意図する用途[用語5]および対象となる消費者の確認
- ↓
- 手順4　製造工程一覧図[用語6]の作成
- ↓
- 手順5　製造工程一覧図の現場確認
- ↓
- 手順6　原則1　危害要因の分析（HA）
- ↓
- 手順7　原則2　重要管理点[用語7]（CCP）の決定

用語4
製品説明書
製品のレシピや仕様書など、安全についての特徴をまとめた文書。

用語5
意図する用途
加熱の有無などの製品の使用方法。

用語6
製造工程一覧図
材料などの受入から、製品の出荷もしくは食事提供までの流れを工程ごとにまとめたもの。

用語7
重要管理点
危害分析を行った結果、危害の発生を防止するためにとくに厳重に管理する必要がある段階。必須管理点ともいう。

用語8
管理基準
重要管理点を適切に管理するための基準のこと。温度管理や消毒方法、時間など。

用語9
改善措置
モニタリングの結果、管理基準が逸脱していた場合にとられるべき対策。

HACCPプランの作成

↓

手順8	原則3	重要管理点の管理基準の設定
手順9	原則4	管理基準[用語8]のモニタリング方法の設定
手順10	原則5	工程に問題が発生した場合の改善措置[用語9]の設定
手順11	原則6	検証方法の設定
手順12	原則7	記録保存および証拠文書作成規定の設定

HACCPと一般的衛生管理プログラム

HACCPシステムを有効に機能させるには、製造環境そのものの衛生管理「**一般的衛生管理プログラム**」がしっかりと実施されることが前提となります。

✓一般的衛生管理プログラム10項目の例

一般的衛生管理プログラムには次の10項目があります。

①施設設備の衛生管理　②従事者の衛生教育　③施設設備および機械器具の保守点検　④そ族昆虫の防除　⑤使用水の衛生管理　⑥排水および廃棄物の衛生管理　⑦従事者の衛生管理　⑧食品等の衛生的取扱い　⑨製品の回収方法　⑩製品等の試験検査に用いる機械器具の保守点検

合格への近道

①どんな小さな事業所でも少なくともHACCPの考えを取り入れた 衛生管理をしなければならない
②中間での重要管理「点」で管理する（総合的な管理、最終的な管理などではない）
③記録を取り続け、あとで状況を確認できるようにする
④アメリカで考えられた仕組みである

MEMO

HACCPと一般的衛生管理プログラムの違い

一般的衛生管理プログラムとは、食品製造現場で一般的に整備しておく事項を含む衛生管理方法のこと。一般的衛生管理プログラムによって事業場の環境衛生が確保されてはじめて、HACCP（生産工程管理）が成り立つ。

Chapter 4-11

調理場の衛生管理

重要度 ★★☆☆

ここでは、調理場の構造から給水設備、廃棄物処理、食品・料理別の衛生管理、食品取扱者の衛生管理まで、調理場の衛生管理を行ううえで、押さえておきたい重要なポイントを取り上げます。

衛生管理の重要ポイント

不特定多数の人たちが口にする食べ物を調理する調理場では、衛生管理は何よりも大切なことです。以下、重要なポイントを説明します。

✔調理場の構造

●場所、大きさ

調理場は、**調理室**[豆知識1]と**処理室（下ごしらえ室）**に区分します。調理室の大きさは客数に応じ、洗い場、消毒、調理台などの設備にも十分な広さが必要です。また、住居など、営業に関係がない場所とは完全に区別します。

●床面

コンクリートで高低のないようにつくり、掃除しやすくすることが大切です。また、**ウェットシステム**[用語1]**（湿式）**よりも、**ドライシステム**[用語2]**（乾式）**が望ましいといえます。

●壁

床から1mまでの高さはセメントや板張りにし、掃除がしやすい構造にします。また、1日1回以上は掃除し、必要に応じて洗浄、消毒を行います。

●通風

換気ファン、換気筒、換気窓をそなえ、**換気**が十分行われる構造にします。調理場は、**湿度80％以下**、**温度25℃以下**に保つのが望ましいといえます。

豆知識1

調理室と処理室

外部からもち込む材料は、まずは処理室で水洗い、下ごしらえを行う。その後、調理室で調理する。出入り口には網戸、エアカーテン、自動ドア等を設置し、ハエが入らないようにする。

用語1

ウェットシステム(湿式)

床が常に濡れた状態になるシステム。調理や洗浄時に床に水等がこぼれるのを気にせずにすむ、水をまいて一気に清掃できるというメリットがある。反面、湿気が多くなるので細菌が繁殖しやすくなる。ウェットシステムにする場合は、完全に排水できるよう適度な勾配をつけ、汚水が溜まらないようにする。

● 採光・照明

自然光を十分に取り入れられる構造にします。また、調理室、給食室の全体的標準照度は**150ルクス以上**を保つようにします（**労働安全衛生規則**[用語3]）。なお、調理作業によっては300ルクス程度が望ましいといえます。

● 手洗い設備など

流水式の手洗い専用設備を設け、手および指を洗浄するための消毒剤や爪ブラシ、ペーパータオルなどをそなえます。

✓食品等の取り扱い設備

● 設備の配置

食品庫、冷蔵庫、下ごしらえ場、流し場、調理台、レンジ、配膳台、食品保存庫という順序で作業ができるようにし、食品の**移動**は最小限に抑えることが大切です。各設備は**コの字型**、**L字型**などにすると能率がよくなります。

● 調理・加工台[豆知識3]

床面からの**水はね**による汚染リスクを防ぐため、床面から60cm以上の高さにします。

✓給水設備と廃棄物処理

● 給水設備

調理の水は**食品製造用水（飲用適の水）**[豆知識3]を用います。貯水槽を設置している場合や井戸水等を殺菌・ろ過して使用する場合は、**遊離残留塩素**が0.1mg／L以上であることを、始業前と調理作業終了後に毎日検査し、記録します。

● 廃棄物処理

ごみ、燃えがらなどの廃棄物は、ポリ容器やコンクリート製のふたのあるごみ箱などに捨て、１日１回処分します。

用語2

ドライシステム（乾式）

調理機器などから水が床に落ちない構造にすることで、床が常に乾いた状態になるシステム。調理場内の湿気を少なくすることで細菌の繁殖を防止するとともに、水はねによる二次感染を防止する。

用語3

労働安全衛生規則

厚生労働省が発行した、労働の安全衛生についての基準を定めた省令。

豆知識2

調理・加工台の高さ

水はねによる汚染が防止できる容器などで食品を扱う場合は、床面から30cm以上でもよい。

豆知識3

食品製造用水（飲用適の水）とは

市などの水道水であれば、基本的に食品製造用水（飲用適の水）だと思ってよい。井戸水など、水道水以外の水を使う場合は、水質検査に適合する水でなければならない。

トイレは感染症のもとになりやすいので、細菌をもち込まないよう注意しましょう

Check！

● トイレ

トイレは水洗トイレが望ましく、作業場（調理場）に影響のない位置に設けます。また、専用の手洗い設備や消毒薬の設置も必要です。

手の洗い方

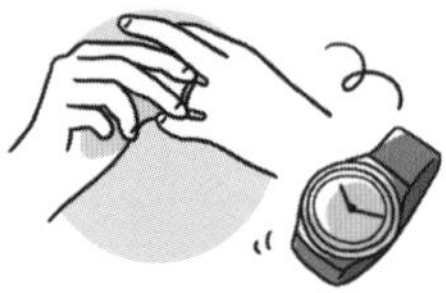

①時計や指輪を外す

②飲用に適する水で洗う

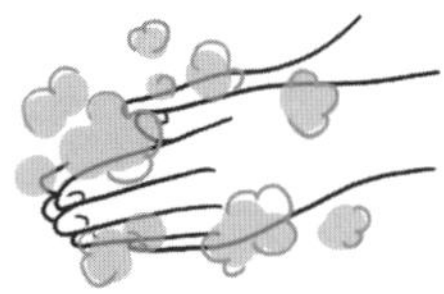

③石けんを泡立て、両手の指、腕（ひじから下）を30秒以上洗う。とくに指の間、指先は念入りに洗う

④爪ブラシで爪の間をよくこすって洗う

⑤20秒ほど流水で、石けんを完全に洗い流す

⑥清潔なペーパータオルなどで拭く。あるいは温風乾燥機で乾かす

⑦消毒用アルコールを手指によくすり込む

②～⑤を2回以上行いましょう

MEMO

調理作業中の衛生管理

- トイレをすませ、手洗い場で手を洗った後は、ペーパータオルか温風ドライヤーで水分をきちんと拭き取ったうえで消毒用アルコールを手指によく刷り込む。手に水分がついていると、アルコール殺菌の効果が薄れる。
- 共用のタオルなどは、交差汚染のおそれがあるため、使用しない。
- 手洗い場の蛇口は自動水栓、ペダル水栓などを使用するようにする。手で回すタイプの水栓は、交差汚染の恐れがある。

交差汚染とは、調理ずみの食品が、材料と交わることによって汚染されることをいいます。作業地区での、ヒト・物（食品含む）の交差に注意

Check！

MEMO

厨房の中に納品業者など、衛生管理を行っていない人を入れるのは、交差汚染の恐れがあることから行わないようにする。

✓食器類の衛生管理

食器や調理器具、保存用の器、運搬用の器具などは、使用後は完全に洗ってから消毒するのが望ましいといえます。とくに、食品が直接触れる部分は、使う前に入念に清潔にしておくことが大切です。

✓食品・料理別の衛生管理

● 保存温度

野菜・果物、肉類、鮮魚類は清潔な専用の容器に入れて保存・保管します。保存温度は、野菜・果物は10℃前後、肉類は10℃以下、鮮魚類は5℃以下とします。なお、冷凍の場合はすべて－15℃以下で保存します。

● 野菜類・果物類

果菜類[用語4]は汚れた外葉を2、3枚取り、必要に応じて1枚ずつはがし、**流水（食品製造用水）**で3回以上よく洗います。**中性洗剤**で洗う場合は、**0.1％**に薄めて手早く洗い、洗剤を十分に洗い流します。

● 肉料理

生肉は**サルモネラ**[用語5]、**カンピロバクター**[用語6]、**病原性大腸菌**[用語7]などの食中毒菌にすでに汚染されている可能性があるので、まな板、包丁、バット、ボウルなどは**生肉専用**のものを使用しましょう。使用後は十分に洗浄・消毒します。**漬け込み**は必ず冷蔵庫で保管します。また、**解凍**も必ず冷蔵庫で行います。室温放置や日のあたる場所での解凍は禁物です。加熱は、中心温度が**75℃**の状態で**1分以上**行います。ただし、二枚貝などの**ノロウイルス**[用語8]汚染のおそれがある食材では、**85～90℃で90秒以上**とします。生の肉類を洗った手は、洗浄、消毒してから次の調理に移ります。加熱済みの食品を取り扱う際は、**2次汚染**の発生を防ぐために消毒ずみの器具を用います。

MEMO

食器類の収納
調理用器具や食器類はよく洗って消毒し、それぞれ専用の戸棚に保管する。

正しい洗浄法
①残飯や汚れを落とす ②500倍希釈の洗浄剤に浸し、スポンジたわしで下洗いする ③洗浄剤を含ませたスポンジたわしで再びこすり洗いし、油や汚れを完全に落とす ④食品製造用水（飲用適の水）で洗浄剤を十分に洗い流す ⑤煮沸消毒、蒸気消毒、薬剤消毒、食器消毒保管庫のいずれかの方法で消毒する

用語4
果菜類
野菜のなかでも、とくに果実や種を食用とする野菜のことで、ナスやトマト、きゅうりなどが代表的。

用語5
サルモネラ
➡161ページ

用語6
カンピロバクター
➡161ページ

用語7
病原性大腸菌
➡161ページ

用語8
ノロウイルス
➡166ページ

● 魚介料理

海鮮魚介類は、必ず**水道水（真水）**で洗浄します。また、魚介類の**下処理用**の調理器具と、**刺身用**の調理器具は分けるようにしましょう。保存する場合は、内臓、エラ、うろこを取り除いてから保存します。冷凍保存の場合は、ふたがしっかり閉まる専用の容器やポリ袋に入れて、**5℃以下**で保存します。なお、ゆでえび、ゆでだこなどの加熱済みの冷凍品を使う場合も**再加熱**します。

● 卵料理

できるだけ10℃以下で保存します。生食する場合は、賞味期限内の生食用の正常卵を使用します。生食用で賞味期限をすぎたものや加熱加工用のものは、食べる前に加熱殺菌が必要です。加熱調理する場合は、**75℃**で**1分以上**か、それと同等以上の加熱殺菌が必要です。ゆで卵は沸騰した湯で5分以上加熱します。**液卵**[用語9]は**8℃以下**、**凍結卵**[用語10]は**−18℃以下**（大量調理施設衛生管理マニュアルによる。食品衛生法では鶏液卵の保存基準は−15℃以下）で保存します。鶏の液卵は**サルモネラ属菌陰性**（25gあたり）、未殺菌液卵は**細菌数100万／g以下**と成分規格が定められています。

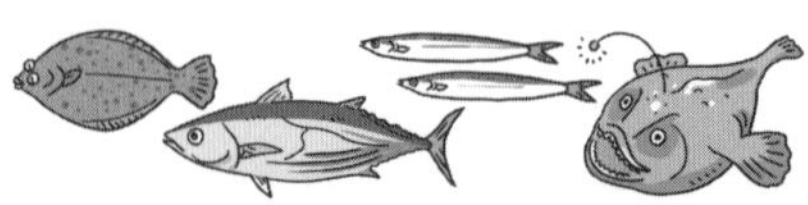

調理加工食品の衛生管理

食品を衛生的に保つには、それぞれの種類に適した温度で調理加工したり、貯蔵したりしなければいけません。寄生虫や細菌は、温度が高いほど短時間で死滅するので、**高温処理**が効果的です。しかし、食中毒菌のなかには**芽**

用語9
液卵
卵を割って中身だけを取り出し、攪拌、低温殺菌などの加工を行った製品。

用語10
凍結卵
液卵を凍結した製品。

MEMO
魚介類の取り扱い
魚介類は、常温解凍を避ける。また、牡蠣などの二枚貝を取り扱う場合は、使用道具を分け、使用したシンクなどは3回以上の洗浄を行い、ノロウイルス残存リスクを下げる

MEMO
卵の取り扱い
生卵を提供する際は、生卵を入れる食器と、中身を出してかき混ぜる食器は分ける。殻が当たった食器の中に中身を出すことは、殻にサルモネラ菌が付着している可能性もあり、危険であることを認識する。

卵を電灯に透かして見て、なかがハッキリ見えるのは新しい卵で、よく見えないのが古い卵です。また、古い卵は振ると音が出ます

Check！

胞をつくるものがあり、この菌は加熱処理では死滅しません。そのため、調理後の取り扱いには注意が必要です。

なお、調理後30分間以内に食べない場合は、60分以内に**10℃付近**に冷却し、10℃以下で保管します。冷却しないものは**65℃以上**での保温が必要です。

✓食品取扱者の衛生管理

●健康診断

食品を取り扱う人は、臨時のアルバイトなども含め、自身が健康でいることが重要です。**サルモネラ**、**赤痢**、**O157**などの保菌者は調理に従事しないようにします。また、定期的な健康診断と、月に1回以上（学校給食調理従事者は月2回）の**検便**[豆知識4]を受けて健康状態をチェックします。食中毒を起こす可能性があるため、手指にできものや化膿した傷がある人、あるいは体調の悪いとき、下痢をしているときは調理の仕事はしてはいけません。

●服装

調理加工だけでなく、配膳や詰め合わせなど食品を取り扱う仕事に従事する人は、すべて清潔で、洗濯できる仕事着・帽子を着用します。腕時計や指輪の着用のほか、マニキュア（つめの化粧）などもしてはいけません。調理作業用の仕事着や帽子、履き物のままトイレに行くのも避けます。作業内容によってはマスクや使い捨て手袋も着用します。使い捨て手袋は必ず消毒してから作業を行い、ほかの作業に移るときは交換します。

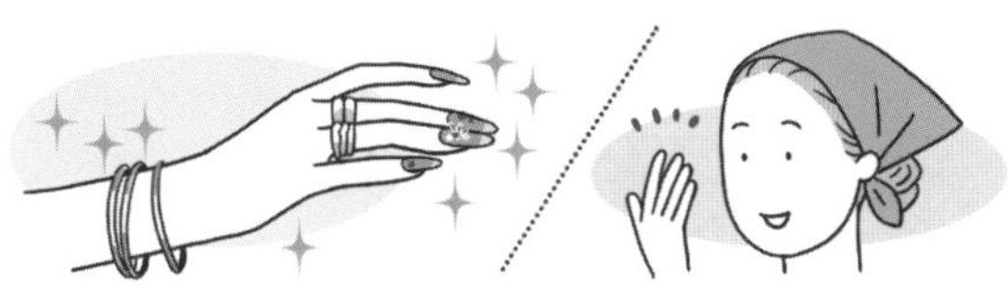

豆知識4

調理師の検便の頻度

検便は「月」1回。「年」ではないことに注意。

MEMO

ノロウイルスにり患した人は、体調が良くなっても、糞便にウイルスが継続して出ていることが良くある。2次汚染の恐れもあることから、5日間から1週間程度は出勤を避けることが望ましい。

指輪や時計には億単位以上の菌がついていることが珍しくありません

Check！

常につめを短く切り、トイレに行ったあとは必ず手洗い、消毒をします。身だしなみにも注意！

Check！

Chapter 4-12

洗浄、消毒

重要度 ★★★☆

食品衛生を守るためには、食品そのものはもちろん、調理従事者、調理器具、食器など調理に関わるものすべてを、適切な方法で洗浄・消毒することが重要です。洗浄・消毒の種類とその特徴について学びます。

洗浄

食品の原材料、調理器具、容器などから異物や汚れを取り除くことを**洗浄**といい、**水洗い**[用語1]、**温水洗い**[用語2]のほか、**石けん**や**中性洗剤**が使われます。

✓石けん

洗浄力は中性洗剤に劣ります。また、**硬水**を使うと洗浄力が落ち、**石けんカス**が出ます。

✓中性洗剤

石けんより洗浄力が強く、水にもよく溶けます。また、硬水でも洗浄力が落ちません。食品衛生法[用語3]により、調理場で使用する台所用洗剤は、以下のように使用基準が定められています。

✓洗剤の使用基準

- 使用濃度　石けんは0.5%以下、中性洗剤は0.1%以下
- 浸漬時間　野菜または果実は5分以上の浸漬は不可
- すすぎ　流水の場合は、野菜または果実は30秒以上、器具や食器については5秒以上すすぐ。溜め水を使う場合は2回以上水を替える

用語1
水洗い
たっぷりの流水で異物や汚れを洗い落とす方法と、ためた水のなかで振り洗いする方法がある。

用語2
温水洗い
40～50℃の湯で洗う方法をいう。脂肪分を除去しやすい。

MEMO
石けんと中性洗剤
どちらも界面活性剤と呼ばれる。食品衛生法では、石けんは「脂肪酸系洗浄剤」、中性洗剤は「脂肪酸系洗浄剤以外の洗浄剤」(非脂肪酸系洗浄剤)と呼称されている。また、食品衛生法では洗剤の成分規格についても定められている。

用語3
食品衛生法
➡146ページ

消毒

食中毒の原因となる微生物を殺す、または、たとえ死滅させなくても増殖能力をなくすことを「**消毒**」といいます。よく似た用語に**殺菌**、**滅菌**がありますが、次のような違いがあります。

✓殺菌、消毒、滅菌の違い

- 殺菌　微生物（細菌）を死滅させること。
- 消毒　有害な微生物を除去、死滅、無害化すること。すべての微生物を死滅・除去するものではなく、一部の無害な雑菌は生き残ることがある。
- 滅菌　対象物中のすべての微生物を死滅または除去し、無菌状態にすること

消毒法には、**物理的消毒法**と**化学的消毒法**の2つがあります。

物理的消毒法

熱や紫外線などの物理的手段を用いた消毒法です。以下の方法のほかにも、**乾熱滅菌法**[用語4]、**加圧加熱殺菌法**[用語5]、**低温保持殺菌法**[用語6]、**高圧蒸気滅菌法**[用語7]などがあります。

消毒法	特徴	用途
焼却消毒	●微生物等に汚染されたものを焼き捨てる ●二度と使えなくなるが、もっとも確実	感染症患者の使用ずみタオルなど
煮沸消毒	●沸騰した湯（100℃）のなかで5分以上煮る	調理器具、食器、ふきん
熱湯消毒	●85℃以上の熱湯のなかで5分以上煮る	調理器具
紫外線消毒	●紫外線殺菌灯で紫外線を照射する ●殺菌効果は紫外線が照射された表面のみ。また、ガラスなどを通してあてるのも効果がない	調理器具、調理場の空気
日光消毒	●日光に含まれる紫外線で消毒する	ふきん、衣類、調理器具

MEMO

除菌、抗菌、防腐の違い

●除菌
微生物を取り除くこと。

●抗菌
微生物の増殖を抑えること。

●防腐
微生物を死滅、またその発育を阻止し、腐敗を防ぐこと。

用語4
乾熱滅菌法
乾熱滅菌器などを用い、約160℃の熱風を30分以上あてる。

用語5
加圧加熱殺菌法
➡195ページ

用語6
低温保持殺菌法
63〜65℃で30分加熱する。牛乳などに用いられる。➡195ページ

用語7
高圧蒸気滅菌法
高温の水蒸気で加熱・加圧しながら滅菌する。

化学的消毒法

化学薬品を用いて消毒する方法です。**殺菌料**[用語8]などの**食品添加物**を用いることも、化学的消毒法になります。

薬品	特徴	用途
塩素剤	●さらし粉[用語9]、次亜塩素酸ナトリウムなどを用いる ●調理器具や食器は、有効塩素濃度1000ppm[用語10]に3～5分浸し、乾燥させる ●野菜や果実は、有効塩素濃度100～200ppmに5～10分浸したあと、よくすすぐ ●金属は腐食するので注意 ●ノロウイルスに効果がある	調理器具、食器、ふきん、野菜、果実
アルコール（エタノール）	●一般に消毒用エタノールが用いられる ●100％のものより、70～80％に薄めたほうが消毒力が強い ●消毒したいものの表面に異物や水がついていると殺菌効果が弱まる ●ノロウイルスには効果がない	手指、調理器具、食器

用語8
殺菌料
食品添加物として認められている殺菌料には、次亜塩素酸ナトリウム、高度さらし粉などがある。

食品添加物とは、食品を加工する過程で使われ、保存料、甘味料、着色料などがあります

Check!

用語9
さらし粉
消石灰に塩素を吸収させてつくった白色の粉末。漂白にも用いられる。

用語10
ppm
➡166ページ

オゾン水	●オゾン水に含まれるオゾンが酸素と水に戻る過程で殺菌する ●すぐに酸素と水に戻るため、すすぎ洗いは不要	カット野菜、調理器具
逆性石けん（塩化ベンザルコニウム）	●普通の石けんに比べて洗浄力はないが、殺菌力が非常に高い ●においや刺激がなく、ヒトに対する毒性も弱いので、手指が荒れにくい ●普通の石けんと同時に使用すると殺菌力がなくなるため、普通の石けん成分をしっかり洗い流してから使用する ●ノロウイルスには効果がない	手指、食器、調理器具
クレゾール石けん液	●結核菌の消毒に有効 ●手指、皮膚、家具、陶器の消毒等には1％溶液が用いられる ●ウイルスや芽胞[用語11]には効果がない	手指、食器

合格への近道

試験によく問われる消毒方法として以下のあたりを押さえておきたいところです。

①紫外線（日光）消毒は、光線が当たっているところにしか効果が発揮されない

②においがつくと困るようなものは、化学的消毒ではなく煮沸消毒や熱湯消毒がよく使われる

③塩素消毒では、時間が経ったり異物が入ったりすると効果が薄れる

④アルコールは濃ければ濃いほど消毒力が高いわけではない

⑤アルコールや逆性せっけんはノロウイルスには効果がない

⑥逆性せっけんは普通のせっけん成分と混ぜると殺菌効果がなくなる

問題を何度か解き、上記のポイントに慣れていきましょう。

用語11

芽胞

➡161ページ

消毒以前に大切なのは、異物の混入を徹底的に防ぐことです。原材料の時点のみならず、調理や運搬などあらゆる過程で異物が混入する可能性があることを意識しましょう

Check！

MEMO

異物の種類

昆虫や動物のフン、死骸などの動物性異物、カビやわら、草などの植物性異物、土や医師などの鉱物性異物のほか、調理者の髪の毛などがある。

Chapter 4-13

食品の保存法

重要度 ★★★☆

食品の変質を防ぐには、微生物の繁殖を止めることが必要です。ここでは、温度や水分をコントロールして食品を保存する方法について説明します。しっかり覚えておきましょう。

低温貯蔵法(冷蔵・冷凍法)

ほとんどの微生物は**30～40℃**で急速に増殖します。そのため、食品を**低温**で保存すれば、微生物の活動を抑えることができ、また、**酵素**による分解も抑えられるため、食品が**変質**[用語1]しにくくなります。ただし、微生物が**死滅**するわけではないので注意が必要です。

一般的には、次のような保存法があります。

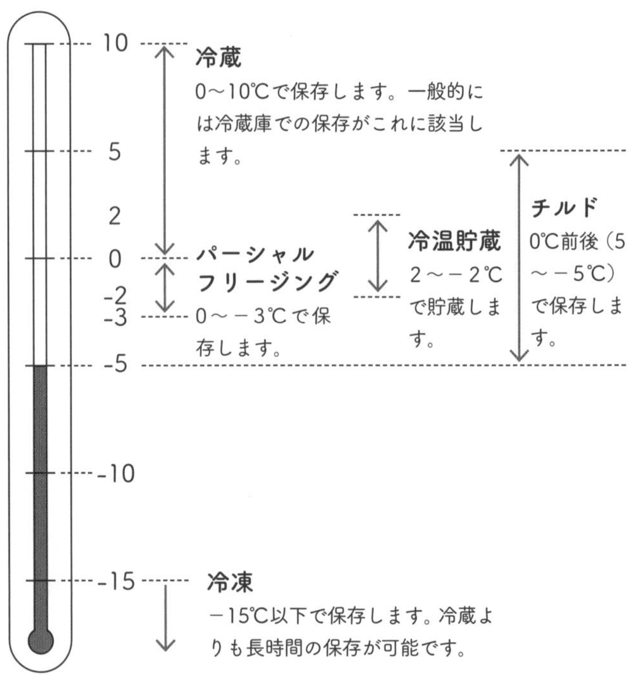

10
5
2
0
-2
-3
-5
-10
-15
冷蔵
0～10℃で保存します。一般的には冷蔵庫での保存がこれに該当します。
パーシャルフリージング
0～－3℃で保存します。
冷温貯蔵
2～－2℃で貯蔵します。
チルド
0℃前後（5～－5℃）で保存します。
冷凍
－15℃以下で保存します。冷蔵よりも長時間の保存が可能です。

MEMO
微生物の至適温度
活動するのにもっとも適した温度の範囲を至適温度という。微生物の種類によって異なるが、多くの微生物の至適温度は30～40℃といわれる。

用語1
変質
腐敗、変敗、酸敗などがある。➡176ページ

乾燥法

食品を**乾燥**させることで微生物[豆知識1]の**繁殖**を抑え、保存する方法です。食品によって異なりますが、水分を**15%**以下にするのが一般的です。

微生物の繁殖には水分が必要ですが、微生物は食品中のすべての水分を利用できるわけではありません。食品中の水分は**自由水**と**結合水**に分けられ、微生物が利用できるのは自由水のみです。食品中の自由水の割合は**水分活性**[用語2]で示され、水分活性が低くなれば微生物は繁殖しにくくなります。また、食品を乾燥させたとき、結合水は蒸発しにくく、自由水のみが蒸発しやすくなっています。そのため、結果として水分活性が低くなり、微生物の育ちにくい状態になるのです。

✔真空凍結乾燥(フリーズドライ)

乾燥法にはさまざまな種類がありますが、広く普及しているのが**真空凍結乾燥(フリーズドライ)**です。急速凍結した食品を**減圧条件下**で乾燥する真空凍結乾燥は、食品の**組織**や**風味**の損失が少ないのが特徴です。

①凍結

食品を冷蔵庫に入れ、食品に含まれる水分を凍結させます。

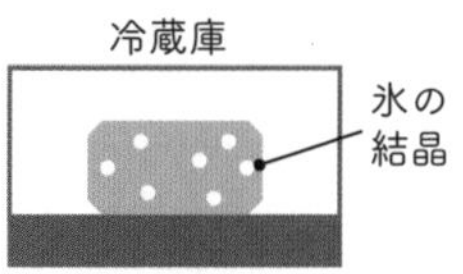

↓

②減圧

乾燥室に凍ったままの食品を移動し、真空ポンプで乾燥室内の気圧を下げます。

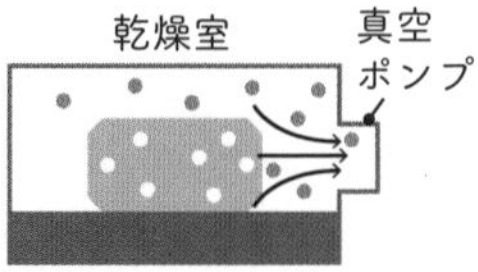

↓

③乾燥

食品を加熱し、氷の状態の水分を昇華させます。通常の乾燥方法よりも低い温度で乾燥させることができます。

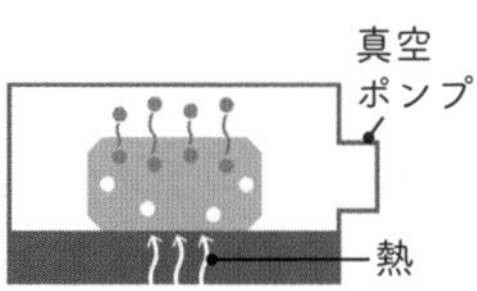

豆知識1
微生物の繁殖
水分のほか、栄養分、適切な温度が必要。➡177ページ

用語2
水分活性
水分活性は0〜1.0の範囲で表され、微生物の増殖に最適な水分活性は0.800〜0.999とされる。たとえば、砂糖66%のジャムの水分活性は0.75〜0.80、いかの燻製は0.78、乾燥果実は0.6となっている。0.6以下では微生物は繁殖しない。

魚の干物など脂質を多く含む食品は、長期間保存すると変敗しやすいという欠点があります

Check!

塩漬け法（塩蔵）・砂糖漬け法・酢漬け法

塩漬け法、**砂糖漬け法**はどちらも昔ながらの保存法の1つで、食品を塩あるいは砂糖に漬ける保存法です。乾燥法とは違い、**食品中**には十分な水分が残っていますが、微生物が繁殖しにくくなるのは、塩や砂糖を加えることで水分の一部が**結合水**となり、**水分活性**が低くなるからです。乾燥法も、塩漬け法および砂糖漬け法も、微生物が利用できる**自由水**を減らすという点で共通しています。

酢漬け法は、多くの微生物が好む中性の環境を酸性に傾ける（**pH**を下げる）ことで、微生物の繁殖を阻止する保存法です。**みそ漬け**や**粕**（かす）**漬け**も、保存法としての原理は塩漬け法、砂糖漬け法や酢漬け法と同様です。

燻煙法

肉類、魚類などを一度**塩漬け**にしたあと、**チップ**（**木材**）をいぶして出る煙にあてる方法です。加温しながら水分をある程度蒸発させ、同時に、煙の成分をしみ込ませることで**防腐**します。

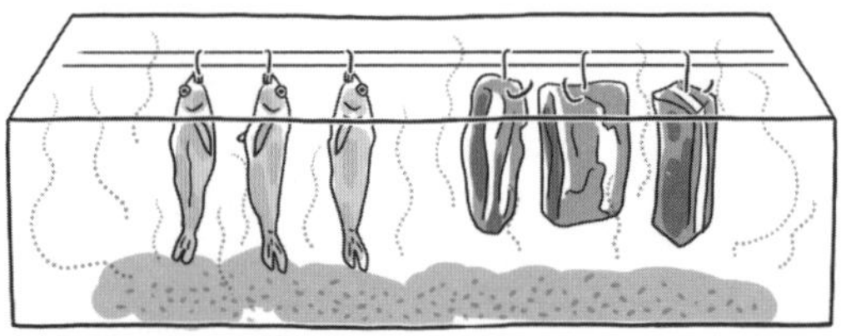

びん詰法、缶詰法

食品をびんや缶に詰めて内部の**空気**を抜き、すぐに**密閉**して**加熱殺菌**して保存する方法です。加熱温度[豆知識2]および

MEMO
煙の成分
ホルムアルデヒド（ホルマリン）、フェノール、アセトンなどがある。

豆知識2
びん詰法、缶詰法の加熱温度および加熱時間のおおよその目安
- 酸を含んでいる食品
  100℃以下の低温で1～30分加熱。
- 清涼飲料水
  pH4.0以上は85℃で30分、pH4.0未満は65℃で10分加熱。
- pHと水分活性が高い食品
  pHが高く、水分活性が高い魚類、野菜類、肉類などは110～120℃で30～90分加熱。

缶詰のふたや底が膨らんでいる場合はなかの食品が腐敗している可能性があります。食べないようにしましょう
Check！

用語3
嫌気性菌
酸素を好まない細菌。ボツリヌス菌、ウェルシュ菌など。

MEMO
好気性菌
酸素を必要とする細菌。セレウス菌など。

加熱時間は食品によって異なります。

なお、加熱殺菌が不十分な場合、容器の中で**ボツリヌス菌**などの**嫌気性菌**[用語3]が増殖し、**ガス**が発生することがあります。

加圧加熱殺菌法（レトルト殺菌法）

レトルト食品などに用いられる保存法です。**レトルトパウチ**など熱に強い特殊な袋に食品を入れて密封し、**100℃以上**で加圧加熱して殺菌します。**食品衛生法**では、一部例外を除き、**中心部**の温度が**120℃**の状態で**4分**加熱 するよう定められています。

無酸素保存法[用語4]

食品を**無酸素状態**にすることで、品質の劣化や微生物の増殖を抑える保存法です。**真空包装**、**脱酸素剤**を入れて酸素を除去する方法、酸素を**窒素**や**二酸化炭素**に置き換える**ガス置き換え法**などがあります。

牛乳の殺菌法

牛乳の殺菌法は次のような種類があります。

①低温保持殺菌法（LTLT）

生乳を63～65℃で30分間加熱殺菌する方法。たんぱく質が変性しないため乳本来の味が保たれます。パスチャライズ法ともいいます。

②高温短時間殺菌（HTST）

生乳を72℃以上で連続的に15秒以上加熱殺菌します。

③超高温瞬間殺菌（UHT）

生乳を120～150℃で２～３秒間加熱殺菌します。日本で市販されている牛乳のほとんどがこの殺菌方法で処理されています。

缶詰は、加熱によりビタミンCが破壊されやすいというデメリットがあります

Check！

用語4

無酸素保存法

好気性菌の繁殖は抑えられるが、嫌気性菌の繁殖は抑えられない。

MEMO

空気遮断法

食品に油脂やパラフィンなどを塗って被膜をつくることで空気を遮断する保存方法。酸化を抑え、微生物の増殖を防ぐ。

放射線は、食品への利用は原則として禁止されていますが、じゃがいもの発芽を防止する目的でのみ、使用が認められています

Check！

MEMO

食品添加物（保存料）による保存法

安息香、安息香酸ナトリウム、ソルビン酸などの保存料を食品に添加することで微生物の繁殖を抑える方法。食品衛生法で指定されたもの以外の使用は禁止されている。

Chapter 4-14

経口感染症

重要度 ★☆☆☆

飲食によって起こる病気には、食中毒のほかに経口感染症があります。コレラ、細菌性赤痢、腸チフス、パラチフスがその代表です。調理師はこれらの感染症についても予防に努めなければなりません。

感染症の伝播と経口感染症

ヒトに有害な微生物を**病原体**といい、病原体が体内に侵入して発育、または増殖することを「**感染**」といいます。そして、感染により引き起こされる疾病を**感染症**といいます。感染症がうつることを**伝播**（でんぱ）といい、その方法により「**直接伝播**」[用語1]と「**間接伝播**」[用語2]に大別できます。

✓ **直接伝播**

感染源であるヒトや動物、昆虫、土などの病原巣などに**直接接触**することで感染する経路です。

✓ **間接伝播**

感染源に汚染された**媒介物**を介して感染する経路です。

経口感染症は間接伝播に分類されます。病原体に汚染された食品や水を口にしたり、感染者が接触したものを口に含んだりして起こるからです。経口感染症は消化器系に障害が起こる**消化器感染症**が代表的で、**食中毒**も経口感染症です。

ヒトと動物の共通感染症

動物からヒトへ感染する病気を「**ヒトと動物の共通感染症**」[用語3]あるいは「**人獣共通感染症**」「**動物由来感染症**」といいます。肉や肉製品を食べることで起こる**E型肝炎**、**カンピロバクター・ジェジュニ／コリ食中毒**、**カンピロバ**

用語1
直接伝播
直接伝播には、くしゃみ、せきなどによる飛沫感染も含まれる。

用語2
間接伝播
媒介物は食品のほかに水、日常生活品、医薬品、昆虫、動物などがある。

用語3
ヒトと動物の共通感染症
英語では「ズーノーシス」(zoonosis) という。世界保健機関（WHO）はズーノーシスを、「脊椎動物とヒトの間を自然な条件下で伝播する微生物による病気または感染症（動物等では病気にならない場合もある）」と定義している。ヒトと動物の共通感染症は、ヒトも動物も発症するものもあれば、動物は無症状でヒトだけが発症するもの、ヒトは軽症でも動物は重症になるものなど、さまざまな種類がある。

クター食中毒、**腸管出血性大腸菌（O157）**、鶏卵を食べることで起こる**属菌食中毒サルモネラ**による食中毒なども、ヒトと動物の共通感染症です。

飲食によるヒトと動物の共通感染症を防ぐには、適切な**衛生管理**を行うことと、中心までしっかり**加熱**して食べることが重要となります。

経口感染症の感染源

飲食物を介して起こる経口感染症には次のようなものがあります。

代表的な経口感染症

病名	原因細菌	特徴
コレラ	コレラ菌	●症状は激しい下痢、嘔吐、脱水など ●代表的な経口感染症の1つ
細菌性赤痢	赤痢菌	●症状は血便、下痢、下腹部の痛みや違和感、発熱など ●経口感染症のなかでは比較的発生率が高い
腸チフス	チフス菌	●高熱、頭痛、全身のだるさ、高熱時の発疹、便秘など。下痢はあまりみられない ●菌が腸に入ったあと、血液中に侵入する ●海外での感染例が多い
パラチフス	パラチフス菌	

✓そのほかの細菌性食中毒菌との違い

上の表にあるコレラ菌、赤痢菌、チフス菌、パラチフス菌と、そのほかの**細菌性食中毒菌**には、次のような違いがあります。

- 発病：ほかの食中毒菌よりも少ない菌で発病する。
- 感染：ヒトからヒトへ感染する。
- 潜伏期間：ほかの食中毒菌よりも長い傾向がある。

MEMO

食中毒と感染症

食中毒は通常、ヒトからヒトに直接うつることはない。しかし、コレラ菌、赤痢菌、腸管出血性大腸菌O157やノロウイルスなどは感染力が強いため、ヒトからヒトへ感染することがある。また、ヒトからヒトへ感染する感染症も、食品を介して腹痛・下痢等が発生すれば食中毒として扱われる。

Chapter 4-15

大量調理施設衛生管理マニュアル

重要度 ★★★☆

学校や病院などの集団給食施設は、HACCPの概念に基づいた「大量調理施設衛生管理マニュアル」を参考に衛生管理を行うよう求められています。このページでは、同マニュアルの要点について学びます。

MEMO
野菜および果物の下処理
次亜塩素酸ナトリウムと同等の効果を有するものとして、亜塩素酸水（きのこ類を除く）、亜塩素酸ナトリウム溶液（生食用野菜に限る）、過酢酸製剤、次亜塩素酸水ならびに食品添加物として使用できる有機酸溶液が挙げられている。

大量調理施設衛生管理マニュアルとは

「**大量調理施設衛生管理マニュアル**」は1997（平成9）年に、**大規模食中毒**の発生を未然に防止することを目的に厚生省より提唱されました。同マニュアルは**HACCP**の概念に基づき、調理過程における重要管理事項を示しています。適用されるのは、同一メニューを1回**300食**以上、または1日**750食**以上提供する調理施設です。

✓おもな重要管理事項

①原材料の受け入れおよび下処理段階における管理を徹底すること。

②加熱調理食品については中心部まで十分加熱し、食中毒菌等（ウイルスを含む）を死滅させること。

③加熱調理後の食品および非加熱調理食品の二次汚染防止を徹底すること。

④食中毒菌が付着した場合に菌の増殖を防ぐため、原材料および調理後の食品の温度管理を徹底すること。

集団給食施設等は、これらの重要管理事項について点検・記録を行うとともに、必要な改善措置を講じる必要があります。

✓原材料の受入れ・下処理段階における管理

- **常温保存可能**なものを除き、食肉類、魚介類、野菜類等の生鮮食品については1回で使い切る量を調理当日に仕入れるようにする。

- 野菜および果物を加熱せずに供する場合には、流水（食品製造用水）で十分洗浄し、必要に応じて**次亜塩素酸ナトリウム**等で殺菌したあと、流水で十分すすぎ洗いを行う。

✓加熱調理食品の加熱温度管理

- 加熱調理食品は、中心部が**75℃で1分**以上（二枚貝等**ノロウイルス**汚染のおそれのある食品の場合は**85～90℃で90秒**以上）、またはこれと同等以上まで加熱されていることを確認する。あわせて温度と時間の記録を行う。

✓二次汚染の防止

- **下処理**は**汚染作業区域**[豆知識1]で確実に行い、**非汚染作業区域**を汚染しないようにする。

✓原材料および調理済み食品の温度管理

- 調理後すぐに提供される食品以外は、食中毒菌の増殖抑制のために**10℃**以下または**65℃**以上で管理する。
- 加熱調理後、食品を冷却する場合には、食中毒菌の**発育至適温度帯**（**約20～50℃**）の時間を可能な限り短くするため、**30分**以内に中心温度を**20℃**付近（または**60分**以内に中心温度を**10℃**付近）まで下げるよう工夫する。

✓検食の保存

- **検食**[用語1]は、原材料および調理済み食品を食品ごとに**50g**程度ずつ清潔な容器（ビニール袋等）に入れて密封し、**－20℃**以下で**2週間**以上保存する。

✓調理従事者等の衛生管理

- 調理従事者等は臨時職員も含め、定期的な**健康診断**および月に1回以上の**検便**を受ける（検便検査には、**腸管出血性大腸菌**の検査を含めること）。必要に応じ、10月から3月には**ノロウイルス**の検査も受ける。

豆知識1

汚染作業区域と非汚染作業区域

大量調理施設管理マニュアルでは次のように定められている。

- 汚染作業区域：検収場、原材料の保管場、下処理場
- 非汚染作業区域：準清潔作業区域（調理場）、清潔作業区域（放冷・調製場、製品の保管場）

用語1

検食

検食には次の2つの意味があり、大量調理施設管理マニュアルにおいては②を意味する。

①「学校給食衛生管理基準」に基づいて給食責任者が行う、異物混入や異臭の確認、加熱処理の適切性のチェック　②食中毒などの原因究明のために必要な検査用保存食

大量調理施設管理マニュアルは頻出問題です。全文は厚生労働省のHPに掲載されているので、目を通しておきましょう

Check！

達成度チェック

	問題	正誤	解説
1	食品安全委員会は厚生労働省が所管し、食品の安全性の確保に関する基本理念を定めている。	×	厚生労働省ではなく、内閣府が所管している。
2	食品表示法に基づく食品表示を担当するのは消費者庁である。	◯	消費者庁といえば、①内閣府　②食品表示　③特別用途食品・特定保健用食品あたりがイメージできるとよい。
3	水分を多く含む食品は例外なく傷みやすい。	×	微生物の発育に関しては、単なる食品の水分量の多少ではなく、自由水の量（＝水分活性の値）に左右される。結合水の割合が高い食品であるなら、水分量が多くとも微生物の発育は抑えることが可能となる。
4	低温貯蔵のなかで、チルド貯蔵とは一般的に10℃から0℃での貯蔵方法をいう。	×	チルド貯蔵とは0℃を中心に±5℃程度の間での貯蔵をいう。
5	LL牛乳（ロングライフミルク）は高温で殺菌したうえで無菌充填を行っているため、常温で長期間の保管が可能となり、開封後も通常の牛乳より長く保管をすることができる。	×	前半は正しいが、開封後は雑菌がなかに入ることができるようになるため、消費の期間は通常の牛乳より長くなることはない。
6	令和4年度の食中毒月別病因物質別発生状況では、食中毒発生時件数が最も高いのはノロウイルスが流行する12月である。	×	12月は56件であり、最も高い月である6月は128件である。10月も120件と高い。
7	令和2年度の食中毒病因物質別発生状況では、事件数として最も多いのがノロウイルスである。	×	事件数で最も多いのはアニサキス（寄生虫）である。ノロウイルスは3位である。患者数の1位はウェルシュ菌で、ノロウイルスは2位である。
8	サルモネラ属菌は感染毒素型食中毒菌である。	×	サルモネラ属菌は感染「侵入」型食中毒菌である。
9	カンピロバクターは低温に強く、食品から食品への2次汚染も起きやすい菌であるため、食品の管理には十分留意する必要がある。	◯	記載の通りである。サラダや生水でも感染する恐れがあり、注意が必要である（湧き水で流しそうめんをしていて感染した例なども報告されている）。
10	病原性大腸菌はグラム陰性菌であるため熱に強く、食品の加熱による食中毒予防は期待できない。	×	グラム陰性菌は熱に弱いため、食品の加熱は有効である（生肉（ユッケ）などで感染した例がある）。
11	腸炎ビブリオは低温に強いため、冷蔵庫のなかなどでも菌が増殖するおそれがあり、とくに注意が必要となる。	×	腸炎ビブリオは菌の発育に適した温度では増殖スピードが早いが、冷蔵庫のなかなどでは増殖は収まる。近海魚介類を常温保存しないことが大切となる。

12	ウェルシュ菌はグラム陰性菌であり、芽胞をつくらないため、加熱調理をすれば比較的安全となる。	×	ウェルシュ菌は芽胞を形成するグラム陽性菌であるため、耐熱性があり普通の加熱調理では死滅しない。ただし偏性嫌気性菌であり、酸素が少ない状況を好むため、食品が酸素にふれる状況をつくることをねらいとして、よくかき混ぜることが大切である。
13	セレウス菌は通性嫌気性菌であり、芽胞を形成するため 食品をよくかき混ぜ、空気にふれさせることが食品保存上大切となる。	×	前半は正しい。通性嫌気性菌とは「酸素があってもなくても生きられる菌」ということであり、よくかき混ぜ、酸素にふれさせても、食中毒予防にはならない。また、芽胞形成菌であるため、加熱しても死滅しないケースがある。
14	黄色ブドウ球菌は感染毒素型食中毒の代表であり、菌が産生するテトロドトキシンという毒素が食中毒を引き起こす原因となる。	×	2か所正しくない。 ①黄色ブドウ球菌は「毒素型食中毒」である ②菌が産生する毒素の名前は「エンテロトキシン」である
15	黄色ブドウ球菌の発病までの時間は24時間から48時間となっているため、食品等摂取後1日が経過したあたりでの病状観察がとくに必要となる。	×	黄色ブドウ球菌の発病までの時間は1～5時間と短い。24時間から48時間といえばノロウイルスの発病時間と出てくればなおよい。
16	ノロウイルスは牡蠣やはまぐり、ホタテ貝などの二枚貝のなかで増殖をし、摂取した人を含む哺乳類に感染し、発病を引き起こすウイルスである。	×	ノロウイルスが増殖をするのはヒトの小腸のなかのみである。また、ヒトが唯一の感受性動物であり、発病するのはヒトのみである。
17	ノロウイルスを不活化するためには70%濃度のアルコールを用いるとよい。	×	アルコールはノロウイルスには効果がない。
18	化学性食中毒の原因物質であるヒスタミンは調理加熱で分解されるため、中心温度75℃・1分以上の加熱を行うように徹底する。	×	ヒスタミンは加熱分解されない。
19	フグの毒は、季節によって毒力が異なるが、熱を加えれば無毒になるため、てっちり（鍋料理）で食すとよい。	×	フグの毒（テトロドトキシン）は熱に強く、煮沸しても分解されない。てっちりは関西でよく食される料理である。
20	じゃがいもの芽には毒があるため、芽を取らないといけないが、いものなかや皮が緑色であっても問題ない。	×	緑色の部分にも毒があるため、原則食べない。食べるにしても緑色の部分をしっかり取り除かないといけない。
21	アニサキスは寄生虫であるため、酢締めをすると死滅する。	×	アニサキスは酸に対する抵抗力があるため、酢は効果がない。
22	アニサキスは寄生虫であるため、−20℃以下で24時間凍結させると死滅する。	○	アニサキスに凍結は効果がある。天然鮭を凍結させ、凍ったまま食する北海道料理のルイベは食中毒予防につながっている。

23	ハエなどの飛ぶ虫を防除できる効果が期待できる縄のれんを厨房の入口に吊っておけば、入口自体は開放したままでもよい。	×	施設設備への出入口はきちんと閉めておくことが防虫、防そなどの観点から重要である。
24	さまざまな動物実験で、無毒性である量として設定されているものをヒトのADI（1日摂取許容量）としている。	×	無毒性であると確認された量に「1／100を掛けたもの」をヒトのADI（1日摂取許容量）としている。
25	亜硝酸ナトリウムは豆腐の凝固に使う。	×	亜硝酸ナトリウムは肉類の発色剤として使用する。豆腐の凝固に使用するものとしては塩化カルシウム、塩化マグネシウム、硫酸カルシウム、グルコノデルタラクトンなどがある。
26	アスパルテーム、サッカリンナトリウム、スクラロースはいずれも保存料として使用される。	×	設問に記載の3種の添加物は、いずれも甘味料である。保存料としてよく使われるのは、安息香酸ナトリウム、ソルビン酸カリウムなどがある。
27	逆性石けんは殺菌効果が高いが、ノロウイルスに対しては効果がない。	○	設問の通り。そのほか、逆性石けんは普通の石けんと混ぜると殺菌力がなくなることなども覚えておきたい。
28	アルコールによる消毒は、アルコールの濃度が高ければ高いほど消毒力が高い。	×	純アルコールよりもアルコール濃度70%溶液のほうが殺菌効果が高い。
29	食品衛生法施行令で定められた飲食店営業など指定業種を営もうとするものは、厚生労働大臣の許可を受けなければならない。	×	厚生労働大臣ではなく、都道府県知事、保健所政令市長の許可が必要である。
30	厚生労働大臣は食品や添加物等の表示について必要な基準を定めることができ、その基準が定められたものについては基準に合う表示がなければ、販売、陳列などをしてはならない。	×	食品表示に関する基準を定めるのは厚生労働大臣ではなく、内閣総理大臣である。
31	食品製造、または加工の過程においてとくに衛生上の考慮を必要とするものの製造または加工を行う営業者は、その製造、または加工を衛生的に管理させるため、その施設ごとに専任の食品衛生責任者を置かなければならない。	×	当該記述は食品衛生管理者のものである。食品衛生責任者と食品衛生管理者の違いはしっかり覚えておきたい。
32	最終製品の検査で安全性の確認を行うことをCCP（重要管理点）といい、工程管理よりさらに重要となる。	×	最終製品の検査ではなく、加熱中の中心温度や、揚げ油の酸化の状況、保存温度など、重要なポイントで管理を行う点のことをCCPという。

調理理論

CONTENTS

Chapter5

Chapter 5-1

調理の基本技術

重要度 ★★☆☆

調理とは、食品材料を食べられる状態の「食物」につくり替えることです。ここでは、調理の役割や種類、目的や対象、様式別の調理の特徴など、調理の概要について学びます。

MEMO

調理の種類

調理はその目的や対象、規模、様式によって次のように分類できる。

●目的別
・特別な制限をもたない普通食（常食）調理
・治療食、携帯食、行事食、供応食などの特別食調理

●対象別
・飲食店など、不特定多数の人を対象とした営業調理
・学校や会社など特定多数の人を対象とした集団調理
・家族などを対象とした家庭料理

●規模別
・家庭などの小規模調理
・給食や飲食店などの大規模調理

●様式別
・日本に伝わる和式調理
・フランス料理を中心とした洋式調理
・中国に伝わる中国式調理（中華料理）

調理とは

食品材料にさまざまな**物理的・科学的処理**を施し、食べられる状態の**「食物」**につくり替えることを**「調理」**といいます。調理にはおもに次の役割があります。

✓調理の役割

●食品の**栄養効果**を高める

生のままでは食べられない食材を加熱調理するなどして**消化吸収**をよくし、食品の**栄養効果**を高めます。

●安全性を高める

有害物や**衛生微生物**、**不要な部位**を除去して、衛生上安全なものにします。

●**し好性**を高める

食品本来の色や香りを引き立てたり、調味したりすることで「おいしく」し、食欲を増進させます。

様式別調理の特徴

日本の日常食は、ごはん、汁物、副食（主菜、副菜）という献立が基本で、1人分ずつの食膳を構成しています。また、魚を主材料とするため**鮮度**と**季節性**が大切にされること、素材別の**切り方**や**飾り切り**などの視覚的な要素が重視されることも特徴です。

加えて、明治時代以降、日本に入ってきた洋式、中国

式の調理技術が取り込まれ、日本独自の**和洋折衷料理**や、和食化された中国料理が次々に生まれました。和・洋・中国式の調理には、それぞれ次のような特徴があります。

味に関係する成分については、93ページで確認しておきましょう
Check！

和・洋・中国式料理の違い

	和式	洋式	中国式
重視される点	色、形、外観	香り	味
味つけの傾向	淡白、食材のもち味本位	濃厚、ソース本位	濃厚、味つけ本位
おもな材料	魚介類、野菜	獣肉、生野菜	獣肉、乾物
油脂	主体は植物油	主体は動物脂	動物脂、植物油併用
調理法	生食、煮物	炒め物、蒸し焼き	煮物、炒め物、揚げ物
提供の仕方	1人分ずつ盛りつけ、数種の料理を同時に提供	1人分ずつ盛りつけ、順番に提供	大皿に盛り、取り分ける
穀食の方法	米飯、麺	パン、パスタ（スパゲッティ）	米飯、まんじゅう、麺

「おいしい」とはどういうことか

　調理をするうえで、味はもっとも大切な要素といえます。ではそもそも、「おいしい」「まずい」といった**味の評価**はどのように決まるのでしょうか。

　味は、食品そのものがもつ風味だけで決まるわけではありません。私たち食べる側の**心理**や**食習慣**などにも大きく影響されます。

MEMO

香りの特徴

香りには、次のような特徴がある。

- 香りは加熱により一時的に揮発するので、のりやまつたけなどはさっとあぶると香りが強まる。
- 加熱を続けると香りがなくなるので、みそやしょうゆも長く煮すぎないほうがよい。
- 液体中の香気成分は揺り動かすと高まる。アルコール類のテイスティングでグラスをゆらすのはこのため。

香りの成分についても93ページで確認しておきましょう

Check！

MEMO

味と温度

呈味の濃度が同じでも、温度によって感じ方が異なる。

- 甘味：30～40℃がもっとも強く感じる。
- 塩味：高温で弱く、温度が下がると強く感じる。
- 酸味、苦味：常温（15℃）で強く、温度が上がると弱く感じる。

味を構成する要因

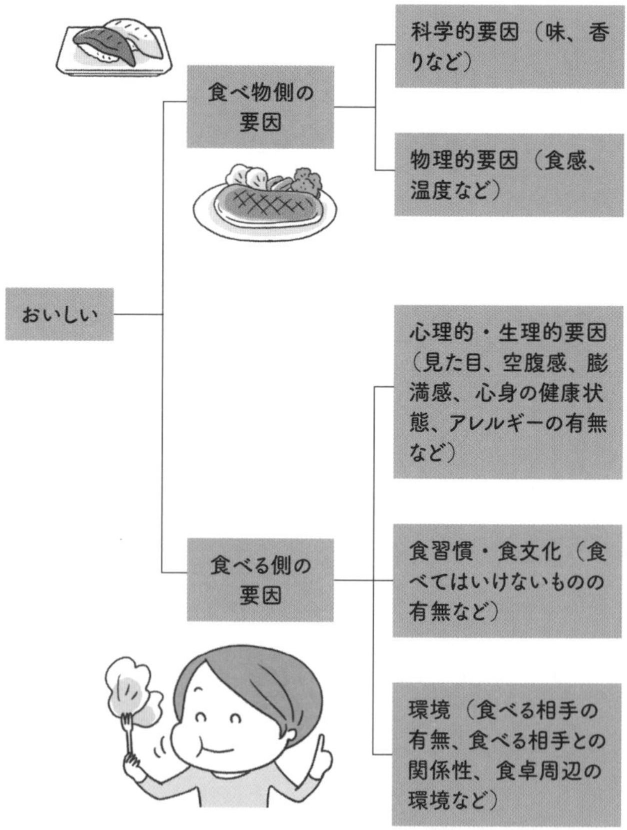

味の種類と相互作用

食品中に含まれる味の成分を「**呈味成分**」といい、これを舌にある**味蕾**と呼ばれる突起が感じ、それが脳に伝わって味が認識されます。

なお、食品に含まれる呈味成分を2種類以上組み合わせると、味の感じ方が変わることがあります。この現象を「**味の相互作用**」といい、**対比効果、抑制効果、相乗効果**の3つのパターンがあります。

味の相互作用

	特徴	例
対比効果	2種の異なる味を混ぜたとき、一方がもう一方の味を引き立てる	●すいか＋塩（甘味＋塩味） ●だし＋塩（うま味＋塩味）
抑制効果	2種以上の異なる味を混ぜたとき、そのうちの1つあるいはすべての味を弱める	●コーヒー＋砂糖（苦味＋甘味） ●かんきつ類＋砂糖（酸味＋甘味）
相乗効果	同じ系統の味を2種以上混ぜたとき、その味がより強まる	●かつお節＋こんぶ（うま味＋うま味） ●砂糖＋甘味料（甘味＋甘味）

調理と色

食物は、味だけでなく**色**も、好き・嫌いに影響します。食品には各種の**天然色素**が含まれており、さまざまな特徴があります。

天然色素の種類と特徴

成分名	特徴
カロテノイド（黄、赤、橙色）	●油に溶ける性質がある ●かにやえびに含まれるアスタキサンチンもカロテノイドの一種で、加熱前は青緑色をしているが、加熱すると赤色になる
アントシアニン（赤、青、紫色）	●水に溶ける性質がある ●アルカリ性では青や紫色に、酸性では赤色になる
フラボノイド（白、薄黄色）	●水に溶ける性質がある ●アルカリ性では黄色に、酸性では無色になる
ヘム（赤色）	●ミオグロビンとヘモグロビンがある ●酸素に触れると鮮やかな赤に、加熱すると褐色になる
クロロフィル（緑色）	●油に溶ける性質がある ●アルカリ性では鮮やかな緑色、酸性では退色する

ポリフェノールは植物に含まれる呈味成分で、カテキンやタンニン、イソフラボンなどの総称です。アンチエイジングによいといわれているのは、老化の原因といわれる活性酸素を取り除くからです

Check！

それぞれの色素成分がどのような食品に含まれているかは、92ページで確認しておきましょう

Check！

Chapter 5-2

調理操作

重要度 ★★★☆

調理操作は、加熱の有無により非加熱調理操作と加熱調理操作に大別できます。また加熱調理操作は、熱を伝える媒体として水を使うかどうかにより、乾式加熱と湿式加熱に大別できます。

調理方法の分類

調理にはさまざまな操作方法がありますが、次の3つに大別できます。

✔ **非加熱調理操作**

熱を加えずに調理する操作。**洗浄**（豆知識1）、浸漬（しんせき）、切砕（せっさい）、混合、冷却など。

✔ **加熱調理操作**

熱を加えて調理する操作。炒める、焼く、煮る、揚げるなど。

✔ **調味操作**

料理の味をととのえる操作。

豆知識1

洗い方の種類と向いているおもな食品

- 水だけで洗う：米、乾物類、こんにゃく、練り製品、切った野菜や果実、ゆでた麺など。
- 塩を使う：魚介類やさといもなど、ぬめりがあるもの。
- ブラシなどを使う：いも、根菜類、かぼちゃなど、表面がかたく、汚れが多いもの。
- 加熱後に洗う：ふき、たけのこなど、あくが強いもの。

非加熱調理操作とは

食品を加熱せず、**力学的エネルギー**を加えて外観や物理性を変化させる調理操作を「非加熱調理操作」といい、次のような種類があります。

●洗浄

食品の表面に付着した汚れを水で除去します。調理の出発点となる操作です。水だけで不十分な場合は補助的手段として、ブラシ、たわしなどの道具や洗剤などを用います。なお、切り身の肉や魚、きのこ類などは、原則として洗いません。

●浸漬

食品を水やそのほかの液体（調味料、酒類、油など）に漬ける調理操作をいいます。

✓食品中の成分の抽出

野菜の**あく抜き**(用語1)、**魚の塩出し**、昆布や煮干しの**水出し**などがあります。

✓褐変(用語2)防止

野菜や果物などを水、塩水、酢水などにつけて**変色**を防ぎます。

✓吸水・膨潤(用語3)・軟化(用語4)

米や乾物、豆類などは加熱調理前に水に浸漬し、**吸水・膨潤・軟化**させます。

浸水する食品と給水時間

食品	吸水時間	重量増加の目安
高野（凍り）豆腐	数分	5～6倍
大豆	1晩（15～20時間）	2倍
小豆	60～90分（ゆで時間）	2.5倍
切り干しだいこん	15分	4.5倍
干ししいたけ	20分	5.5倍
ひじき	20分	8.5倍
即席わかめ	数分	10倍

※吸水時間や重量増は概数。製法などにより異なることもある。

●混合・攪拌（かくはん）

混ぜる、**こねる**、**泡立てる**、**和える**など、2つ以上の食品や成分を均一にするために行われる調理操作です。

✓混合・攪拌の目的

●温度の均一化

加熱しながら攪拌して、かたまりや焦げなどができないようにしたり、ねばりを調整したりする。

用語1
あく抜き
食品の苦味やえぐ味などを、下処理の段階で取り除くこと。わらびやぜんまいなどは、灰や重曹を入れた水に浸ける。れんこん、ごぼう、うどなどは酢水に浸ける。

用語2
褐変（かっぺん）
食品の色が褐色（茶色っぽくくすんだ色）になること。

MEMO
食品の褐変
食品に含まれるポリフェノールが酸素と結びつき、食品の色を変える現象。りんごやじゃがいもの皮をむいて長時間放置しておくと褐色に替わることなどを指す。水や食塩水などにつけたり、加熱したりすることで防げる。

用語3
膨潤（ぼうじゅん）
水などを吸収して膨張すること。

用語4
軟化
組織などをやわらかくすること。

用語5

乳化

➡223ページ

MEMO

バッターとは

ドウよりもねばりがなく、トロトロしている。日本では水溶き天ぷら粉を指すケースが多い。

● 材料の均一化

異なる具材や調味料を**ムラ**のない状態にする。

● 乳化（用語5）

水と油のように混ざり合わない2つの液体を**分離**しないようにする。

● 泡立て

撹拌により空気を取り込み、細かい**気泡**をつくる。

● 味の均一化

食品と調味料を混ぜ合わせ、味をなじませる。

● ドウ（パンや麺類の種）の形成

小麦と水、そのほかの材料をこねることでグルテンを形成し、粘弾性のある**ドウ**を形成する。

■切砕（せっさい）

包丁や調理器具などで食べ物から**不要分**を取り除いたり、**形**や**大小**を整えたりする調理操作をいいます。おもな切り方に、野菜などに用いられる「**押し切り**」（**垂直圧し切り、押し出し切り**）、刺身や肉などに用いられる「**引き切り**」、魚の頭や骨などのかたいものに用いられる「**たたき切り**」があります。

また、和・洋・中国の各様式の調理には、以下のようにさまざまな切り方があります。とくに日本料理の飾り切りは「**むき物**」と呼ばれます。

●野菜の基本的な切り方

拍子木切り／ポン・ヌフ（仏）／条（ティヤオ・中）

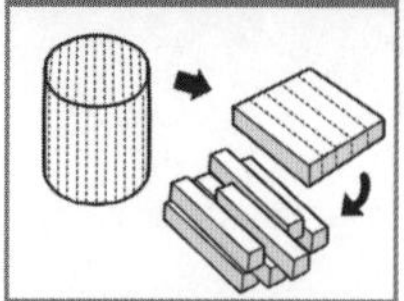

くし形切り

色紙切り／ペイザンヌ（仏）／方（ファヌ・中）

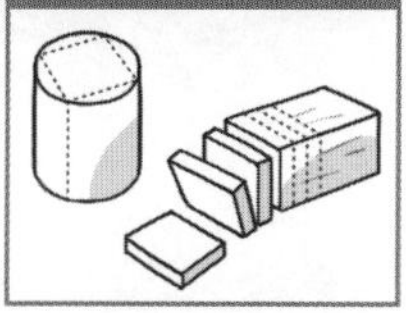

せん切り／ジュリエンヌ（仏）／絲（スウ・中）

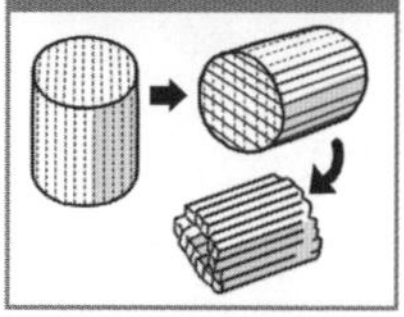

短冊切り

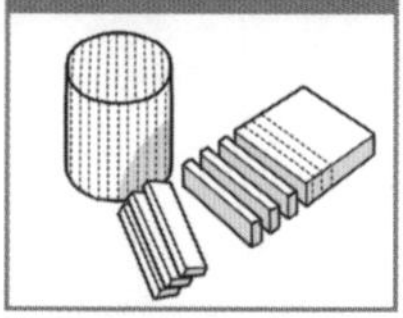

小口切り

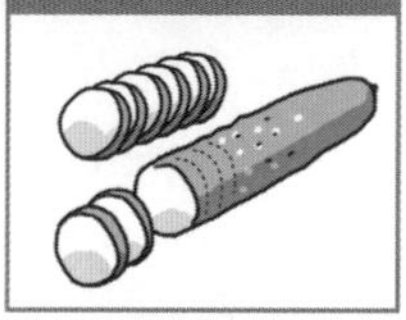

かつらむき／リュバン（仏）

みじん切り／アッシェ（仏）／末（ムオ・中）

輪切り／ロンデル（仏）

半月切り／トラジュ（仏）

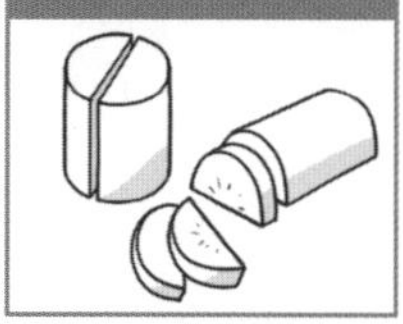

いちょう切り／扇子（シャンツ・中）

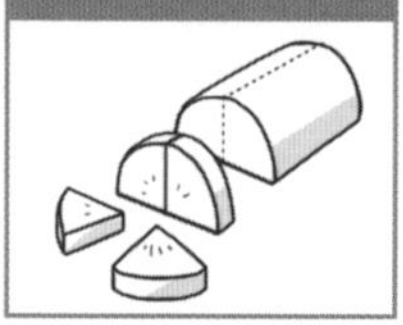

面取り

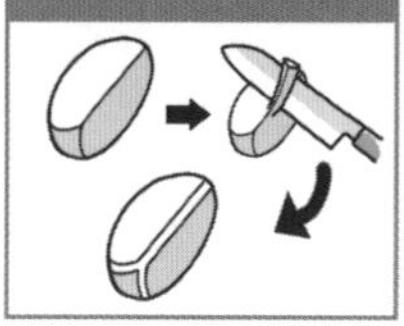

シャトー（仏）

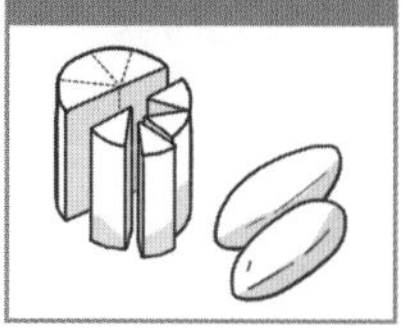

ロザンジュ（仏）

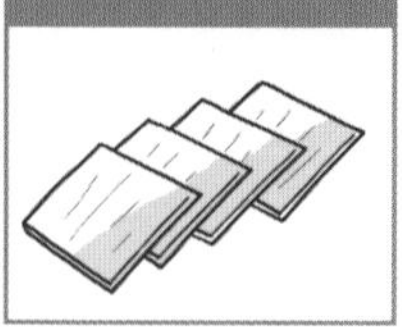

MEMO

包丁のもち方

次の3とおりがある。
①人指し指を伸ばして包丁の背に添え、残りの指で柄を握り、刃先で切る　②柄のつけ根を握り、刃のなかほどで切る　③柄全体を握り、振り下ろす

もちやのり巻き、ケーキなどを切るときは、刃を湿らせると、摩擦が小さくなって切りやすくなります

Check！

MEMO

隠し包丁

食品の姿や形を保ちながら、火のとおりや味のしみこみをよくするため、包丁で食材に切り込みを入れることをいう。多くの場合、盛りつけたときに見えない部分に切り目を入れることから「隠し包丁」という。

魚のおろし方

2枚おろし

包丁を中骨に沿わせ、上身と下身（中骨つき）におろす。

3枚おろし

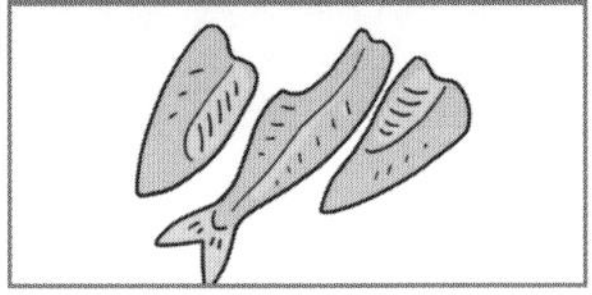

2枚おろしの下身から中骨を外す。

5枚おろし

3枚おろしの上身、下身をそれぞれ背身、腹身に切り分ける。幅が広い魚に用いられるおろし方。

背開き

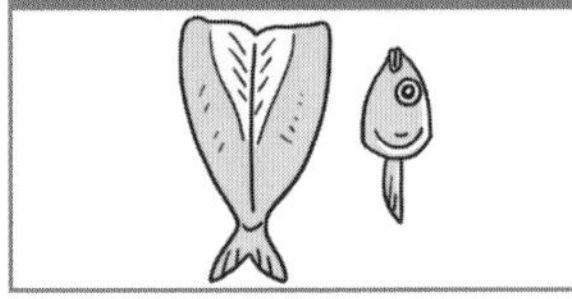

背から包丁を入れ、中骨に沿って切り開く。

腹開き

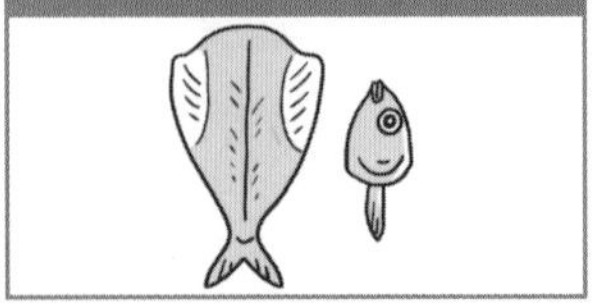

腹から包丁を入れ、中骨に沿って切り開く。

■粉砕・磨砕

固形の食品に力を加え、粉状にする調理操作を「**粉砕**（ふんさい）」といいます。一方、固形の食品をおろし金やミキサー、すり鉢や**マッシャー**[用語6]などですりおろしたり、すりつぶしたりする調理操作が「**磨砕**（まさい）」です。磨砕を施すことで食品の**原形**は失われますが、もとの**香り**や**色**は保たれ、自由に成型できるようになります。**口あたり**や**消化**もよくなります。

■圧搾（あっさく）・ろ過

食品に圧力を加えて液体をしぼり出したり、別々の食

用語6
マッシャー
ゆでてやわらかくしたいもや野菜などをマッシュする（つぶす）ための調理器具。

かつお節削り器やかき氷機は磨砕が連想できますが、切砕になります
Check！

品に圧力をかけて変形させたりする調理操作を「**圧搾**（あっさく）」といいます。果物や野菜をしぼってジュースをつくるのも、押し寿司やおにぎりをつくるのも圧搾です。

一方、圧力を加えずに、自然の重みで固形分と液体分に分けることを「**ろ過**」と呼びます。

■冷却・冷凍・解凍

食品の温度を下げることを「**冷却**（豆知識2）」といいます。冷却することで、**食感**が変化したり、**味**が向上したりします。また、短時間冷却によって水分が氷結することを「**凍結**」といいます。

冷凍した食品の多くは、食べる前、あるいは調理前に**解凍**が必要です。食品ごとに適した方法で解凍すると、味や見た目が損なわれません。

✓食品別解凍のポイント

●魚介類

冷凍した魚介類を生食する場合は、なるべく低温で時間をかけて解凍すると、組織の破壊や汁の流出が起きにくくなります。

●調理冷凍食品・フライ

調理冷凍食品や衣つきのフライは、凍ったまま焼く、蒸す、揚げるほか、電子レンジで解凍調理します。

●野菜・果実

野菜類や果実の多くは冷凍により新鮮な歯ざわりを失います。とくに青菜類は、色を保持するために**ブランチング**（用語7）という加熱処理を行う必要があるため、生食用の冷凍品はありません。一方、コーンやポテト、かぼちゃなどは、解凍せずにそのまま加熱調理することができます。

■凝固

流動性のある食品に**寒天**や**ゼラチン**、**カラギーナン**などを加えると、凝固させることができます。

豆知識2

冷却（れいきゃく）**の目的**

調理における冷却には次のような目的がある。

- 急速に冷やすことで魚の身を収縮させ、普段とは異なる食感を生む。魚の洗いなど。
- 適度に冷やすことで、味を向上させる。サラダ、酢の物など。
- 冷やすことで短時間で凝固できる。寒天、ゼリーなど。

用語7

ブランチング

サッと湯どおししたあとに冷やすこと。色止めともいう。

用語8

離漿（りしょう）

寒天ゼリーは時間が経つと水が出てくるが、その現象を指す。離漿を防ぐには、寒天濃度、砂糖濃度を高くするとよい。

それぞれの調理操作の特徴をしっかり覚えておきましょう

Check！

寒天、カラギーナン、ゼラチンの違い

	寒天	カラギーナン	ゼラチン
原料	紅藻	紅藻	動物の皮、腱、骨から取ったコラーゲン
ゼリーとして使用される濃度（液に対して）	0.5～1%	0.5～1.5%	1.5～4%
凝固温度	28～35℃	35～45℃	3～14℃
融解温度	78～81℃	50～65℃	20～27℃
特徴	●時間が経つとゼリーから水が出てくる（離漿[用語8]） ●果汁を加えるときは火からおろす	●寒天より酸に強いが、50℃以下で加える ●牛乳を加えるとゲル化しやすい	●たんぱく質分解酵素を含むもの（キウイ、パイナップルなど）を加えると分解し、固まらなくなる

加熱調理操作とは

加熱調理操作とは、食品に**熱エネルギー**（または**電波エネルギー**）を与えて**温度**を上昇させる調理操作の総称です。食品の**外見**や**性状**、**各種成分**に物理的・化学的変化を起こさせることができます。ただし、栄養素の損失や消化の低下など、望ましくない変化が起こってしまうこともあります。

■乾式加熱と湿式加熱

加熱調理操作は、水を媒体とせずに熱を伝える**乾式加熱**と、水を媒体として熱を伝える**湿式加熱**に大別できます。**焼く**、**炒める**、**揚げる**は乾式加熱、**煮る**、**ゆでる**、**蒸す**は湿式加熱になります。

なお、ほかの加熱調理操作として**マイクロ波**（**電子レンジ**）や**IH調理器**による加熱もあります。

加熱調理操作の分類と特徴

	乾式加熱		湿式加熱	
	焼く、炒める	揚げる	煮る、ゆでる	蒸す
加熱温度（℃）	150～200	160～190	95～100	85～100
温度の保持	困難	困難	容易	容易
温度の調節	困難	困難	容易	容易
材料内の温度差	大	大	小	小
加熱中の味つけ	容易	困難	容易	困難

■焼く

火の発見とともにはじまった最古の加熱法です。焼き方により、**直接加熱（直火焼き）**と**間接加熱（間接焼き）**に大別できます。

✓**直接加熱**

串焼き、網焼き、機械焼き（トーストなど）など。

✓**間接加熱**

炒り焼き、石焼き、砂焼き、包み焼きなどの油を使わない方法と、鉄板焼き、炒め焼き、蒸し焼きなど、油を使用する方法があります。

焼き物の加熱温度は200℃以上になり、材料内の温度差も大きくなります。そのため、表面は焦げているのに内部は生ということもあり、**温度調節**に注意が必要です。

豆知識3

■炒める

広義では焼く操作の1つですが、加熱中に**味つけ**が可能な点などで、煮る操作との共通点もあります。炒め物は、**高温**かつ**短時間**で行うのがコツです。

MEMO

焼き加減のチェック法

肉や魚は、次の方法でなかまで火が通っているかチェックできる。

①表面がかたまっていて、箸などで押して弾力があればOK。

②竹串などを刺し、肉汁が透きとおっていればOK。

豆知識3

炒め物のコツ

材料の大きさをそろえて切ると火のとおりが均一になる。また、1回に炒める量を少なくするのもコツ。火のとおりが悪いものは、下ゆでなどをしておくとよい。

〆豆知識4

揚げ物の温度と時間の目安

- 天ぷら（魚介）：180〜190℃で1〜2分。
- 精進揚げ（いも、れんこん）：160〜180℃で3分。
- かき揚げ：180〜190℃で1〜2分。
- フライ：180℃で2〜3分。
- コロッケ：190〜200℃で0.5〜1分。
- から揚げ：180℃で2〜3分。
- ドーナツ：160℃で3分。

用語9

比熱

1gあたりの物質の温度を1℃上げるのに必要な熱量のこと。

■揚げる（豆知識4）

液状の**油脂**を熱し、その中で食品を加熱する調理操作をいいます。揚げ物は**180℃前後**の高温で加熱され、この間、食品と衣では**脱水**と**吸油**が行われます。また、衣の内部では水分が蒸発し、その蒸気で食品が蒸されているような状態になります。これにより**加熱時間**が短くなり、栄養成分の**損失**や形状、組織の**変化**が少なくてすみます。

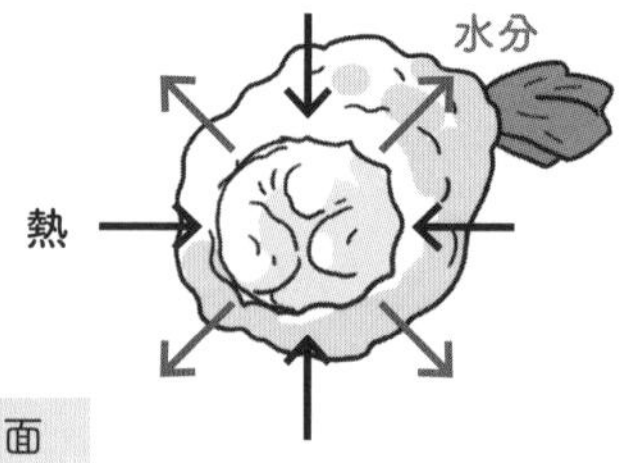
水分
熱
断面

なお、食用油は水に比べて**比熱**（用語9）が小さく、温まりやすく冷めやすいという特徴があります。揚げ物を上手に仕上げるには、鍋は厚手のものを使い、あぶらはたっぷりと用意し、少しずつ食材を入れて温度の急変を防ぐことが大切です。

衣の浮き沈みによるあぶらの温度の見分け方

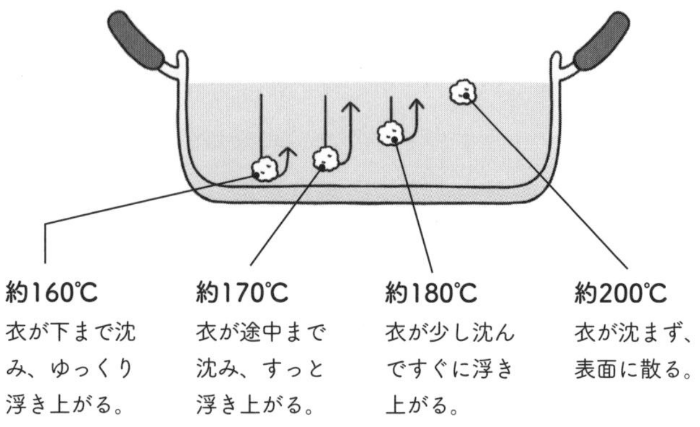
約160℃
衣が下まで沈み、ゆっくり浮き上がる。
約170℃
衣が途中まで沈み、すっと浮き上がる。
約180℃
衣が少し沈んですぐに浮き上がる。
約200℃
衣が沈まず、表面に散る。

■ゆでる

大量の**水**のなかで食品を加熱する調理操作をいいます。食品によっては、次のような材料をゆで汁に加えることがあります。

ゆで汁に加える食品とその効果

食品	効果
食塩	青菜をゆでるときは、ゆで汁の2%の食塩を加える。青菜のクロロフィルが安定化し色がきれいに仕上がる
米ぬか	たけのこのようにえぐみの強いものは、米ぬかを加えてゆでると味がよくなり、少しやわらかくなる
重曹	わらび、ぜんまいなどをゆでるときは、ゆで汁に0.2～0.3%の重曹を加える。重曹のアルカリの効果で繊維がやわらかくなり、クロロフィルの緑も鮮やかになる
みょうばん	やつがしらは、ゆで汁にみょうばんを加えてゆでると、細胞膜のペクチン質が分解されにくくなり（不溶化）、煮崩れを防げる

豆知識5

■煮る

調味料が入った液体のなかで食品を加熱する調理操作をいいます。ゆで物も、広義には「煮る」の1つです。煮るという調理操作は**熱源**、**材料**ともに幅が広く、好みの味を自在につくり出せるのが特徴です。

■蒸す

沸騰した湯から発生する**蒸気**の熱を利用した調理操作をいいます。蒸し物は、食品に火が直接あたらないため焦げる心配がなく、長時間にわたって温度を維持しつつ加熱できます。また、**形**が崩れにくく、**栄養成分**の損失が少ないというメリットもあり、材料の特徴を失わずに中心まで加熱するのに最適な方法といえるでしょう。

なお、湯が沸騰しないうちに食品を入れると、水っぽくなります。水が沸騰し、蒸気が立ってから材料を入れるようにしましょう。途中でふたを開けるのも禁物です。ただし、もち米のように、食品によっては途中で何度も

豆知識5

煮魚のコツ

煮魚をつくる際は、煮汁が多いとうま味が汁のほうに移ってしまうため、なるべく汁を少なくする。加えて、少ない汁が全体に行き渡るよう、落としぶたをする。

MEMO

落としぶた

煮物をつくるときなど、材料のうえにかぶせる鍋の直径よりも小さいふたのこと。アルミホイルで代用できる。

落としぶたをすると食材が動きにくくなるため、煮くずれしにくくなります。また、煮汁が均等に行き渡り、蒸発が一気に進まないため煮詰まりにくくなるなどの利点もあります

Check！

振り水[用語10]をする必要があります。また、**生臭み**が残ることがあるので、白身の魚など、**淡白な**材料が向いています。

■**マイクロ波加熱**

電子レンジによる加熱も、加熱調理操作の1つです。電子レンジは、**マイクロ波（電磁波）**を放出し、食品内部の水分を細かく振動させます。これによって**摩擦熱**（まさつねつ）が生まれ、摩擦熱が広がることで食品全体の温度が上がります。水や、水分を含む食品を短時間で加熱できる、焦げ目がつかない、色や香りの変化が少ないという特徴があります。

短時間で加熱できるため、解凍にも向いています。

■**調味操作**

調理過程や仕上げで**調味料**を加え、食品のもち味を引き出したり、風味を向上させたりする調味操作は、調理の決め手となる作業です。また、だしをとるのも、調味操作の一環といえます。

調味料での味つけ

甘味、酸味、塩味、うま味などの呈味物質を含み、食材になかった味を加えたり、もち味を強調または抑制したり、新しい風味を創造したりするために使用される食品を**調味料**といいます。

調味料の浸透速度[豆知識6]は、温度や食品の**表面積**、物質の**分子量**や**形状**によって異なります。「**温度**が高い」「食品内外の**濃度差**が大きい」「食品の**面積**が大きい」「物質の**分子量**が小さい」ほど、速く浸透します。また、「分子またはイオンが**球形**」であると、速く浸透します。たとえば、砂糖と食塩を両方加えるときは、**砂糖**を先に加える必要がありますが、これは、食塩が**砂糖**の約4倍の速度で吸

用語10
振り水
全体にまんべんなく水を振りかけること。

MEMO
オーブンレンジ
電子レンジに電子オーブン機能がついた調理器具のこと。
オーブン
➡234ページ

豆知識6
調味料を加えるタイミング
- 煮物：加熱後、食材が十分にやわらかくなってから調味料を加える。
- ジャム、煮豆：砂糖を大量に加える場合は、数回に分けて入れ、急速な脱水を防ぐ。
- いも類：調味料が浸透しにくいので、早い段階から調味液を加えて煮る。
- 焼き物：味を浸透させたいが、長時間の加熱は避けたい場合は、加熱前に調味液に浸して下味をつけておく。

収されるためです。

なお、調味料は、数種を配合して**ソース**や**ドレッシング**、**合わせ調味料**として用いられることもあります。

✓合わせ調味料の例

- 二杯酢：しょうゆと酢を混ぜ合わせたもの。
- 三杯酢：しょうゆ、塩、酢、砂糖（またはみりん）を混ぜ合わせたもの。
- ぽん酢：しょうゆにかんきつ類のしぼり汁を混ぜ合わせたもの。
- 吉野酢：三杯酢に少量の吉野くず（または片栗粉）を混ぜ合わせたもの。
- 割りじょうゆ：しょうゆをだし汁で割ったもの。

■だし

食品がもつうまみ成分を、水を使って引き出した汁を日本料理では「**だし汁**」といいます。だしの文化は海外にもあり、西洋料理では「**スープストック（ブイヨン）**」、中国料理では「**湯（タン）**」といいます。

だしのとり方

種類	とり方	
だし汁	かつおだし	薄く削ったかつおぶしを沸騰した湯（95～100℃）に入れ、火を止める。かつおぶしが沈んだらこす
	昆布だし	水に入れて30～60分おくか、水に入れて火にかけ、沸騰直前（90℃）に取り出す
	煮干しだし	常温の水に浸けておく
スープストック（ブイヨン）	骨やすね肉などを水中で何時間もかけて加熱し、うま味成分やゼラチン質を引き出す	
湯	鶏や豚骨などを長時間煮出す	

MEMO

薄口しょうゆと濃口しょうゆ

薄口しょうゆの食塩量は濃口しょうゆより多い。

調味料は「さ（砂糖）、し（塩）、す（酢）、せ（せうゆ＝しょうゆ）、そ（みそ）」の順に入れるとよいといわれています。これは、砂糖が塩よりも浸透が遅いこと、酢、しょうゆ、みそは香りが飛びやすいという調理科学がベースになっています

Check！

Chapter 5-3

食品成分の変化

重要度 ★★☆☆

炭水化物、たんぱく質、脂質、無機質、ビタミンの5大栄養素は、調理によってその成分がさまざまに変化します。それぞれの変化の概要と、対処法について見ていきましょう。

調理による炭水化物の変化

炭水化物は、エネルギー源になる**糖質**と、消化吸収されない**食物繊維**に分けられます。糖質はさらに**単糖類**[用語1]、**二糖類**[用語2]、**多糖類**[用語3]に分類され、中心となるのが二糖類の**ショ糖**と、多糖類の**でんぷん**です。

✓でんぷんの糊化（こか）

でんぷんは穀類などの主成分です。生の状態のでんぷんを**β-でんぷん**といい、そのままでは食べられません。しかし、水を加えて温度を上げていくと、でんぷんが水を吸収して膨らみ、**60～75℃**以上の温度が続くと**ねばり**が出て透明な糊状になります。この状態のでんぷんを**α-でんぷん**といい、β-でんぷんがα-でんぷんに変化することを、でんぷんの「**糊化**[用語4]」または「**α化**」といいます。

✓でんぷんの老化

一度糊化したでんぷんを、水分を含んだまま室温で放置すると、やがてβ-でんぷんに近い状態に戻ります。これをでんぷんの「**老化**」といいます。

でんぷんの老化を防ぐには、糊化が終わった直後に水分が**15%**以下になるまで急速に乾燥する方法が有効です。この方法で製造されているのが、せんべいやビスケット、即席麺、冷凍ごはんなどです。

また、大量の**砂糖**を一度に加えた場合も糊化状態を保つことができます。この性質を利用して製造されるもの

MEMO
5大栄養素
➡107～108ページ

用語1
単糖類
ブドウ糖や果糖など。
➡110ページ

用語2
二糖類
砂糖やマルトース、トレハロースなど。
➡110～111ページ

用語3
多糖類
でんぷん、グリコーゲンなど。
➡110～111ページ

用語4
糊化（こか）
α-でんぷんは消化されやすい。炊飯をはじめ、でんぷん質の食品の加熱調理は、その多くが糊化を目的に行われる。

に、ようかんや餡があります。和菓子に多く見られる調理法です。

調理によるたんぱく質の変化

たんぱく質は、すべての動物性食品、植物性食品に含まれています。肉や魚を加熱すると表面がかたくなり、中の水分や肉汁が溶け出しにくくなります。この作用をたんぱく質の**熱凝固**[豆知識1]といい、動物性食品を加熱するのは、熱凝固させるためといえるでしょう。

熱凝固と調味料

熱凝固の温度は**60～70℃**ですが、調味料によって次のように変化します。加熱以外にたんぱく質を凝固させる要素には、以下のようなものがあります。

●調味料によるタンパク質凝固

調味料	特徴	調理への活用例
塩	熱凝固を早める。また、凝固物をかたくする	●卵焼きに塩を入れるとかたくなる ●ポーチドエッグがかたまりやすい ●魚をしめる
酢	塩と併用すると熱凝固が促進される	●ポーチドエッグがかたまりやすい ●魚をしめる
砂糖	熱凝固を遅らせる。また、凝固物をやわらかくする	卵焼きに砂糖を入れるとふんわりとかたまる

✓無機質による凝固

カルシウムやマグネシウムなどの**無機質**も、たんぱく質を凝固しやすくします。この性質を利用してつくられるのが**豆腐**です。**豆乳**に**にがり（塩化マグネシウム）**加えると**大豆**に含まれるたんぱく質が凝固して、豆腐ができます。

でんぷんの糊化と老化についてはよく出題されます。α-でんぷんとβ-でんぷんの違いについても覚えておきましょう
Check！

豆知識1
たんぱく質の熱凝固と消化時間
たんぱく質は熱凝固により消化時間がやや長くなるが、吸収率はほとんど変化しない。

MEMO
たんぱく質の酸凝固
たんぱく質は熱を加えなくても、酸によっても凝固する。これを酸凝固といい、魚の酢じめやヨーグルトは、この酸凝固を利用してつくられる。

一般的に、常温で液体のものを「油」、固体のものを「脂」といいます
Check！

✔コラーゲンとゼラチン

動物の皮やすじに含まれる**コラーゲン**もたんぱく質の一種です。肉や魚を長時間加熱するとコラーゲンが次第に溶け、冷えてかたまると**ゼラチン**になります。これが**煮こごり**です。

✔グルテン

小麦に水を加えてこねると、たんぱく質が凝集して弾力のあるかたまりができます。これを**グルテン**といいます。グルテンはパンやケーキ、天ぷらなどに利用されます。

調理による脂質の変化

油脂は**植物性**と**動物性**に分けられます。植物性油脂は常温では**液体**で、サラダ油や天ぷら油などに使われます。動物性油脂は常温では**固体**で、バター、ヘット（牛脂）、ラード（豚脂）が使われます。

✔脂質の融点

固体の油脂は温まると溶けます。溶け出す温度を**融点**（**融解温度**）といい、バターは**28～36**℃、ラードは**28～40**℃、ヘットは**40～50**℃となっています。バターとラードは融点が体温より低いため、口に入れるとやわらかくなりますが、冷えてかたまっているヘットは口に入れても溶けません。ハムやソーセージが冷たいまま食卓に出されるのは、ラードの融点が低いためです。

✔油脂の変化

空気に長期間さらされたり、長時間加熱されたりすると、油脂は酸素によって**酸化**し、**分解**されたり、**重合**[用語5]を起こしたりします。これを油脂の**劣化**といい、劣化が進んで食用に適さなくなることを**変敗**といいます。油脂の色が濃くなる、不快なにおいがする、ねばりが出る、細かい

用語5
重合
化学反応により、分子が結合してより分子量の大きい化合物になる現象をいう。油の場合は加熱により酸化が進むと、油の分子同士が結合（重合）する。重合により大きな分子となった油は粘度を増し、重合が進むとゴム状に変化する。

泡が消えにくくなる、といった変化があれば、油が劣化している可能性があります。

✓油脂の劣化・変敗を防ぐには

油脂の劣化・変敗を防ぐには、以下のポイントに注意しましょう。

- 空気になるべくさらさないようにする。
- 長時間の加熱はできるだけ避ける。
- 直射日光に当てない。
- 不純物を混ぜない。
- 調理中は揚げかすをこまめに取り除く。
- 使用済みの油を保管して再利用する場合は、手早くこして容器の口もとまで入れ、密栓して冷暗所に保存する（あまり再利用しないほうがよい）。

✓乳化（エマルジョン）

水と油は本来混じり合いません。しかし、激しく攪拌するなどの調理操作を施すと一時的に混じり合います。これを**乳化（エマルション）**といい、**水中油滴型（O／W）**と**油中水滴型（W／O）**があります。

水中油滴型と油中水滴型

	状態	例
水中油滴型（O／W）	水のなかに油が粒子となって分散している	マヨネーズ、牛乳、生クリーム　など
油中水滴型（W／O）	油のなかに水が粒子となって分散している	バター、マーガリン　など

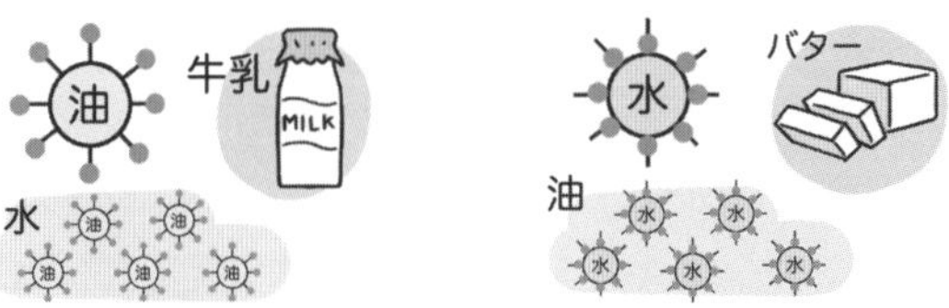

牛乳　水中油滴型（O/W）　　バター　油中水滴型（W/O）

MEMO
酸敗
変敗が進んで、食用に適さなくなった油のこと。

酸化した油は劣化が激しいため、揚げ油などの再利用はできるだけしないほうがよいとされています

Check！

豆知識2

ビタミンB_1の分解酵素アノイリナーゼ

貝類や淡水魚には、アノイリナーゼというビタミンB_1の分解酵素をもつものがある。そのため、貝類や淡水魚を生食すると、ビタミンB_1が分解されてしまう。ただし、アノイリナーゼは加熱すると活性がなくなる。

調理による無機質の変化

無機質は調理で破壊されることはありませんが、**水**に溶け出す性質があるため、ゆでる、煮るといった調理操作を行うと、**ゆで汁**や**煮汁**に溶け出して成分の損失が起こります。それを防ぐには、水につける時間をできるだけ短くすることが大切です。

調理によるビタミンの変化

ビタミンは調理による損失が起こりやすいという特徴があります。また、損失が起こっても食品の色や味、香りには変化が出ないため、注意が必要です。

✓ビタミンA

熱や**酸**には強く、調理による損失は少ないといえます。ただし、**光**、**酸素**には弱いので、調理の仕方や時間によっては大きく損失する可能性があります。

✓ビタミンD

ビタミンAとほぼ同じ性質があり、**熱**や**酸素**に対してはビタミンAよりも安定しています。調理による損失は気にしなくてもいいでしょう。

✓ビタミンE

ビタミンAや**油脂**の酸化を防止します（**抗酸化作用**）。ただし、調理してから時間が経つと減少します。

✓ビタミンB_1 豆知識2

水溶性のため、煮汁などによく溶け出します。また、**アルカリ**に弱く、豆を煮るときに**重曹**を加えると**40～90%**損失します。**中性**や**酸性**には比較的安定しています。

✓ビタミンB_2

ビタミンB_1と同様、水によく溶けます。また、**アルカリ**、光（とくに**紫外線**）に弱いという特徴があります。一方で**熱**には強いので、一般的な調理では損失を心配する必要はありません。

✔ビタミンC

ビタミンのなかではもっとも損失しやすいといえます。ゆでた場合、ゆで汁に**50～70%**溶け出します。一方、焼いたり蒸したりした場合の損失は**10～30%**です。また、長時間放置すると**酸化・分解**が進んで効力を失います。

✔ナイアシン

調理による変化はほとんど見られません。水溶性なので水には溶け出し、**20～60%**の損失が起こります。

各ビタミンの安定性をまとめると以下の表のようになります。

ビタミンの安定性

○：強い（安定している）　△：やや弱い（やや不安定）
×：弱い（不安定）

		熱	光	空気（酸素）	酸	アルカリ
脂溶性	ビタミンA	○	×	×	○	
	ビタミンD	○	×	△		
	ビタミンE	×	×	×		
	ビタミンK	○	×	○	×	△
水溶性	ビタミンB_1	△		×	△	×
	ビタミンB_2	△	×		△	×
	ビタミンB_6	○	×	×	○	
	ビタミンB_{12}	○	×	×	△	△
	ナイアシン	○	○	○	○	○
	パントテン酸	×			×	×
	葉酸	×	×	×		
	ビオチン	○	○		△	△
	ビタミンC	△		×	×	×

水溶性ビタミンは調理の際、煮汁やゆで汁に溶け出して損失します。一方、脂溶性は水には溶けにくいため、栄養素は水で煮ても食材に残存します
➡118～119ページ
Check！

Chapter 5-4 調理のコツ（食材別調理技術）

重要度 ★★★☆

食品にはそれぞれ異なる性質があり、その性質に合った調理法を選ぶことが大切です。そこでここでは、食材別に調理のコツを取り上げます。穀類から牛乳まで、順に見ていきましょう。

穀類

穀類のうち、**米**と**小麦**はとくに多くの料理で使われます。それぞれの特性に合った調理法を覚えましょう。

✓米

ほとんどの場合、**炊飯**して食べます。炊飯する際は次のポイントに気をつけましょう。

●洗米・浸漬[豆知識1]

まず洗い（研(と)ぎ）、表面の**ぬか**を洗い落とします。その後、水温に応じて水に**1～3**時間浸して吸水させます。浸漬をせずすぐに加熱をはじめると、表面だけ早く**ねばり**が出て、炊き上がりにムラが生じます。水加減は、米の重量の**1.4～1.5倍**、容量で**1.1～1.2倍**（新米では同量程度）とします。

●加熱

98℃以上で20分加熱すると、米に含まれる**でんぷんの糊化**が完了します（科学的事実）。

●**蒸らし**

単に熱源で長時間加熱を続けると、ごはんが焦げてしまうため、加熱して米の芯まで水分が浸透した時点で上手に**余熱**を使い、10～15分蒸らします。蒸らすことで、米の表面の余分な水分が取り除かれ、おいしいごはんになります（おいしさのコツ）。炊き上がったごはんの重量は、もとの米の重量の2.1～2.3倍になります。

豆知識1

米の浸漬時間

夏は30～1時間、冬は1～3時間が目安。なお米は、浸漬の間に米の重量に対して20～30％吸収する。

新米の場合は、水加減を少なめにしましょう。また、蒸らす際は温度をゆっくり下降させることが大切なので、途中でふたを開けるのは禁物です

Check！

✔小麦粉

小麦は**外皮**がかたいため、米のように粒食はされず、必ず**粉食**されます。小麦には**グルテニン**と**グリアジン**という2種類のたんぱく質が含まれており、水を加えて攪拌していると**グルテン**に変化し、**ねばり**と**弾力**のあるかたまりになります。グルテンは攪拌するほど強度を増すので、天ぷらの衣やケーキ、パイなどは、**冷却**して作業するか、あまりこねないようにします。また、小麦粉に水や食塩などを加えてこねた生地をドウといいます。**ドウ**[豆知識2]には**流動性**はなく、水分を多くして流動性がある生地は**バッター**といいます。ドウは添加物を加えると粘弾性や伸展性が変化します。

いも類

いも類は、**さつまいも、じゃがいも、さといも、山のいも**の4種類があります。いずれも主成分は**でんぷん**です。生のいもは空気に触れると**褐変**[用語1]するので、切ったら水にさらしますが、長時間水にさらすと煮えにくくなるので注意しましょう。

✔さつまいも

ほかのいも類に比べると甘味が強いため、間食としてよく用いられます。ゆっくり加熱すると**アミラーゼ**が働き、でんぷんが分解されて糖に変化し、甘味が強くなります。

✔じゃがいも

甘味よりもうま味が強いので、おもに料理に使われます。加熱しすぎるとでんぷんが表面に出ることでねばりが出て、味が悪くなります。マッシュポテトや粉ふきいもは、成熟した粉質のいも（男爵いもなど）を水からゆで、熱いうちにつぶして細胞をバラバラに離すようにします。

小麦粉の種類と用途については79ページでおさらいしておきましょう

Check !

豆知識2

ドウと添加物

ドウは、食塩を添加すると粘弾性が強くなる。また、砂糖や油脂を加えると粘弾性が弱くなるが、伸展性が増す。

MEMO

小麦粉のそのほかの役割

小麦粉には次のような役割もある。

- とろみをつける：ルウやスープなど。
- 肉や魚にまぶし、水分を吸収する：ムニエルなど。
- ねばりを防ぐ：麺や餃子の皮の打ち粉など。

用語1

褐変（かっぺん）

色が褐色に変わること。

➡209ページ

新じゃがいもを使ったり、冷えたいもをつぶしたりすると、内部のでんぷんが流出して糊のようになってしまうので注意しましょう

Check !

MEMO

緑色の野菜のゆで方

緑色の野菜をゆでるときは、ふたをしないで有機酸を蒸発させたほうがよいといわれている。

野菜類

野菜類は**変色**と**栄養素**の損失に注意します。

✓野菜の変色

天然色素成分の**クロロフィル**は長い**加熱**と**酸**により退色します。緑色の野菜はなるべく短時間でゆで、すぐ水で冷やしましょう。たとえば、青菜を汁物に入れる場合は、みそやしょうゆに含まれる酸で色があせるので、早く入れすぎないようにします。

✓栄養素の損失

栄養素のうち、**水溶性**で、空気にふれると**酸化**しやすい**ビタミンC**は調理による損失が大きいといえます。水に浸けて調理する時間はできるだけ短くし、大根おろしやミキサーで砕いた野菜は、できるだけ早く食べるようにしましょう。なお、野菜類を煮るとやわらかくなるのは、**細胞膜**の成分である**ペクチン**が溶けて組織が崩れるためです。

豆類

大豆、小豆、えんどう、いんげん、空豆などがあります。米と違って表皮があるため、吸水が完了するまで**15～16**時間以上かかります。

✓大豆

ほとんどの場合、加熱前に一晩水に浸けておきます。

✓小豆

大豆は水に浸けると、表皮➡内部の順に吸水します。一方、小豆は大豆よりも皮がかたいため、長く水に浸けておくと皮が十分吸水する前に**胚座**（はいざ）という黒いすじの部分から水を吸い込み、内部が膨らんで皮が破れます。この現象を「**胴割れ**」といいます。胴割れを防ぐには、洗ったらすぐに火にかけ、ゆるやかに加熱することが大切です。また、**びっくり水**[用語2]をすると、表面と内部の温度差が小さくなり、均一に加熱できます。

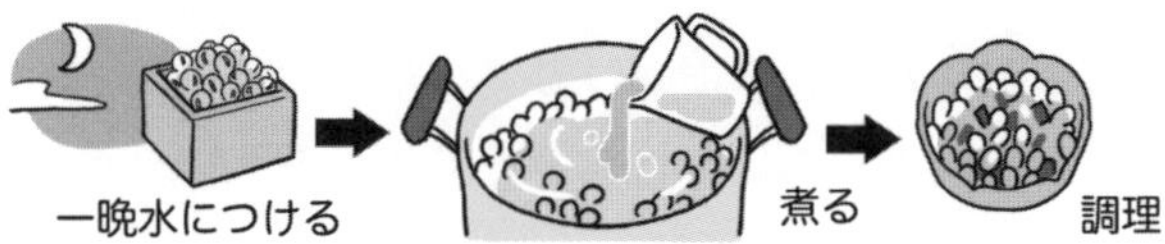

肉類

肉類は一般的に、**食肉処理**のあとに**熟成期間**が設けられています。これは、死後硬直の間は**たんぱく質**が収縮するため、肉がかたくなり、味も悪くなるからです。死後硬直後は肉に含まれる**酵素**の働きによって肉がやわらかくなり、うま味成分も増えて、食べごろとなります。

✓加熱による肉類の変化

- 肉のたんぱく質は60℃付近で**凝集**・**凝固**が起こり、肉が収縮する。
- 色素たんぱく質の**ミオグロビン**が変性し、**灰褐色**になる。
- 焼くときは、はじめに強火で両面を焼いて凝固させると、内部のうま味の流出を防げる。

魚類

魚類は肉類に比べて死後硬直が**1～4**時間と早いため、普通の大きさまでの魚であれば、とれたてほど味がよい

用語2
びっくり水
ゆでている途中で、少量の水を加えること。差し水ともいう。

小豆は途中でゆで汁を数回捨て、新しいゆで汁でゆでていくと、渋味の少ないおいしい小豆が炊き上がります
Check！

MEMO
肉類の死後硬直の時間
- 牛肉：12～15時間
- 豚肉：2～3日
- 鶏肉：6～12時間

煮魚を少ない煮汁でつくると、煮汁に溶け出したうま味が再び魚体に戻ります
Check！

といえます。新鮮なものは生食が可能です。なお、魚を焼く、あるいは煮るときは次の点に注意します。

✓焼き魚

焼く20〜30分前に魚の重量の**1〜2%**程度の塩をまぶしておくと、表面の**たんぱく質**が溶けるとともに、焼いたときの表面の**熱凝固**が促進され、身が崩れにくくなります。火加減は「**強火の遠火**（豆知識3）」が望ましいとされています。

✓煮魚

煮汁は少なめにし、なおかつ煮汁が煮立ってから魚を入れると、表面の**たんぱく質**が**熱凝固**してうま味が溶け出すのを防げます。また、**落としぶた**（217ページ）をすることで、少ない煮汁でも味がムラなくつきます。

卵

卵は、卵黄と卵白で凝固温度が異なります。

✓凝固温度の違い

卵黄と卵白の凝固がはじまる**温度差**を利用したのが温泉卵です。65〜70℃の湯に卵を20〜30分入れると**卵黄**はほぼ固まり、**卵白**は固まっていない状態になります。

✓卵の起泡性

卵白（豆知識4）を泡立て器などで泡立てると、激しい攪拌により**たんぱく質**が一種の変性を起こし、きわめて薄い膜状になって空気を包み込みます。これを卵の**起泡性**といい、スポンジケーキは卵の起泡性を活用した料理です。メレンゲもこの性質を利用してつくられます。

豆知識3

強火の遠火

強火で、かつ、食品を火から遠ざけて焼くという意味の調理用語。熱が均一に伝わること、うま味を逃さないこと、火がしっかりなかまでとおること、表面の焼き色がきれいにつくことが特徴で、焼き魚の理想的な焼き方であるといわれている。

MEMO

卵黄の変色

卵を100℃の熱湯で15分以上ゆでると、卵黄が青黒く変色することがある。これは、卵白のたんぱく質から発生したイオウ分（硫化水素）と、卵黄中の鉄分が結びついて硫化第一鉄になることで起こり、古い卵ほど起きやすい。

豆知識4

卵白を泡立てる

レモン汁など酸性のものを少しだけ加えると、弱酸性になって泡立ちやすくなる。

なお、砂糖は卵白の起泡性を阻害する一方で、気泡の安定性を高める働きがあります。このため、メレンゲをつくる際は、砂糖は途中で加えるようにします

Check!

牛乳

飲料とはしてもちろん、料理や菓子の材料としても使われる牛乳には次のような作用があります。

✔くさみを取る

牛乳に含まれる**カゼイン**[用語3]には、**におい**を吸着する性質があります。そのため、レバーや魚を牛乳に浸すと、においを取り除くことができます。

✔凝固する

牛乳に含まれるカゼインは、**酸**を加えるとたちまち固まります。ヨーグルトは、**乳酸発酵**によりカゼインを凝固させたものです。

✔焼き色をつける

牛乳を長時間加熱すると、牛乳に含まれる**たんぱく質**と**糖**が結びついて**褐色化**します。これを**アミノカルボニル反応**といいます。焼き菓子やグラタンなどに焼き色がつくのは、このアミノカルボニル反応によるものです。

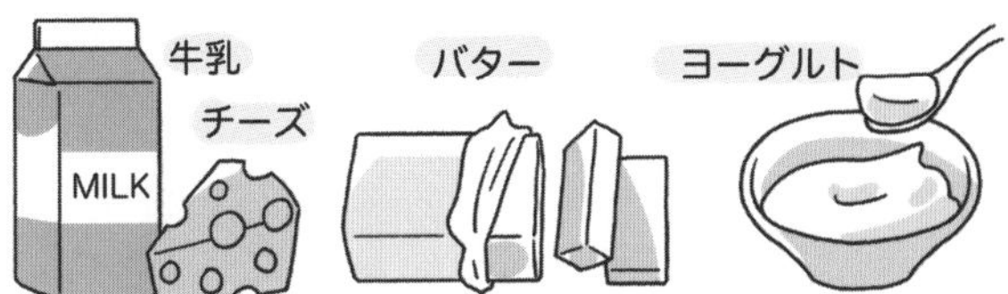

合格への近道

調理理論では、調理を科学的に理解しているかどうかを問う問題が多数出題されます。成分や加工温度などを具体的に数値で把握することはもちろん大切ですし、調理操作による食材の変化について、実際に調理をしながら確認してみるのも面白いです。本を読んで勉強するだけでなく、実際の料理や買い物のなかから学びを得る方法は、文字からだけでなくリアルから記憶できるようになるため、おすすめです。

用語3

カゼイン

牛乳やチーズなどに含まれるたんぱく質の一種。

➡87ページ

MEMO

牛乳の膜の正体

牛乳を加熱すると表面に皮膜ができる。これは、たんぱく質が熱凝固し、乳脂肪が吸着されたことでできる。

Chapter 5-5

調理器具

重要度 ★★☆☆

包丁、鍋、オーブン、電子レンジなど、調理ではさまざまな器具を使います。それぞれ食材や調理法によって向き・不向きがあるので、使い方や特徴をよく確認しておきましょう。

包丁

基本的な調理操作に欠かせない**包丁**には、**和・洋・中国式**があり、材質や刃の大きさ、厚さ、形状などにより使い分けが必要です。

包丁の種類

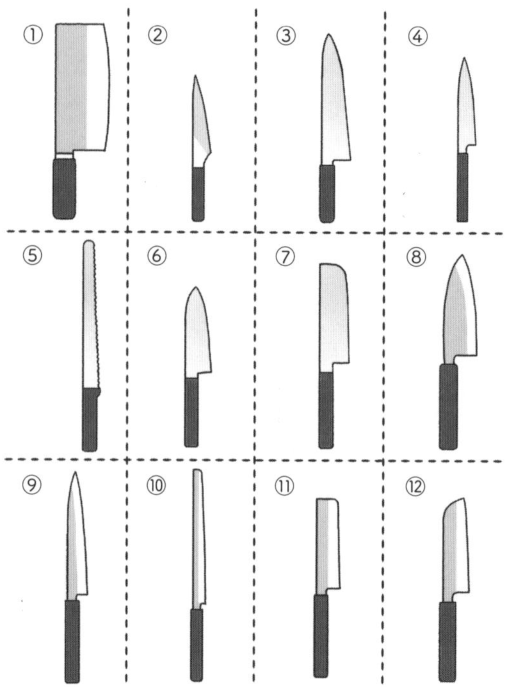

①刀（中華包丁） ②ペティナイフ ③牛刀（大） ④牛刀（小）
⑤スライスナイフ ⑥三徳包丁 ⑦菜切り包丁 ⑧出刃包丁
⑨刺身包丁（やなぎ刃） ⑩刺身包丁（たこ引き）
⑪薄刃（鎌包丁・関西） ⑫薄刃（関東）

MEMO

食材別の切り方

食材のかたさに合わせて切り方を変えるとよい。

- やわらかいもの：包丁を手前に引きながら切る「引き切り」
- かたいもの：包丁を奥に押して切る「押し切り」
- かたい魚の骨など：リズミカルに包丁を打ち下ろすように切る「たたき切り」

➡210～211ページ

包丁の形と名称はしっかり覚えておきましょう

Check！

中国料理では、中華包丁1本で、飾り切りなどを含むどのようなカットでも行います

Check！

なお、包丁の刃の形状は両刃と片刃があります。

✓両刃

左右対称に刃があります。切ったときに力が両側に均等に加わるので、いも類や野菜類など、かたいものを両切りや輪切りにするのに適しています。

✓片刃

刃が**片方**だけについた構造になっています。切り口の片方にだけ力が加わるので、刺身のように、かたまりを端から切っていくのに適しています。

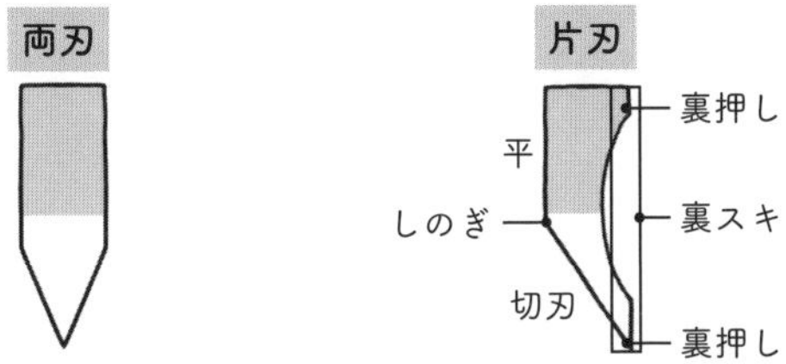

鍋

鍋（豆知識1）は、材質や形によって**熱伝導率**が異なります。熱伝導率とはある物質の熱の伝わりやすさを表す値です。熱の伝わりやすさの順は以下のようになります。

✓熱伝導

銅＞アルミニウム＞鉄＞ステンレス＞ガラス＞土（陶磁器）

アルミニウムの鍋は、重さあたりの比熱（冷めにくさ）自体は比較的大きい素材ですが、鉄鍋と比べ軽量であるため、保持できる熱量が少なくなります。そのうえ、熱伝導率も高く、結果的に冷めやすくなります。また、熱伝導率が低い土鍋は温まるのに時間がかかりますが、厚手で熱容量が大きいため、いったん温まると冷めにくいという特徴があります。鍋を使う際は、こうした特性を考慮し、料理に適したものを選ぶことが大切です。

豆知識1

鍋の種類と特徴

- ホーロー鍋：熱やアルカリに強いため、カレー、シチュー、ジャムなどの煮込み料理に適している。
- フッ素樹脂加工のフライパン・鍋：表面をフッ素樹脂加工したものは、空焚きすると350℃以上になり、樹脂が熱分解を起こしてしまうため、空焚きは避ける。
- 圧力鍋：加熱すると圧力がかかって内部が120℃になり、食材が短時間でやわらかくなる。

MEMO

オーブンの温度と調理の例

- 230～250℃：メレンゲの色づけ、ホイル焼き、焼きいもなど。
- 200～220℃：ロースト料理、グラタン、パン、ピザなど。
- 160～200℃：シチュー、ケーキ、クッキー、焼きりんごなど。
- 130～160℃：プディング、卵豆腐など。
- 100～120℃：トースト、料理の加温など。

オーブン

内部の熱と食品から発生する**水蒸気**を利用し、食品を**蒸し焼き**にする調理器具です。熱源は**ガス**または**電気**の2種類があります。近年は、**放射熱効率**を上げるために内部に**セラミック**の**放射体**を取りつけたものや、**電子レンジ**と一体になった**オーブンレンジ**が増えています。

スチームコンベクションオーブン

スチームコンベクションとは、**コンベクションオーブン**（ファンにより熱風を強制対流させるオーブン）に**スチーム発生装置**を取りつけた加熱調理機器です。**熱風**または**蒸気**、あるいは**熱風＋蒸気**で、蒸す、焼く、煮るなどさまざまな調理ができますが、料理ごとに調理モードの選択、温度と加熱時間の設定などのマニュアル化が必要です。

スチームコンベクションの調理と温度の例

調理モード	温度	調理例
スチームモード（設定温度範囲30～130℃）	105～130℃（高温）	根菜類の加熱、ごはん類の温め直し
	100℃	通常の蒸し物、赤飯、冷凍食品の加熱
	30～90℃（低温）	茶碗蒸し、プリン
熱風モード（設定温度範囲30～300℃）	200～300℃	魚の塩焼き、ロースト
	160～300℃	肉類のローストでの高温加熱
	160～210℃	魚、肉類の照り焼き、みそ焼き
	140～200℃	菓子類の焼成（スポンジケーキ、クッキー、シュー生地など）
	80～120℃	肉類のローストでの低温加熱

コンビモード（設定温度範囲100～300℃）	100～300℃	煮込み料理（肉じゃが、煮魚など） 炒め物（焼きそばなど） 焼き物（ハンバーグ、蒸し焼きなど） 揚げ物（から揚げ、トンカツなど）

電子レンジ

電子レンジの内部に組み込まれた「**マグネトロン**」という部品から**電磁波（マイクロ波）**を放出し、この電磁波を利用して食品を加熱する調理器具です。電磁波が食品内部の**水分**を細かく振動させ、振動によって生まれた**摩擦熱**で食品全体の温度が上がる仕組みです。

✓電子レンジのメリット

- 短時間で調理できる。
- 栄養素の損失が少ない。
- 色・香りの変化が少ない。
- 電磁波は木や紙、プラスチックなどにあたると通過するため、これらの材質であれば容器や包装のまま加熱できる。

✓電子レンジのデメリット

- 加熱しすぎるとかたくなる。
- 小刻みな温度調節ができない。
- 一度に大量に加熱すると、加熱にムラができやすい。
- 表面に焦げ目がつかない。
- 電磁波は金属にあたると反射するため、アルミホイルや金属製の容器は原則として使用できない。

電磁調理器（IH調理器）

コイルで発生させた**磁力線**を用い、鉄製の鍋やフライパンなどの底部を発熱させて加熱調理を行います。

アルミホイルや金属製の容器などを電子レンジで加熱すると、火花が散り、故障する可能性があります。ただし、アルミホイルの場合は、熱を伝えたくない部分にかぶせて加熱できる場合もあります。説明書で確認しましょう

Check！

用語1

IH

Induction Heatingの頭文字をとった略語。コイルで発生させた磁力線を用い、鉄製の鍋などの底部をジュール熱により発熱させる誘導加熱方式をいう。

MEMO

電磁調理器のメリット

- コンロ本体は発熱しないので安全かつ清潔。
- 室内の空気を汚さない。
- 電子レンジと同等にすみやかに発熱し、ガスコンロに比べ熱効率がよい。
- 100℃以下～300℃付近まで温度を調節・保持できる。

電磁調理器のデメリット

- 使用できる鍋に制限がある（IH対応でない土鍋やガラス鍋などは使用できない）。

Chapter 5-6

献立の作成

重要度 ★★☆☆

食品の特性や食べる人のし好、費用や設備などに合った献立を作成することも、調理師にとっては重要な技術の1つです。ここでは、献立の意義や献立作成のポイントについて学びます。

献立の役割

調理の目的は、**安全性**、**栄養性**、**し好性**といった条件を満たす食物をつくりあげることにあります。しかしながら、安全性や栄養性、し好性は、食べる人の健康状態や年齢、性別、経済状況などによっても変わってきます。こうした条件、状況をふまえて作成する食事全体の計画を「**献立**[豆知識1]」といいます。

し好性には、食べる人の食習慣や地方性、健康状態なども大きく関わってきます

Check！

年齢別・性別による献立

献立を作成する際は、まず、食べる人の性別、年齢などを考慮します。なかでも、子どもや高齢者、妊娠・授乳期の女性の食事は、特別な配慮が必要です。

✓小児の献立

小児[用語1]が成長、発育のために必要とする**エネルギー量**は、体重1kgあたりに換算すると大人の**2倍**以上となります。そのため、消化のよい**たんぱく質**と**脂質**を組み合わせ、十分な**エネルギー**を確保できる献立を考案することが大切です。ただし、3食だけで必要なエネルギーや栄養素を摂取するのは難しいため、間食も含めて一日の献立を作成します。また、この時期の食の体験は、成人後の**し好**と深く関わっています。なるべくいろいろな食品を取り入れ、**偏食**を防ぎましょう。濃い味つけや刺激が強い

豆知識1
献立の方針について
- 行事食や供応食など、原則として1回限りの食事はし好を優先して考える。
- 家庭の日常食や集団の給食などの継続的な食事は、栄養と嗜好の双方に重点をおく。
- 治療のための特別食などは治療を優先としつつも、少しでもし好に合うよう工夫する。

用語1
小児
思春期までをいう。年齢では15歳くらいまでとなる。

食品は避けたほうがよいといえます。

✓児童・生徒の献立

成人後の体格や健康状態などは、小学校から中学校、高校にかけて決まります。急速に成長する時期なので、とくに**動物性たんぱく質**を十分に摂取できる献立が望ましいといえます。また、**カルシウム**や**ビタミン**の必要量も、成人より多くなります。主食だけでなく副食も充実させ、食事量は十分に、味つけはあまり濃くしないようにするのがポイントです。

✓高齢期の献立

高齢になると一般的に身体の機能が衰え、エネルギー消費量も少なくなります。[用語2]**生活活動**内容、**咀嚼(そしゃく)力**や**消化吸収**機能に見合った献立を作成することが重要です。たんぱく質やエネルギーの摂取量が不足している高齢者も少なくないので、**動物性脂肪**の摂りすぎには注意しつつ、**たんぱく質**、**無機質**、**ビタミン**は十分摂取できるようにしましょう。食のし好にも配慮が必要です。

✓妊娠・授乳中の献立

エネルギー、たんぱく質に加えて**無機質**、**ビタミン**を十分に摂取できる献立で、胎児、乳児の発育に必要な**栄養素**と、母体の**消耗**を補います。無機質はとくに**カルシウム**と**鉄**をしっかりとることが大切です。また、極端な刺激物は避けましょう。

各年代に必要な栄養については130〜133ページで、病気ごとに必要な栄養については139ページで、それぞれ、説明しています。あわせて確認しておきましょう

Check！

用語2

生活活動

日常生活における労働や家事、歩行、移動、食事など、日常におけるさまざまかつ基本的な活動をいう。

MEMO

高齢者と低栄養

エネルギーとたんぱく質が欠乏し、健康を維持するのに必要な栄養素が足りない状態を「低栄養」という。高齢になり食べる量が減ると低栄養になりやすい。また、低栄養になると筋肉量が減少、基礎代謝が低下し、活動量が減る。すると、エネルギー消費量が減少してますます食欲が低下し、低栄養がさらに悪化するという負の循環に陥る。フレイルにもなりやすい。

用語3
治療食
➡138〜139ページ

特別食の献立

栄養面において特別な配慮がなされた食事を、一般の食事に対して**特別食**ということがあります。特別食は、病気や特殊な労働環境、運動時など、普段と異なる条件下に置かれたときに必要となります。

✓治療食の献立

病院での**治療食**[用語3]は、特定の栄養素の制限がない**一般食**（**一般治療食**）と、**特別食**（**特別治療食**）に分けられます。特別治療食には、医師の処方や管理栄養士などの栄養指導に基づき、それぞれの疾患や症状、かつし好にあった献立が求められます。

✓特別治療食の目的

- 病気の治療を行う。
- 食事で体力の消耗を補う。
- 栄養素の欠乏または過剰が原因で起こる疾患を治す。

✓特殊な労働環境、運動時の献立

肉体労働に従事している人は、エネルギーを多く使います。したがって、食事の量を増やした**高エネルギー**の献立にしましょう。一方、エネルギーをあまり使わないものの、精神疲労が激しい労働に従事する人には、エネルギーを控えつつ、良質な**たんぱく質**と**ビタミン**が豊富な献立が求められます。また、できるだけ快適な食事環境も必要です。激しい運動を日常的に行う人に対しては、運動にともなうエネルギー消費量の増加分を、主食と副食でバランスよく補える献立にしましょう。とくに、**ビタミン**と**無機質**は多く摂取できるようにし、水分補給にも配慮します。

✓行事食、供応食の献立

正月料理やクリスマス料理などのように、その行事に関係する特定の食品や献立を「**行事食**」といいます。また、客を正式にもてなすための献立を「**供応食**」[豆知識3]といいい、どちらも、栄養よりも**し好的価値**や**伝統**、**格式**などが重視される点で、**日常食**とは異なります。

家庭の献立

家庭における食事は、行事食や供応食とは異なり、**連続性**と**一貫性**をもった献立作成が求められます。楽しめるのはもちろんのこと、変化があり、量、質ともに満足できる献立が望ましいといえるでしょう。また、家族の年齢や性別、し好に合わせ、**分量**や**供食方法**がある程度調節できる献立であれば、さらによいといえます。

献立の作成手順

①基本方針を決める

食べる人の**数**、**年齢**、**性別**、**生活内容**、必要な**栄養素量**や、料理にかかる**費用**、調理者の**人数**や**技能**、**調理設備**、調理にかけられる**時間**、**食べる場所**の環境などを考え、献立の基本方針を決めます。

②食品の選定

献立の基本方針に沿って食品を選びます。**品質**や**鮮度**のよいものを選ぶのはもちろんのこと、**価格**、**季節性**、**入手・保存・取り扱い**のしやすさ、食べる人の**し好性**に合うかどうか、食品群別の摂取量をクリアできるかどうかなども加味しましょう。

③調理法を考える

①、②をもとに、食品の特性を活かす調理法を考えます。余った材料の使い道も考えておくとよいでしょう。

豆知識2

供応食の献立の一例

●日本料理（江戸時代の高級料理の酒宴膳、会席膳つき本膳料理）
本膳➡二の膳➡三の膳➡吸い物膳➡後談会席膳

●西洋料理（フランス料理のディナーコース）
オードブル➡スープ➡魚料理➡ソルベ（口直し）➡肉料理➡野菜料理（肉料理のつけ合わせとして）➡サラダ➡デザート

●中国料理（卓料理）
冷菜➡大件➡大菜➡甜菜➡湯菜（スープ）➡点心➡水果（デザート）

MEMO

献立作成の考え方

この項目で説明した基本方針のほか、食品（食材）の入手しやすい時期や価格、組み合わせなどを考え合わせる。季節感や、残った場合の保存方法も考慮に入れておくとよい。

献立を考える際は、食事バランスガイドや「3色食品群」「6つの基礎食品」「4群組み合わせ」なども参考にしましょう
➡136～137ページ

Check!

Chapter 5-7

集団調理と新技術

重要度 ★★☆☆

同じ大量調理でも、不特定の人を対象とする飲食店と、特定かつ多数の人を対象とする集団給食では、調理面や供食面、調理システムにおいてさまざまな違いがあります。

集団調理とは

学校や病院、工場などでの**特定給食施設**[用語1]において、特定かつ多数の人に対して継続的に提供すること、または提供される料理を「**集団調理**」あるいは「**集団給食**」といい、それぞれの特性をふまえつつ、**安全性**、**栄養性**、**し好性**も満たしていることが望まれます。

✓ **産業給食**

産業に従事している人が対象です。工場や事業所、寄宿舎、寮などで提供され、働く人たちの健康の増進と生産性の向上を目的としています。

✓ **病院給食**

病院に入院している人が対象です。栄養素の制限がない**一般食**と、医師の**食事箋**に基づいた**特別食**（**特別治療食**）があります（138ページ）。

✓ **学校給食**

児童や生徒が対象です。児童や生徒の体位（体の強さ）と健康の増進を図り、食生活に関する知識を与える等の目的があります。献立作成は専任の栄養士が担当します。

✓ **社会福祉施設給食**[用語2]

老人福祉施設、**障害者支援施設**、**保護施設**、**児童福祉施設**などで提供されます。施設によって対象者はさまざまですが、いずれの給食も入所者の健康増進を目的としています。

同じ大量調理でも、飲食店のように不特定の人を対象とする場合や、大規模な宴会のように1回限りの人を対象とする場合は給食とはいいません

Check！

用語1

特定給食施設

特定多数人に対して、継続的に1回100食以上または1日250食以上の食事を供給する施設をいう。

用語2

社会福祉施設

社会福祉法、生活保護法、児童福祉法、母子および寡婦福祉法、身体障害者福祉法、知的障害者福祉法、老人福祉法をもとにつくられた、社会福祉事業を行うための施設を総称していう。

集団給食の特徴

集団給食には次のような特徴があります。

●個人のし好に合わせにくい

特定多数の人を対象とするため、**個人**の好みに合わせた味つけをするのは困難です。そのため、**し好**が異なる多くの人に適合する万人に合わせた味つけを考慮する必要があります。また、いくつかの料理から**種類**や**分量**の多寡を選べるようにする、**卓上調味料**の種類を充実させるといった工夫も必要です。

●１つの料理の調理量が多く、調理時間が長くなる

複数の**調理従事者**の協同作業や、**機械化**などにより、調理時間を短縮する必要があります。

●加熱中の蒸発率が低い

調理量が多いため、加熱中の水分の**蒸発率**（量）が低くなります。これにより、加える**水**（**だし汁**）の量は少なくてすみますが、煮物では加熱や味にムラが生じやすくなります。

●水を媒体とする加熱調理操作は調理時間が長くなる

水を媒体とする**加熱調理操作**では、少量の調理と比べて**温度上昇速度**が緩慢になるため調理時間が長くなり、料理の品質に影響が出ることがあります。

●加熱条件の影響が大きい

加熱条件が、食品の**色**や**かたさ**、**テクスチャー**、**味**、**栄養成分**の変化に大きく影響します。

●余熱が大きい

少量の調理に比べて**余熱**が大きくなり、加熱時間が短縮できます。一方、煮物などは煮崩れしやすくなるため、八分どおり煮えたら消火するなど、余熱を考慮した調理操作が必要です。

MEMO

集団給食のそのほかの特徴

- 献立作成者と調理従事者が分かれている。
- 調理従事者は、和・洋・中国式すべての日常食の調理法を習得する必要がある。
- 調理時間が厳しく制約される。
- 食器は取り扱いが容易なもので、種類が限られる。
- １日３食の給食では、調理従事者の勤務大切などから、夕食時間が早くなりやすい。

●**時間経過により脱水現象が起こる**

つくりたてを食べてもらえない場合が多いため、和え物などは提供直前に調味し、時間経過による脱水現象を避けるようにします。

また、供食面では、

●**喫食まで時間的・距離的に差がある**

調理が完了してから、対象者が実際に喫食するまでに、時間的・距離的に差があります。そのため、適温で提供できるよう、**温蔵庫**、**冷蔵庫**、**温冷配膳車**などの活用が求められます。

新調理システム

食べる人のニーズの多様性や、料理の**衛生的安全性**、**経済性**などを追求するために、近年は**新調理システム**を導入する施設が増えています。新調理システムとは、従来の調理法（[用語3]**クックサーブ**）と、新調理（**クックチル**、**クックフリーズ**、**真空調理法**、**外部加工品**の活用）を組み合わせてシステム化した、**集中計画生産方式**のことです。

✓**クックチル**

通常の方法で加熱調理した料理を、冷水または冷風で[用語4]**急速冷却**したあと、**冷蔵（3℃以下）**で運搬・保管し、[用語5]**再加熱**して提供するシステムです。

✓**クックフリーズ**

クックチルシステムの急速冷却の工程からさらに**冷却**を続け、最終的に**－18℃**以下で保存し、**再加熱**して提供するシステムです。

✓**真空調理法**

生あるいは表面に軽く焦げ色をつけるなどした食品を**調味液**と一緒に**真空包装**したあと、低温で一定時間加熱し、

用語3
クックサーブ
食材を加熱調理後、冷凍または冷蔵せずに運搬し、すみやかに提供することを前提とした調理方式。

用語4
急速冷却
90分間以内に中心温度が3℃以下になるまで冷却する。

用語5
再加熱
給食では、衛生管理の面から、食材の中心温度が75℃以上の状態で1分以上、二枚貝などノロウイルス汚染のおそれがある食品は中心温度が85～90℃の状態で90秒以上の再加熱が必要。

198～199ページの大量調理施設管理マニュアルもあわせて確認しておきましょう

Check！

冷却または冷凍して保存・運搬するシステムです。提供時には**再加熱**します。

✓外部加工品

外部の食品加工業者の調理ずみ食品を利用する方法です。既製品をそのまま利用する場合と、生産を委託する場合があります。

新調理システムの作業工程

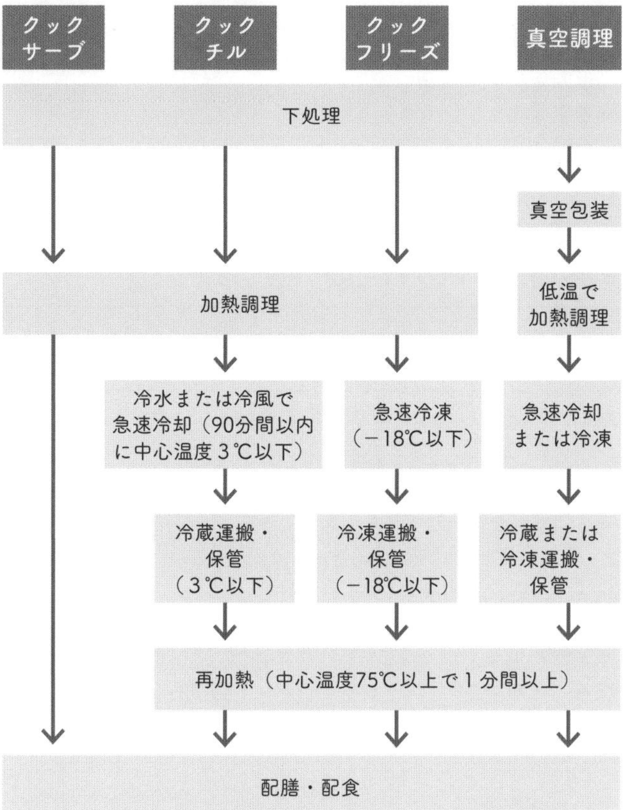

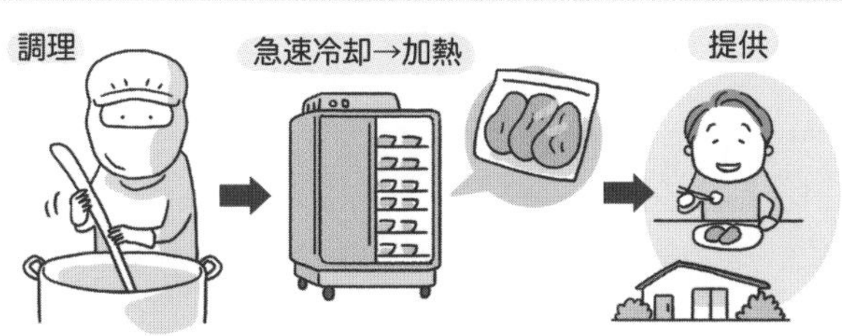

MEMO

集団給食施設でよく使われる調理機器の例

- 合成調理器：野菜の切砕から肉ひきまで可能。
- ティルテングパン：煮る・炒める・焼く・揚げるなど多彩な調理ができる。
- サラマンダー：高温で焼き目、焦げ目をつける。焼き物などに使われる。
- ブラストチラー：冷風を吹きつけて急速冷却する装置。
- タンブルチラー：氷温冷却水を循環させて急速に冷却する、ドラム回転冷却器。

達成度チェック

	問題	正誤	解説
1	和式の調理は調味中心であり、中国式の調理は素材中心である。	×	和式と中国式の内容が逆になっている。
2	料理で大切な要素とされる基本五味とは、甘味、辛味、酸味、苦味、うま味の5つである	×	基本五味とは甘味、塩味、酸味、苦味、うま味を指す。
3	食品の洗浄について、水量は多いほど、水温は低いほど、水と食品を互いに動かすほど、洗浄効果は大きい。	×	水温は高いほうが洗浄効果は大きい。ほかは正しい。
4	食品はすべて洗ってから使うほうがよい。	×	切り身の魚や肉などは洗わずに使う。
5	きゅうりをスライスし、塩をまぶしておくとシャキシャキ感が増す。	×	塩をまぶすときゅうりの中の水分が出て、やわらかくなる。
6	大豆はひと晩水につけても大豆自体の重さは変わらない。	×	ひと晩水につけると重さは約2倍になる。
7	いも類をみょうばん水に漬けおくと、煮崩れしにくくなる。	○	栗の甘露煮などでも使われる方法である。
8	マヨネーズは油中水滴型エマルションである。	×	マヨネーズは水中油滴型エマルションである。油中水滴型エマルションの代表例としては、バターやマーガリンが挙げられる。
9	刺身を切るときは包丁を押し出すようにするときれいに切ることができる。	×	刺身を切ることを「刺身をひく」ともいい、刺身包丁のような長い包丁で一気に引いて切ると、断面もきれいに仕上がる。
10	和式調理でせん切りといわれる切り方は、洋式調理になるとロザンジュと表現が変わる。	×	和式調理でのせん切りは、洋式調理ではジュリエンヌと表現が変わる。ちなみに、中国式では絲（スウ）と表現する。
11	寒天とゼラチンをそれぞれ同じ濃度で水に溶かしたとき、より低温にしないと凝固しないのは寒天溶液のほうである。	×	より低温にしないと凝固しないのはゼラチン溶液のほうである。ゼラチン溶液は基本的に冷蔵庫に入れないとかたまらない。

12	酢豚に生パイナップルを入れるのは、生パイナップルの中に含まれるたんぱく質分解酵素を利用し、肉をやわらかくするためである。	○	正しい。キウイフルーツを肉と合わせ、揉みこむなども、たんぱく質分解酵素を利用した肉をやわらかくする方法といえる。
13	ムニエルはパン粉をまぶし、フライパンで魚などを焼いてつくる料理である。	×	パン粉ではなく、小麦粉である。
14	揚げる調理操作は、湿式加熱に分類される。	×	「揚げる」は水を使わないため、「乾式加熱」に分類される。
15	水溶き天ぷら粉（バッター）をつくる際は、薄力粉のなかに水を入れた後、箸などでよくかき混ぜることが大切である。	×	水を入れた後、かき混ぜすぎてはいけない。なお、入れる水もなるべく低温の水を使うようにする。
16	油の適温を測る際、油のなかに衣を一粒落として測る方法があるが、衣が鍋底まで一旦沈み、その後浮いてくる状態である場合、油温は200℃程度あるものと推察できる。	×	衣が鍋底までいったん沈み、その後浮いてくる状態は、油温が160℃程度と推察でき、天ぷらなどでは、まだ油温が低いと判断できる。
17	落としぶたを使うと、少ない汁で材料全体に味がうまく回るため、煮魚などの調理法としてよく使用される	○	正しい。煮魚などでは煮汁が多いとうま味が汁に逃げてしまい、おいしく仕上がらないため、少ない汁で味が回るよう工夫する必要がある。
18	かつお昆布だしをつくる際、先に投入する材料はかつおである。	×	先に昆布を入れる。昆布は沸騰寸前に取り出し、その後、だしが沸騰してからかつおを入れる。
19	みそ汁をつくる際、みそはなるべく早く入れるようにする。	×	みそを先に入れると香りが飛んでしまうため、みそは最後に入れる。
20	卵焼きをかたく仕上げたいときは、砂糖を加えると良い。	×	砂糖ではなく、塩を入れるとよい。砂糖を入れると逆にやわらかく仕上がる。
21	メレンゲをつくる際、卵白を泡立て始める前に砂糖を加えておく必要がある。	×	砂糖を先に加えると泡立ちが悪くなる。ある程度卵白を泡立てた後、何回かに分けて砂糖を加えると、立った泡が消えにくくなる効果もあり、きれいなメレンゲが仕上がる。
22	二杯酢に含まれるものは酢としょうゆと砂糖である。	×	二杯酢に砂糖は入っていない。砂糖（またはみりん）を入れると三杯酢となる。

23	紅しょうがが赤くなるのは、フラボノイドの作用による。	×	フラボノイドではなく、アントシアニンの作用による。フラボノイドは食品を黄色にする作用があり、酸性のもの（酢など）を入れることで無色にできることから、酢レンコンなどを白く仕上げたいときなどにも酢を使う。
24	生のでんぷんのことをα-でんぷんといい、糊化したでんぷんのことをβ-でんぷんという。	×	糊化したでんぷんがα-でんぷんで、生のでんぷんがβ-でんぷんである。
25	ビタミンB_1はアルカリに弱いため、豆を煮るときに重曹を加えるとビタミンB_1の損失が大きくなってしまう。	○	正しい。ビタミンB_1は水溶性ビタミンであり、煮汁やゆで汁にも流失してしまう。
26	古米の水加減は米の重さ1に対し、1.1倍から1.2倍とするとよい。	×	米の重さではなく、米の容量1に対し、水を1.1倍から1.2倍とするとよい。新米であれば、もう少し減らしめでもよい。
27	大豆を使い煮豆をつくるとき、重曹を加えると酸の力により表皮の繊維は軟化し、やわらかく仕上がる。	×	酸の力ではなく、アルカリの力である。重曹は炭酸水素ナトリウムともいい、酸という文字が入っているがアルカリ性である。
28	65度から70度のお湯のなかに卵をつけおくと、先に固まるのは卵白のほうである。	×	先にかたまるのは卵黄である。卵白は80℃以上にならないと、完全には凝固しない。
29	肉は筋繊維に対して平行の方向に切ると、焼いたときの縮みが少ない。	×	肉の筋繊維に対し、垂直に切ることで縮が少なくなる。「筋切り」という。
30	牛乳のたんぱく質であるカゼインに酸がふれるとかたまる性質を利用し、つくられるのがチーズである。	×	設問の食品はヨーグルトのことである。チーズはカゼインに凝乳酵素であるレンネットを混ぜ、熟成させたものである。
31	新調理システムに含まれるものとしてクックサーブ、クックチル、クックフリーズなどが挙げられる	×	クックサーブとは、クック（調理）して、サーブ（提供）する従来の調理である。ほかの2つは新調理システムに含まれる。
32	調理台の消毒は、洗浄後乾燥させて70%の濃度のアルコールを噴霧し、水拭きする。	×	最後の水拭きはしない。アルコールを自然乾燥させることで殺菌につながる。

食文化概論

CONTENTS

Chapter6

Chapter
6-1

食文化概論

重要度 ★☆☆☆

主食や食事作法、食に対する考え方は、国や地域、信仰する宗教によって大きく異なります。国際化が進むなか、多種多様な食文化について知っておくことも調理師の重要な役割といえます。

食文化とは

衣食住など、人間の生活行動に関する技術や意識の**文化**[用語1]を**生活文化**といいます。そのなかでも、食物や食事に関する文化を「**食文化**」、あるいは「**食生活文化**」と呼びます。

食文化と調理

人類は目的に合うように**品種改良**して食料を生産し、消費しています。生産した食料の一部はそのまま食べられますが、多くは**乾燥**、**加熱**、**調味**などの**加工処理**を施して食品の形にします。そして、食品を材料にして調理が行われ、食物として利用されるのです。

人類を含め、すべての動物は生存のためにほかの動植物を**栄養源**として摂取していますが、食物摂取のために**加工・調理**を行うのは人類だけです。加工・調理は、人間の食文化を考えるうえで欠かせない要素といえるでしょう。とくに、「**道具**の使用」「**火**の利用」「食物の**味つけ**」は、人類の食文化の象徴といえます。

✓道具の使用、火の利用

調理道具を使用し、火を利用することにより、人類にとってそのままでは**消化**が困難な食品成分も食べられるようになり、**雑食性**の食生活ができあがりました。人間生

用語1
文化
人間が自らの知恵によって生み出してきた、物質的・精神的な成果の一切。

MEMO
食事の機能とその条件・要素
食事には以下の2つの機能があり、さらに生命維持機能は2種類の条件、付加価値機能は2種類の要素に分けられる。
- 生命維持機能

食物の基本的条件…安全性、栄養性、し好性
食物の制限条件…経済性、簡易性、利便性
- 付加価値機能

生活要素…趣味、娯楽、団らん、体験、流行、交流
特殊要素…信仰・節制、行事、保健、医療

活の向上に直結する技術であり、人類に共通の利益を生み出します。

✔**食物の味つけ**

人類の食文化の象徴であるのと同時に、地域や民族によって異なる価値体系の文化の象徴でもあります。

✔**食物の基本的な条件**

●安全性　●栄養性　●し好性

世界にはさまざまな食文化がありますが、**安全性**、**栄養性**、**し好性**という食物の基本的な条件は、地域や民族を問わない共通の文化です。

食文化と主食

日常の食事の主体となり、エネルギー源の中心となる食物を**主食**といいます。主食はその土地の**気候風土**などを強く反映しており、**食文化**と深く関わっています。主食として食べられるものは、**米**、**小麦**、**大麦**、**とうもろこし**、**雑穀**、**いも類**などがあります。

世界の主食と食べ方

	食べ方	主食とするおもな地域
米	炊いてごはんにするか、粥にして食べる	日本、朝鮮半島、中国南部、東南アジア、インド南部
小麦	製粉してパン、パスタ、麺、まんじゅう、ナンなどに加工して食べる	ヨーロッパ、ロシア、北アメリカ、インド西部、西・中央アジア、中国北部
大麦	あらびき粥にしたり、湯で練ったりして食べる（日本では「お練り」ともいう）	ヒマラヤ地方（チベット周辺）、ヨーロッパ北部
とうもろこし	あらびき粥やトルティーヤにして食べる	北アメリカ、メキシコ

MEMO

米と小麦の違い

米と小麦には次のような違いがある。

●米

・高温多湿、豊富な水分を必要とする。
・狭い土地からの収量も多い。
・連作が可能。
・形が丸く、短く、炊くとねばり気があるジャポニカ種と、形が縦長でねばりが少ないインディカ種がある。
・世界的に生産量が多いのはインディカ種で、約80％を占める。

●小麦

・冷涼で乾燥した地域に適する。
・連作は困難。
・製粉してパン、パスタ、まんじゅう、ナンなどに加工して食べる。

豆知識1

宗教上の適切な処理が施された食材の呼称

ユダヤ教では「コーシャミール」、イスラム教では「ハラルミール（ハラルフード）」と呼ばれる。

MEMO

反芻動物

一度、咀嚼して胃に送った食べ物を、再度口腔内に戻して再咀嚼すること。4つの胃があり、順番に送られて消化活動を行う。

用語2

断食

イスラム暦の第9月をラマダン（ラマダーン）という。イスラム教徒はラマダンの期間は日の出から日の入りまで一切の飲食が禁じられる。ユダヤ教では年6回の断食日が存在し、断食日には一切の飲食が禁じられている。

穀類	だんご、粉がゆなどにしたり、湯で練ったりして食べる	アフリカ大陸
いも類	石で蒸すなどして食べる	キャッサバ：ブラジル、インドネシア ヤムいも：アフリカ大陸、オセアニア

宗教と食物禁忌

食文化と**宗教**（豆知識1）の関係は深く、宗教上の理由から禁止したり、避けたりする食物があります。これを**食物禁忌（タブー）**といいます。

宗教によるおもな食物禁忌

	食用可	食用不可
ユダヤ教	●牛、羊、鹿などのひづめが割れた反芻（はんすう）動物 ●うろことひれのある魚	●豚肉 ●ラクダ肉 ●血液 ●肉と乳製品の同時摂取 ●複数の肉の組み合わせ ●鴨、鳩、鶏を除く鳥類
イスラム教	●イスラム教徒自身が殺した動物	●豚肉 ●死んだ獣の肉 ●血液 ●イスラム教徒以外が殺した動物 ●アルコール
ヒンドゥー教	●殺生によらない動植物（乳製品は可）	●牛肉 ●殺生による動物一般 ●にんにく、にら、たまねぎ、きのこ（例外あり）

上記のほかにユダヤ教やイスラム教では、定められた期間に**断食**（用語2）を行う習俗もあります。

日本では、古墳時代に伝わった**仏教**の影響で、明治時代まで**肉食**は表立っては行われませんでした。また、食物禁忌のなかには、宗教上の理由ではなく、食物の相性をベースとした**食べ合わせ**の戒（いまし）めもあります。

食事様式

世界の食事様式は、**手食**（てしょく）、**箸食**（はししょく）、**ナイフ・フォーク・スプーン食**（豆知識2）に大別できます。現在、世界の約40％が手食で、箸食、ナイフ・フォーク・スプーン食はそれぞれ約30％と推測されています。

✓手食

手食は人類の食文化の根源です。旧石器時代には、人間はすべて手食でした。日本も卑弥呼の時代は手食で、ヨーロッパも200～300年前までは手食でした。なお、イスラム教圏、ヒンドゥー教圏では**左手**は不浄のものとされており、食事は**右手**のみで行います。

✓箸食

箸食文化は**古代中国**で生まれ、その周辺の国に伝わった文化です。

✓ナイフ・フォーク・スプーン食

ヨーロッパでは17世紀以降、上流社会において、**ナイフ**、**フォーク**、**スプーン**の３種類を使用して食事をする習慣がはじまりました。

食事様式の割合

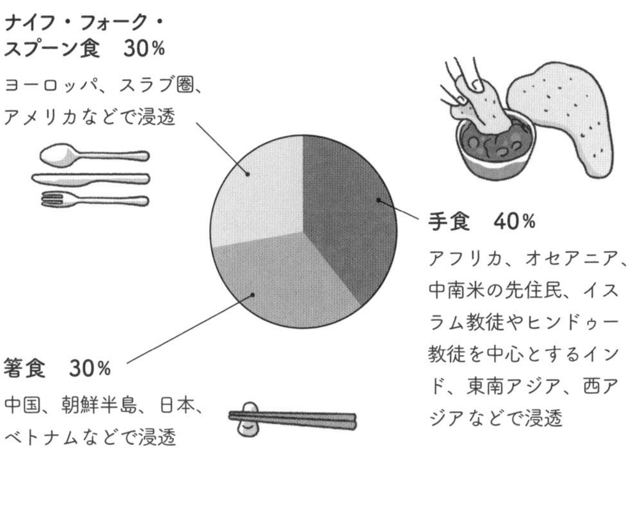

ナイフ・フォーク・スプーン食　30％
ヨーロッパ、スラブ圏、アメリカなどで浸透
手食　40％
アフリカ、オセアニア、中南米の先住民、イスラム教徒やヒンドゥー教徒を中心とするインド、東南アジア、西アジアなどで浸透
箸食　30％
中国、朝鮮半島、日本、ベトナムなどで浸透

豆知識2

フォークの歴史

食卓で使われるようになったのはイタリアが最初。フランスに伝わったのは16世紀頃、イタリアのカトリーヌ・ド・メディシスがフランス国王アンリ２世に嫁いだのがきっかけだといわれている。

食文化はその国や民族の価値観に大きく影響されます。お互いの国の文化や価値観を認め合い、多様性を理解することが求められています

Check！

Chapter 6-2

日本の食の歴史

重要度 ★★★★

縄文時代から近代まで、日本の食文化は受け継がれ、また発展してきました。ここでは、その変遷を見ていきます。とくに、各時代に生まれた料理の形式と特徴はしっかり覚えておきましょう。

日本料理の形式

日本料理にはさまざまな形式があり、時代とともに変わってきました。代表的な日本料理の形式とその特徴をまとめると、次のようになります。

日本料理の形式と特徴

料理	時代	特徴
大饗料理	平安	平安貴族の供応料理[用語1]。料理を形式化し、色、形、盛りつけの美しさを重視する
精進（しょうじん）料理	鎌倉	仏教の教義にしたがい、豆腐や野菜、種実類など植物性食品だけで調理した料理
本膳料理	室町	武士の供応料理。本膳、二の膳、三の膳からなる「饗の膳」に酒がつく。日本料理の原型といえる
茶会席料理（懐石料理）	安土桃山	濃い抹茶をおいしく飲むために、茶の前に出される軽い食事。一汁三菜が基本。江戸時代以降は「懐石料理」と呼ばれる
普茶（ふちゃ）料理	江戸初期	中国の隠元禅師が伝えた中国風の精進料理。野菜、大豆製品、ごま、油脂、くず粉などを用いる
卓袱（しっぽく）料理	江戸中期～後期	長崎の西洋料理店が出していたオランダ料理と、中国料理が組み合わさってできた料理
会席料理	江戸後期	町人の間で盛んになった、お酒を楽しむための宴席料理

用語1
供応料理
客人をもてなすための料理や酒をいう。「饗応（きょうおう）」と書くことも。
➡239ページ

それぞれの日本料理がいつ、どのように生まれたのか、順に見ていきましょう。

✓縄文・弥生・大和（古墳）時代

●縄文時代

狩猟、**採集**、**漁労**[用語2]により、野草や木の実を主体に、シカ、イノシシ、鳥類、昆虫類、豊富な魚介類などを食料としていました。この植物食と魚介食が、その後の日本料理の基盤になったと考えられます。

●縄文時代後期～弥生時代

水田稲作が伝わり、日本各地に広まりました。**甑**[用語3]による**蒸し米**や、**なれずし**[用語4]などが伝えられたのもこの頃です。

●大和時代

須恵器[用語5]がつくられ、盛りつけや貯蔵に使われていました。また、上流階級では**ガラス器**も使われていました。穀類の食べ方は、**干し飯**[用語6]、**粥**、**雑炊**などでした。

✓飛鳥時代

聖徳太子が摂政に就任すると、大陸から伝来した**仏教**が厚く保護され、仏教文化が栄えました。大陸の食物も多くもたらされ、特に中国からは**みそ**や**しょうゆ**の原型となるものが伝わり、日本の食文化に大きな影響を与えました。675年には天武天皇により、はじめての肉食禁止令が出されました。**肉食禁止令**はその後もたびたび発令されましたが、庶民の間では必ずしも一般化しませんでした。

✓奈良時代

中国文化の影響がさらに大きくなり、貴族階級の食生活がぜいたくになっていきました。またこの頃には、乳汁を精製した**酪**（らく）や、乳汁を煮詰めて濃くした**蘇**（そ）という乳製品が食べられていました。**箸**の利用が広まったのもこの頃といわれています。720年に成立した『**日本書紀**』[用語7]に

用語2
漁労（ぎょろう）
魚貝や海藻などの水産物をとること。

用語3
甑（こしき）
古代中国を発祥とする、米などを蒸すための土器。現在のせいろにあたる。

用語4
なれずし
魚介などに塩を加えて漬け込み、自然発酵させたもの。

用語5
須恵器（すえき）
青灰色あるいは灰褐色の土器。

用語6
干し飯（ほしいい）
蒸して乾燥させた飯。湯や水に浸して食べる。

用語7
日本書紀
奈良時代にできた、日本初の正史。

用語8
膳大伴部
当時の官職名の1つ。

用語9
延喜式（えんぎしき）
平安時代の律令の施行細則をまとめた法典。

MEMO
平安時代の貴族の日常料理
日常料理は高盛飯（お椀に高く盛りつけたごはん）、汁、菜の組み合わせだった。

用語10
故実
昔からのしきたり。

鎌倉時代に中国から伝わった禅宗は、料理も修行とみなし、旬の食材を、もち味を生かして調理することを大切にしました。その精神は、禅寺の食事を司る典座のための教訓書『典座教訓』によく表れています

Check！

は、「磐鹿六鴈命（いわかむつかりのみこと）が白蛤（うむぎ）を膾（なます）につくって献上し、その功により**膳大伴部**[用語8]（かしわでのおおともべ）を賜った」というエピソードがあります。「白蛤」ははまぐりのこと、「膾」は、切った肉や魚に調味料を合わせて生で食べる料理のことです。この記述から、生鮮魚介の膾が当時の代表料理だったこと、**料理人**が重要な地位についていたことがわかります。なお、磐鹿六鴈命は料理の開祖といわれています。

✓ **平安時代**

遣唐使の廃止によって大陸文化の影響が薄れ、日本独自の文化が発達します。907年に編纂された『**延喜式**[用語9]』には、宮中で行われる各種行事の供応食などについての細則が記されており、**故実**[用語10]が重視されるようになりました。また、貴族の間では**肉食禁止**が浸透し、正式な食事では**獣肉**は出されないようになりました。一方、庶民の間では獣肉なども食べられており、貴族の食事に比べると粗末ではあるものの、自由でした。

●大饗料理…この頃、貴族の間で、**しきたり**を重視し、**視覚的要素**も考慮された料理がつくられるようになりました。その代表が**大饗料理**です。大饗料理は貴族が大臣に任命された際や、正月などに行う盛大な**饗宴**（これを大饗といいます）で振る舞われる料理で、**色**や**形**、**盛りつけ**の美しさが重視されたのが特徴です。1166年に藤原忠通がつくったものが参考にされたといわれています。

✓鎌倉時代

鎌倉幕府の成立とともに**武家社会**が誕生すると、貴族式ではない、**簡素化**で**形式**にとらわれない**合理的**な食生活が発達しました。日常食は玄米を主食とする一汁一菜で、僧侶や武士は１日３食、庶民は２食が一般的でした。1191年には、宋より帰国した栄西（臨済宗の開祖）が**抹茶法**[用語11]を伝えています。

●精進料理…禅宗などの影響で、仏教の教義にしたがって「**生ぐさもの**」（肉や魚などの動物性食品）と**五葷**（ごくん）（にんにく、ねぎなどの薬味）を使わず、**植物性食品**と**中国伝来**の調理法を組み合わせた**精進料理**が生まれました。食材こそ限られるものの、ようかん・まんじゅう、うどん、そうめんなどの考案、豆腐・納豆・金山寺みそなどの大豆加工品の発達、さまざまな調味料の使用など日本独自の工夫が施され、国内の精進料理は、それまでの宗教的で簡素なものから旬に応じた多彩かつ特色ある料理へと発展します。

✓室町時代

武家が実質的な国の支配者になると、質実剛健だった武家の食生活も次第に変化していきます。また、**包丁人**と呼ばれる料理人が登場し、身分が高い人の前で**包丁さばき**を見せる**包丁式**が誕生しました。

MEMO

鎌倉時代の食器

寺院や武家のハレの膳には漆器、日常の食事では木製の器が用いられた。

用語11

抹茶法

茶葉を粉状にし、沸騰したお湯を入れて飲む方法をいう。

精進料理は元来、寺院でのみ食べられていましたが、やがて庶民にも広がって一般化し、さまざまな流派が生まれました

Check！

●本膳料理…公家の影響を受け、武家の食生活が華やかで形式的なものに変化していくなか、武士の**供応食**である**本膳料理**が確立されます。本膳料理は、室町時代に成立した、**式正料理**という儀式料理の要素を継承して完成されたといわれています。ごはん、汁、菜、香の物が盛られた本膳と、二の膳、三の膳からなる「饗の膳」に酒がともなう形式は、日本料理の原型ともいえます。本膳料理は、江戸時代になると次第に簡略化されて各地域の農村部まで浸透しました。現代ではあまり見られなくなりましたが、婚礼などの儀式料理にその形式を見ることができます。

✓安土桃山時代

庶民は**米**を常食するようになり、1日3食が定着しました。また、**南蛮貿易**(なんばんぼうえき)により南蛮菓子や唐辛子などが伝来し、日本の食文化に大きな影響を与えました。さらにこの時代には、**茶会席料理**も誕生しています。

●茶会席料理…鎌倉時代に**栄西**が伝えた抹茶法は、安土桃山時代になって**茶の湯**として大成します。それにともない、茶の前に供する食事として考案されたのが**茶会席料理**です。茶会席料理は一汁三菜を基本とし、千利休の**侘**(わ)**び茶の心**を基本とした**素朴**で**簡素**なものがよ

MEMO

海外から伝わった食べ物

鎖国がはじまる江戸初期まで続いた南蛮貿易により、かぼちゃ、じゃがいも、とうがらし、とうもろこし、カステラ、ビスケット、金平糖などが日本に持ち込まれた。

MEMO

会席

本来は俳句の席を意味する。会席料理は、もとは句会の終わりに出される少量の酒を意味していたといわれる。

しとされていました。また、大饗料理、本膳料理などがつくり置きだったのに対して、茶会席料理は、温かいものは温かい状態で、冷たいものは冷たい状態で供されました。

✓江戸時代

鎖国政策により、海外との貿易が制限された江戸時代には、日本独自の文化が発展していきます。料理においては**普茶料理**、**卓袱料理**、**会席料理**などが誕生・発達しました。日本料理はこの江戸時代に完成したといえます。また、江戸時代は**調味料**が発達した時代でもあります。江戸では**濃口しょうゆ**が発達し、和製の**砂糖**、**みりん**、**粕酢**なども普及したことで、**握りずし**や**うなぎの蒲焼き**、**つくだ煮**など、現代に続く日本料理が次々と生まれました。江戸などの都市部では、**そば**、握りずし、**てんぷら**などの屋台や高級料理店などが増えて外食が普及し、職業としての**料理人**が増加します。[豆知識1]**『料理物語』**を代表とする**料理書**の出版も相次ぎました。一方で、町人や武士の間で**白米食**が定着したことで、**ビタミンB1不足**による[用語12]「**江戸患い**」が流行しました。

- 普茶料理…江戸時代、中国の隠元禅師が黄檗宗万福寺に伝えた精進料理の一種。1卓に4人1組で座り、卓袱料理と同様に大皿から取り分けて食べます。「あまね（普）く大衆に茶を供する」ことから「**普茶料理**」の名がつきました。
- 卓袱料理…江戸時代中期から後期にかけて、長崎の西洋料理店が、**オランダ料理**と**唐料理**（**中国料理**）を折衷してつくりあげたといわれています。中国風の朱塗りの円卓に和風、南蛮風、中国風の料理が大皿で出され、取り分けて食べるのが特徴です。現在は**長崎**の郷土料理として知られています。

豆知識1

『料理物語』とは

江戸時代の料理書で、物語として伝聞されてきた料理法などをまとめたもの。著者は不明。底本は寛永20（1643）年刊行。食材や調理法別に全20章からなる。

用語12

江戸患い

現代でいう「脚気」という疾患のこと。白米食の定着により玄米に含まれていたビタミンB1が不足したこと、一汁一菜が基本でおかずの量も数も少なかったことなどが原因で、都市部を中心に流行した。

●会席料理・懐石料理…茶道とともに発達した**茶会席料理**は、江戸時代になると町民の気軽な酒宴料理となり、「会席料理」と呼ばれるようになりました。しかし、本来の茶会席料理を酒宴料理と混同されるのを嫌った茶人は、茶会席料理を「**懐石料理**（かいせき）」と改めたといわれています。

✓明治〜大正時代

明治時代になって**西洋文化**が積極的に取り入れられるようになると、これまで公式にはタブーとされていた**肉食**が認められるようになり、都市部には牛肉の小売店と**牛なべ屋**[豆知識2]が増加しました。

●折衷型の食文化…都市部では日本人向けの**西洋料理店**も次々とオープンし、西洋料理をアレンジして和食に取り入れた**和洋折衷料理**（わようせっちゅうりょうり）も数多く誕生しました。その代表ともいえるのが**トンカツ**、**コロッケ**、**ライスカレー**です。この3つの料理は明治時代には3大洋食といわれ、人々に親しまれました。明治時代の終わりにはこれに中国料理も加わり、日本の食文化の特色の1つでもある、**和・洋・中国式**が一体化した折衷型の食文化がはじまります。

●司厨士（しちゅうし）の誕生…西洋料理が普及すると、西洋料理の**コック（専門料理人）**を目指す人も増えました。大正時

豆知識2

牛なべとは

牛肉をみそ、しょうゆ、ねぎ、豆腐などを加えて鍋で煮た料理。現在のすき焼きの原型。西洋料理のように堅苦しい作法が必要ないうえに、文明開化の香りがするということで、若い学生の間でとくに人気となった。

MEMO

ももんじや

江戸時代、忌避（きひ）であった肉食を食べさせたり売ったりしていた店のこと。猪肉を山鯨（やまくじら）、鶏肉を柏（かしわ）、鹿肉を紅葉（もみじ）と呼んだのも肉食忌避の影響。

代には、国内各地の有名なレストランやホテルの厨房にはコックが必ず置かれるようになり、日本語で「**司厨士**」と呼ばれました。司厨士はやがて各地でグループを結成し、1925（大正14）年に**日本司厨士協同会**が発足しました。

✓戦時下～戦後

戦争がはじまると、日本は食糧不足に見舞われます。米をはじめとするほとんどの食品が**配給制**となり、家庭では、米飯でなく**麦飯**や**いも飯**が当たり前になりました。その後、戦況が厳しくなり食料不足がさらに激しくなると、**だいこん**や、**だいこんの葉**も炊き込まれるようになりました。配給された**小麦粉**や**雑穀粉**を使った**すいとん**もつくられるようになり、**いものつる**まで入れて食べられるようになりました。1945（昭和20）年、日本の無条件降伏で**第二次世界大戦**が終わると、街には**栄養失調**の人々があふれました。また、各地に**闇市**ができ、不正規ルートの食料品が横行しました。そんななか、1947（昭和22）年には、外国からの支援により**コッペパン**と**脱脂粉乳**の学校給食が再開します。やがて少しずつ食料品の統制がなくなり、1950年代には、家庭も外食産業も、食料事情は少しずつ改善していきます。

戦時下の食料不足は深刻で、米の配給は次第に滞るようになり、代わりに粟、ひえなどの雑穀や、いも、乾パンなどが配給されるようになりました。婦人雑誌にでは、「決戦食生活の特集」として、いもや大根を使って米を節約する戦時食が紹介されました

Check！

合格への近道

食文化概論は問題数が少ないため、総合計点６割を超えるためには重要でないと考え、しっかり学習せずに試験に臨む方がいます。ですが、調理師試験は、科目ごとの点数が著しく低い場合、総合計点で6割を超えていても不合格になることがあるため、ほかの科目でたくさん点を取れていても、もったいない結果となることがあります。問題が少ないからこそ危険な科目であるという認識をもち、学習を継続しましょう。

Chapter 6-3

和食文化（伝統料理、郷土料理）

重要度 ★★★★

南北に長く、四季が明確な日本には、古くから伝承される伝統料理や、地域ごとに根づいた食文化があります。調理師として料理に携わるのであれば、こうした食の伝統性や地域性について心得ておくことも大切です。

和食の特徴

2013年、和食が**ユネスコ**[用語1]**無形文化遺産**[用語2]に登録されました。農林水産省は和食の特徴として、以下の4点を挙げています。

✓和食の4つの特徴

①多様で新鮮な食材とそのもち味の尊重
②健康的な食生活を支える栄養バランス
③自然の美しさや季節の移ろいの表現
④正月などの年中行事との密接な関わり

「ケ」と「ハレ」の食事

民俗学では、日常の日を「**ケ**」、行事などが行われるあらたまった日を「**ハレ**」と呼んで区別しており、食事については次のような違いがあります。

✓ケの食事

手に入りやすい食材で構成された日常食で、それぞれの地域の庶民の生活文化の実態を反映しているのが特徴です。また、食べ方の作法や意識に、日本人独自の食文化が根強く残っています。

✓ハレの食事

ハレの食事の起源は、祭礼や儀式のあとに、神にそなえた料理（**神饌**（しんせん）**料理**）を下げて参列者で分けて食べる「直（じき）

用語1
ユネスコ
UNESCO（United Nations Educational, Scientific and Cultural Organizationの頭文字をとった略称）。日本語では、国際連合教育科学文化機関という。国民の教育、科学、文化の協力と交流を通じて、国際平和と人類の福祉の促進を目的とした国際連合の専門機関。
➡23ページ

用語2
無形文化遺産
伝統的な芸能や工芸技術などの形のない文化で、土地の歴史や生活風習などと密接に関わっているものをいう。

会」です。直会には、神と食事をともにする（神人供食）ことで神と一体となり、その恩恵をいただくという意味があります。現代のハレの日の食事は、大きく3つに分かれます。

①伝統的に受け継がれてきた年中行事

時代とともに形式の移り変わりはあるものの、行事そのものは伝承されてきた儀式や催しものです。正月や節分、五節句（豆知識1）などがあります。

②新しい風俗としての年中行事

母の日、父の日、敬老の日、クリスマスなどは、近代になって定着した行事です。

③個人や家族の通過儀礼としての年中行事

誕生日や結婚記念日、還暦、喜寿、米寿など、地域や季節とは無関係に行われる年中行事です。

年中行事と行事食

月	日	行事	行事食の例
1月	1日	正月	雑煮、おせち料理
	7日	七草	七草がゆ
	11日頃	鏡開き	鏡もちを入れたお汁粉
2月	立春の前日	節分	福豆、恵方巻き、いわし
3月	3日	桃の節句	菱もち、はまぐりの吸い物
	春分の日	春分	ぼたもち
5月	5日	端午の節句	ちまき、柏もち
7月	7日	七夕	そうめん
8月	13〜16日頃	お盆	精進料理、白玉団子
9月	9日	重陽の節句	菊酒、栗ごはん
	9〜10月の満月の日	十五夜	月見団子
	秋分の日	秋分	おはぎ
12月	冬至の日	冬至	かぼちゃ、小豆粥
	31日	大晦日	年越しそば

MEMO

節句

季節の変わり目にそなえ物をささげて祝う行事、またはその行事を行う日をいう（節供とも書く）。

豆知識1

五節句とは

人日（1月7日）、上巳（3月3日）、端午（5月5日）、七夕（7月7日）・重陽（9月9日）を五節句という。

MEMO

ぼたもちとおはぎ

どちらも、もちをあんこで包んだ和菓子だが、違いは季節とあんの種類。「ぼたもち」は牡丹餅のことで、牡丹が咲く春に食べられ、こしあんでつくられる。一方、「おはぎ」はお萩で、萩が咲く秋から冬に食べられる。おはぎが粒あんなのは、秋は小豆の収穫時期だから。収穫したての小豆は皮がやわらかいため、粒を生かした香りのよい小豆でつくられる。

MEMO
食習慣における東西の差
富山、岐阜、愛知の3県を結んで東西に分けたとき、食習慣で明確な違いがあることが多い。とくに、新年の雑煮の汁やもちの形など、伝統的な行事食に違いが現れやすい。

用語3
たらのじゃっぱ汁
「じゃっぱ」は津軽の方言で雑把（ざっぱ）、つまり「捨てるもの」という意味。普通は食べずに捨てる「あら」の部分を使うことからこの名がついた。

豆知識2
どんことは
三陸沿岸でよくとれるエゾイソアイナメ、チゴダラのこと。

郷土料理

南北に長く自然が豊かな日本では、地域ごとに異なる食文化が育まれてきました。各地域でとれる食材や、その土地ならではの調味法でつくられた伝統的な料理は**郷土料理**と呼ばれ、地方独特の名物料理として、現在に伝承されています。

日本のおもな郷土料理

県名	料理名	内容
北海道	石狩鍋	さけと野菜などを、味つけしただし汁で煮込む鍋料理
青森	用語3 たらのじゃっぱ汁	たらのアラを野菜と一緒に煮込む汁物
岩手	豆知識2 どんこなます	焼いたエゾアイナメと大根おろしの和え物
宮城	ずんだ餅	すりつぶした枝豆をあんにして、もちにからめたもの
秋田	いぶりがっこ	煙でいぶした大根を使ったたくあん漬け
山形	だし	細かく刻んだ野菜を昆布や調味料と混ぜたもの
福島	お平（ひら）	川魚のハヤとごぼう、まいたけ、昆布などの煮物
茨城	ごさい漬け	塩漬けのいわし（またはさんま）とだいこんの漬け物
群馬	おっきりこみ	小麦でつくった幅広の麺を野菜とともに煮込む料理
埼玉	つとっこ	もち米と小豆をとちの葉で包んでやわらかく煮たもの
東京	深川めし	ネギとあさりのむき身をみそで煮て、汁ごと炊き込みごはんにかけた料理
神奈川	へらへら団子	小麦粉などでつくった平たい団子にあんをからめたもの
新潟	のっぺ	里芋を主材料とした、とろみのついた野菜の煮物
石川	治部煮	小麦粉をまぶした鴨肉と季節の野菜、すだれ麩の煮物
山梨	ほうとう	幅広の麺を具材とみそ仕立ての汁で煮込んだ料理

長野	五平もち	つぶしたうるち米を串に刺し、みそなどをつけて焼いたもの
岐阜	豆知識3 へぼ飯	クロスズメバチの幼虫の煮つけ入り混ぜごはん
静岡	まご茶漬け	あじなどのたたきをのせたお茶漬け
京都	千枚漬け	薄切りにした聖護院かぶを使った甘味のある漬け物
滋賀	ふなずし	塩漬けしたふなと米を漬け込み、発酵させたなれずし
鳥取	豆知識4 ののこ飯	油揚げに生米、野菜を詰めてだし汁で炊いた料理
島根	めのは飯	火であぶってもみほぐした板わかめ（めのは）を、ごはんにかけたもの
広島	うずみ	だし汁で煮た具材をごはんにうずめた料理
徳島	ぞめき料理	竹ちくわ、わかめ、あゆ、すだちなどを大皿に盛りつけた料理
愛媛	いずみや	塩と酢でしめた小魚に、味つけしたおからを詰めたすし
高知	皿鉢料理（さわちりょうり）	かつおのたたきなど複数の食物を大皿に盛りつけた料理
佐賀	呉豆腐（ごどうふ）	豆乳にくずやでんぷんなどを加えて固めた料理
大分	やせうま	小麦粉をのばしてゆでたものにきなこや砂糖をまぶしたおやつ
熊本	からしれんこん	れんこんの穴にからしを詰めて揚げた料理
宮崎	練りくり	さつまいもともちを練り、きなこをまぶしたおやつ
沖縄	チャンプルー	豆腐といろいろな野菜や肉などを炒めた料理

合格への近道

問題数が少ないからこそ、1問のミスの割合が大きくなってしまいすぎないよう、厚生省告示（平成9年）で求められている問題の比率よりも多く問題を設定したり、過去の問題を継続的に解いていれば答えられる問題を最低1問程度混ぜてくれたり、各地の試験制作団体の多くは工夫をしてくれています。きちんと学習を行い、確実に解ける問題を複数もっておくことが試験合格の鍵になります。

豆知識3

へぼとは

クロスズメバチをはじめとする地蜂の幼虫のこと。いわゆる蜂の子。

豆知識4

ののこ飯の別名

「いただき」とも呼ばれることがある。

郷土料理と都道府県の組み合わせは頻出問題です。以下の郷土料理もチェックしておきましょう。

- 北海道…ジンギスカン鍋
- 秋田…きりたんぽ、しょっつる鍋
- 岩手…わんこそば
- 宮城…はっと汁
- 富山…ます寿司
- 石川…べろべろ
- 福井…浜焼きさば
- 千葉…なめろう
- 長野…おやき
- 大阪…バッテラ
- 奈良…柿の葉ずし
- 島根…出雲そば
- 福岡…がめ煮
- 沖縄…ソーキそば

Check！

MEMO

べろべろ

石川県の郷土料理で、石川県ではおせち料理の定番でもある。溶き卵を砂糖やしょうゆ、塩で調味し、寒天で冷やし固めたもの。

Chapter 6-4

世界の料理

日本にさまざまな郷土料理があるように、世界にもその地域に根づいた多種多様な料理があります。ここでは、和食がとくに影響を受けた西洋料理と中国料理、近年人気のエスニック料理について学びます。

重要度 ★★☆☆

中国料理

日本の食文化は中国料理の影響を受けています。中国料理は、医薬や**道教**[用語1]思想と深く結びついており、世界的にみても非常に独特の料理であるといえます。

✓中国料理の歴史

中国では昔から食物への関心が高く、前漢の歴史家・**司馬遷**は著書**『史記』**で、「民は食をもって天となる（以食為天）」と述べています。殷の**伊尹**（いいん）は、**本草学**[用語2]、**医療技術**、**調理技術**は一体であると唱え、**食医**[用語3]を置きました。食医は**周**の時代でも置かれ、料理人としてすぐれていること、**味**と**薬効**を両立させることが求められました。こうした思想は、**医食同源**[用語4]などの形で現代にも受け継がれています。近代中国料理の原型が完成し、一般にも普及したのは**宋**の時代です。その後、清王朝の**乾隆帝**（けんりゅうてい）と**西太后**（せいたいこう）は、贅（ぜい）を尽くした山海の珍味を３日３晩食べ続けたといわれています。これが、**満漢全席**[用語5]の発祥といわれています。

✓中国料理の共通点

中国は国土が広いため、地域によって料理の種類も味つけも異なります。しかし、次のような共通点があります。

- **医食同源**（**薬食一如**[用語6]）の思想に基づく。
- **油脂**を使って短時間で加熱する。
- 調理器具は種類が少なく、合理的。
- 主材料に**乾物**を利用する。

用語1
道教
古代の民間信仰を基盤に、不老長生や現世利益などを目的とし生まれた宗教。

用語2
本草学
薬物についての学問。

用語3
食医
調理を専門とする役人。

用語4
医食同源（いしょくどうげん）
病気の治療も、日常の食事も、生命を維持し健康を保つために欠かせないものであり、その源は同じだという考え。

用語5
満漢全席
「満州族と漢民族の料理を一堂にそろえた宴席」という意味。山海の珍味を集めた豪華絢爛な料理が並び、2～3日にかけて食べる。

- **味つけ**を重視する。
- **食材**を徹底的に有効利用する。
- 料理は**大皿**に盛りつけ、**円卓**を囲んで食事をする。
- 多種多様な**発酵食品**を利用する。

用語6

薬食一如

医食同源とほぼ同じ意味で、身体によい食材を日常的に食べて健康を保てば、とくに薬など必要としないという考え。

中国料理の4つの系統と特徴

前述のとおり、中国は地域ごとにさまざまな料理がありますが、東方の**上海料理**(しゃんはいりょうり)、**江蘇料理**(こうそりょうり)、西方の**四川料理**(しせんりょうり)、**雲南料理**(うんなんりょうり)、南方の**広東料理**(かんとんりょうり)、**福建料理**(ふっけんりょうり)、北方の**北京料理**(ぺきんりょうり)、**山東料理**(さんとんりょうり)に大別できます。

地域	料理	特徴	代表的な料理
東方	上海料理、江蘇料理	四季があり温暖、素材が豊富、米食、魚介類	上海がに、東坡肉(トンポウロウ)、小龍包　など
西方	四川料理、雲南料理	冬季が厳寒、肉、蔬菜（野菜）、淡水魚、唐辛子	麻婆豆腐、搾菜(ザーサイ)、棒棒鶏、担担麺、青椒肉絲　など
南方	広東料理、福建料理	季節性豊か、素材・調理法が多彩	飲茶、点心、酢豚、八宝菜、油淋鶏　など
北方	北京料理、山東料理	小麦粉、油、にんにく、羊、味は濃厚	北京ダック、羊肉のしゃぶしゃぶ、餃子、饅頭　など

西洋料理

西洋料理とは、**ヨーロッパ、南北アメリカ、オーストラリア、ニュージーランド料理**の総称です。広義には、かつてヨーロッパが支配していた**中近東、インド、アフリカ、東南アジア、ミクロネシア、ポリネシア**の料理も含まれます。このように、ひと口に西洋料理といってもさまざまな地域の料理がありますが、**フランス料理**は西洋を代表する料理の1つといえます。

✓フランス料理の歴史

フランスでは中世末期（14世紀）まで、個人用の皿はなく、共用の鉢などが使用されていました。また、**ナイフ、スプーン**はありましたが**フォーク**はなく、指を使って食べ、指は**テーブルクロス**で拭いていました。フォークが使われるようになったのは16世紀になってからです。フランス料理は19世紀に入って絶頂期を迎えます。1825年には、**ブリヤ・サバラン**[用語7]が当時のフランスの料理観をまとめた**『味覚の生理学』**を出版し、世界で広く読まれました。1903年には、料理人の**オーギュスト・エスコフィエ**[用語8]が5,000種以上の料理を分類した**『料理の指針』**を出版。1930年代には、**『ミシュランガイド』**が評判の高い料理を提供するホテルやレストランに星をつけるシステムをスタートさせました。

✓西洋料理の共通点

フランス料理をはじめとする西洋料理の範囲は広いため、料理の地域差も非常に大きくなっています。その一方で、以下のような共通点もあります。

- 獣鳥肉、乳製品、油脂、香辛料やハーブを多用する。
- 多様なソースを用いる。
- 小麦粉など、穀粉からつくったパンを常食する。

用語7
ブリヤ・サバラン
19世紀のフランスの美食家、法律家。著書『味覚の生理学』は『美味礼讃』のタイトルで邦訳されている。

用語8
オーギュスト・エスコフィエ
現代フランス料理の祖。フランス料理の簡素化と近代化を進めた。

MEMO
ミシュランガイドの星づけシステム
1900年から発行開始。市街地図、自動車修理工場、ガソリンスタンド、ホテルの紹介など、自動車の運転者が楽しめるガイドブックとして、当初は無料で配布されていた。そこにレストランガイドなども掲載されるようになり、評判の高い料理を提供するホテルに星（三ツ星など）をつけるシステムがスタート。今日の姿に変化していった。

用語9
フォアグラ
鴨やガチョウの脂肪肝。必要以上にエサをたくさん与える。

用語10
フィッシュ&チップス
タラなど白身魚のフライとフライドポテト。

- 食器は皿が中心。
- デザートが発達している。
- 料理は並列にではなく、継時的に出す。

各国の代表的な料理と特徴

西洋料理の特色をより細かく見ていくと、以下のような違いがあります。

料理	特徴	代表的な料理や食材
フランス料理	洗練性、豪華、高級宴会料理	カエル、エスカルゴ、フォアグラ[用語9] など
イギリス料理	保守的、合理的、実質的。素材を生かしたシンプルな調理	ローストビーフ、フィッシュ&チップス[用語10]、プディング、紅茶 など
イタリア料理	素材の季節性、地域性、温暖	パスタ、リゾット、トマト、オリーブ油、魚介・野菜料理 など
スペイン料理	地域ごとの郷土料理、東洋風。素材を生かす味つけ	ガスパチョ、パエリア[用語11]、にんにく、サングリア[用語12] など
ドイツ料理	素朴、貯蔵性、栄養性、実質的。食料の保存技術が発達	じゃがいも、ソーセージ類、ザウアークラウト[用語13] など
北欧料理	燻製(くんせい)、マリネ、魚介の加工品	さけ、にしん、スモーガスボード[用語14] など
ロシア料理	実質的、農産・水産物、肉類の貯蔵品。脂肪分が多い料理	ボルシチ[用語15]、ピロシキ、キャビア[用語16]、ビーフストロガノフ など
アメリカ料理	移民による地域混合型。各国料理が融合	ビーフステーキ、ハンバーガー、シリアル加工品 など

用語11
パエリア
魚介類などの具を底が浅く平らなパエリア鍋に入れ、サフランを加えて作る炊き込みご飯。

用語12
サングリア
ワインにフルーツやスパイスを加えた、甘味とフルーツの風味が特徴的な飲み物。

用語13
ザウアークラウト
キャベツを塩漬けして乳酸発酵させた保存食品。

用語14
スモーガスボード
日本のバイキング料理の原型。

用語15
ボルシチ
ビーツとたくさんの具材を煮込んだスープ。

用語16
キャビア
チョウザメの卵巣を塩漬けにし、ほぐしたもの。

用語17
魚しょう
魚介類からつくられるしょうゆ。秋田県のしょっつる、石川県のいしる、ベトナムのニョクマム、タイのナンプラーなど。

エスニック料理

エスニック料理という単語は、1960年代後半のアメリカで使われはじめました。エスニックとは「民族的な」という意味であり、各民族独自の料理であればすべて「エスニック料理」といえます。しかし、エスニック料理の起源は、ある国に移住した人々がオープンした自国料理のレストランです。この点をふまえ、エスニック料理は「**移民料理**」と言い換えることができます。

また、明治時代に西洋料理として日本に伝わった**カレー**の起源はインドにあり、カレーは広義にはエスニック料理に分類されます。けれど実際には、カレーは日本の食文化を構成する1つの要素となっており、エスニック料理とは認識されていません。つまり、**異文化圏の料理**と認識されることも、エスニック料理の1つの条件といえるでしょう。

✔エスニック料理に共通する特徴

日本でエスニック料理という場合、タイやベトナムなどの東南アジア一帯、エジプト、イランなどの中近東、メキシコ、ブラジルなどの中南米を指すことが多いようです。いずれもその地域特有の食材や調理法が用いられますが、概して以下のような共通点があります。

- 多彩な香辛料が用いられる。香辛料は生のまま使われることも多い。
- 野菜や魚介類が豊富。
- 調味料は**魚しょう**（用語17）を中心とする。

エスニック料理の例

国	代表的な料理
韓国	キムチ、プルコギ、ビビンパ　など

用語18
トムヤムクン
えびの入ったすっぱくて辛いスープ。

用語19
ゴイクン
生春巻き。

用語20
フォー
米粉でつくった平打ちのめんをゆでてスープに入れ、牛肉や鶏肉などの具を加えたもの。

用語21
ナシゴレン
東南アジア風の焼き飯。ご飯の上に目玉焼きや野菜を添えるのが一般的。

用語22
サテ・アヤム
鶏肉の串焼き。

用語23
チャイ
煮出した甘いスパイス入りミルクティー。

用語24
ターメイヤ
そら豆のコロッケ。

用語25
コフタ
牛肉やラムのひき肉にスパイスなどを加えてつくった肉団子。地域や国によってキョフテ、コフテなどとも呼ばれる。

タイ	[用語18]トムヤムクン、グリーンカレー　など
ベトナム	[用語19]ゴイクン、[用語20]フォー　など
インドネシア	[用語21]ナシゴレン、[用語22]サテ・アヤム　など
インド	タンドリーチキン、ナン、[用語23]チャイ　など
エジプト	[用語24]ターメイヤ、モロヘイヤスープ、[用語25]コフタ　など
イラン	[用語26]ゲイメ、[用語27]マーストヒヤール　など
トルコ	ドネルケバブ、[用語28]シシカバブ、[用語29]ドンドゥルマ　など
メキシコ	[用語30]トルティーヤ、[用語31]タコス、エンチラーダ　など
ブラジル	[用語32]シュラスコ、[用語33]フェイジョアーダ　など

合格への近道

食文化概論で①日本の食の歴史　②日本の地域伝統料理　③世界の料理の3つから1問も出題されないということは考えにくいです。作問者は、きちんと勉強した方は調理師免許が取れるよう、問題をつくってくださっています。難問奇問を連発し、不合格者を多数発生させる試験ではないのです。その意味からもきちんと基礎を押さえ、学習することが大切になります。

用語26
ゲイメ
羊肉と豆のトマト煮込み。

用語27
マーストヒヤール
きゅうりとヨーグルトのサラダ。

用語28
シシカバブ
肉をヨーグルト、オリーブオイル、玉ねぎやスパイスなどでマリネして串に刺して焼く串料理。

用語29
ドンドゥルマ
のびるアイスクリーム。

用語30
トルティーヤ
コーンフラワーや小麦粉でつくられた薄焼きパン。

用語31
タコス
タコミートといわれる肉とレタスやトマトなどの野菜、チーズをトルティーヤで挟んだもの

用語32
シュラスコ
牛肉や豚肉、鶏肉などを串に刺して炭火で焼き上げ、岩塩などをつけて食べる料理。

用語33
フェイジョアーダ
黒豆と肉の煮込み料理。

Chapter 6-5

現代の食事情

重要度 ★★☆☆

戦後、私たちの食生活は大きく変化しました。近年は食の外部化、二極化が進むなか、食品ロスなどの問題も浮上しています。食に従事する者として、現代の食事情を頭に入れておきましょう。

食の外部化

調理や食事は、もともとは家庭内の行為でした。しかし、**女性の社会進出**、**核家族化**、**少子化**といった社会の変革にともない、外食が次第に食生活の重要な一部を構成するようになりました。また近年は、家庭の外で調理されたものを購入してもち帰り、食卓にそのまま提供する、「**中食**」を利用する人も増えています。このように、家の中で行われていた調理や食事を家庭外に依存することを、「**食の外部化**」といいます。

食の外部化は、調理の大量化を招き、新しい調理技術の開発を促します。一方で、以下のような変化もともない、社会課題となっています。

✓食の外部化による変化

- 栄養バランスの偏り
- 伝統的な食生活の変容
- **孤食**[用語1]・**個食**[用語2]の増加と、家族団らんの時間の減少

食の二極化

近年、食の**二極化**が進んでいます。たとえば、ファー

MEMO
内食
外食・中食に対して、自宅で食材を調理して食事をすることを「内食」という。

用語1
孤食
1日のすべての食事を1人で食べている状況をいう。農林水産省が2017（平成29）年に実施した「食育に関する意識調査」では、1日のすべての食事を1人で食べる頻度について、「ほとんど毎日」と回答した人の割合は11.0%、「週に4～5日ある」と回答した人は4.3%だった。

用語2
個食
家族と一緒に食卓を囲んでいても、同じ料理を食べず、それぞれが好きなものを食べること。

ストフードやコンビニエンスストアが増える一方で、高級レストランや、グルメ番組やグルメサイトが人気を呼んでいます。こうした状況は、「食事は簡単に、効率的にすませたい」という食の**簡便化・効率化**と、「おいしいものをいろいろ楽しみたい」という食の高級化・多様化という、対極的な要素がそれぞれ分離しながら、ともに発展するという、二極分化現象の現れといえるでしょう。

飽食の時代と食品ロス

第2次世界大戦後、多くの国民が飢餓に近い状態にありました。しかし、高度経済成長期を経て豊かな食生活を享受できるようになり、「**飽食**[用語3]の時代」といわれるほど、日本は世界でも有数の豊かな食生活を享受するようになりました。そんななか、問題となっているのが**食品ロス**[用語4]です。日本では、2019（令和元）年に「**食品ロスの削減の推進に関する法律**[豆知識1]」が施行され、食品ロス削減に努めています。

食品ロス量の推移（単位：万トン）

	2017年度	2018年度	2019年度	2020年度	2021年度
食品ロス（年間）	612	600	570	522	523

食品ロスの原因

食品ロスは大きく3つに分類されます。

①食べ残し…食べ切られずに廃棄すること。

②直接廃棄…賞味期限切れなどにより使用・提供されず、手つかずのまま廃棄すること。

③過剰除去…野菜の皮を厚くむきすぎる、肉の脂身などを調理に使わずに捨てる等、食べられない部分を除去する際に、食べられる部分を過剰に除去すること。

用語3

飽食

飽きるほどお腹いっぱいに食べられて、食物に不自由しないこと。

用語4

食品ロス

まだ食べられるのに廃棄されてしまう食品のこと。日本の食品ロス量は年間523万トン、毎日、大型トラック（10トン車）約1,433台分の食品が廃棄されている（2023年6月16日「政府広報オンライン」より）。2021年度の食品ロス523万トンのうち、家庭から約244万トン、事業者から約279万トンが発生したと推計されている。

豆知識1

食品ロスの削減の推進に関する法律の目的

食品ロスの削減の推進に関する法律では、その目的を次のように説明している。

「この法律は、食品ロスの削減に関し、国、地方公共団体等の責務等を明らかにするとともに、基本方針の策定その他食品ロスの削減に関する施策の基本となる事項を定めること等により、食品ロスの削減を総合的に推進することを目的とする」。

Chapter 6-6

食糧事情と統計

重要度 ★★☆☆

食文化の担い手である調理師は、食料の生産と消費に関する正しい知識を身につけなくてはいけません。ここで取り上げる食料自給率と、食に関する支出の変化について、しっかり覚えておきましょう。

食料自給率

日本の**食料自給率**[用語1]は世界の先進国のなかでも低く、**供給熱量自給率**[用語2]は**40%**を下回っています。

品目別では、自給率が100%に近いのは**米**と**鶏卵**（けいらん）のみで、そのほかのほとんどの食品が輸入に頼っています。ただし、自給率が高い鶏卵も、飼料の大部分は輸入に頼っているため、自給率が真に高いとはいえません。

食料自給率の推移（単位：%）

	品目	1965年度	1985年度	2005年度	2019年度	2020年度	2021年度	2022年度（概算）
主要品目の自給率	米	95	107	95	97	97	98	99
	小麦	28	14	14	16	15	17	15
	豆類	25	8	7	7	8	8	7
	うち大豆	11	5	5	6	6	7	6
	野菜	100	95	79	80	80	80	79
	果実	90	77	41	38	38	39	39
	肉類	90	81	54	52	53	53	53
	うち牛肉	95	72	43	35	36	38	39
	鶏卵	100	98	94	96	97	97	97
	牛乳・乳製品	86	85	68	59	61	63	62
	魚介類	100	93	51	53	55	58	54
	砂糖類	31	33	34	34	36	36	34
	油脂類	31	32	13	13	13	14	14
供給熱量自給率		73	53	40	38	37	38	38

出典：令和4年度食料需給表

用語1
食料自給率
国内で供給されている食料に対する、国内で生産されている割合。

用語2
供給熱量自給率
食料自給率の計算方法の1つ。基礎的な栄養価であるエネルギー（カロリー）に着目し、国民に供給される熱量（総供給熱量）に対する国内生産の割合を示す。カロリーベースの自給率ともいう。

支出の変化

米の自給率は高い割合を保っていますが、国民の**米**の摂取量は、1960（昭和35）年をピークに減少を続けています。代わりにのびているのが、**油脂類**や**動物性食品**、とくに**肉類**、**牛乳・乳製品**の摂取量です。こうした変化にともない、食事の総摂取エネルギー中に占める**炭水化物**（**糖質**）の比率は年々減少し、**生活習慣病**の要因となりやすい**脂肪**のエネルギー摂取比率が上昇しています。

1世帯あたりの年間食料費支出を見ても、米の支出は減っており、米の摂取量が減っていることがわかります。一方、弁当類を中心とした**主食的調理品**と**外食**への支出は大きく伸びています。

年間食料費支出の推移　（単位：円）

	1980	1995	2010	2015	2021	2022
食料費支出計	867,393	1,024,518	884,768	937,712	952,812	982,661
米	70,043	52,852	28,610	22,981	21,862	19,825
パン	20,789	27,898	28,177	30,507	31,353	32,497
主食的調理品	9,366	31,660	40,954	46,959	59,326	62,042
うち弁当類	7,243	21,280	28,167	30,889	36,697	37,789
外食	119,984	176,175	160,230	169,626	125,423	147,655

出典：総務省：家計調査年報（品目分類、二人以上の世帯）

MEMO
世界の食料自給率
世界の食料自給率は次のとおり。
カナダ　221%
オーストラリア　173%
フランス　117%
アメリカ　115%
スペイン　94%
ドイツ　84%
スウェーデン　80%
オランダ　61%
イタリア　58%
イギリス　54%
スイス　49%
日本　37%
韓国　34%
（カロリーベース、2020年時点）

MEMO
フードマイレージ
食べ物の輸送量に輸送距離を掛け合わせた数字をフードマイレージという。フードマイレージが大きいほど輸送燃料を多く使うため、環境への負荷も高くなる。フードマイレージの低減には、食料自給率を上げる、食品ロスをなくす、地産地消を推進するなどの取り組みが必要となる。

達成度チェック

	問題	正誤	解説
1	死後硬直がゆるやかに進むのは魚介類であり、急速に進行するのが食肉類である。	×	死後硬直が急速に進むものは魚介類であり、ゆるやかに進行するのが食肉類である。そのため、おいしく食べられるタイミングが異なる。
2	イスラム教徒は、スーパーマーケットで売っている豚肉を食べることができる。	×	イスラム教徒は豚肉を食べることができない。また、イスラム教徒以外がと殺した肉も食べることができない。
3	喉が渇いたときに飲む水がおいしいのはおいしさに関わる形成要因のなかの心理的要因である。	×	心理的要因ではなく、生理的要因である。
4	平安時代に食された代表的料理として精進料理が挙げられる。	×	精進料理は鎌倉時代に生まれた。平安時代の代表的料理は大饗料理である。
5	精進料理には動物性食品を使ってはならないが、ネギなどの香りづけ食品は使って良い。	×	精進料理には五葷と呼ばれる食品を使うことはできない。五葷は仏教においては「にんにく、のびる、にら、ねぎ、らっきょう」をいう。
6	本膳料理は膳1つのみで饗応する様式である。	×	本膳料理は一の膳、二の膳など、複数の膳で提供される料理である。
7	室町時代の代表的料理として卓袱料理が挙げられる。	×	卓袱料理は江戸時代に長崎で食べられた料理。室町時代の代表的料理は本膳料理、式正料理である。
8	天ぷらは精進料理である。	×	天ぷらは南蛮料理である。「精進揚げ」と混同してしまうケースがあり、注意したい。
9	安土桃山時代の代表的料理として茶会席料理があり、江戸時代の代表的料理の1つとして会席料理がある。	○	正しい。名前が似ているため、注意が必要。
10	濃口しょうゆは江戸時代に発達した。	○	濃口しょうゆや、良質の酢の発達により、江戸前寿司などが食されるようになった。

11	江戸患いと呼ばれた脚気の増加もあり、貝原益軒の「神農本草」、人見必大の「典座教訓」など食生活上の注意が記されたものも出版されるようになった。	×	貝原益軒は「本朝食鑑」、人見必大は「養生訓」の出版である。
12	とんかつ、ハンバーグ、ライスカレーは明治時代の三大洋食であった。	×	明治時代の三大洋食はとんかつ、コロッケ、ライスカレーであり、ハンバーグは入っていない。
13	いわゆる調理師という名称が与えられるようになったのは調理師法が制定された昭和16年からのことである。	×	調理師法の制定は昭和33年（1958年）である。
14	五節句を元旦から順に並べると、上巳、端午、七夕、重陽、人日、となる。	×	人日（じんじつ：1月7日）、上巳（3月3日）、端午（5月5日）七夕（7月7日）、重陽（9月9日）の順となる。
15	70歳になったことを祝う長寿祝いを喜寿という。	×	70歳は古希という。喜寿は77歳の長寿祝いを指す。
16	「和食」を無形文化遺産に登録したのはユニセフ（UNISEF）である。	×	ユネスコ（UNESCO：国際連合教育科学文化機関）が和食を無形文化遺産に登録したのは2013年である。
17	しょっつる鍋は魚しょう・塩魚汁（しょっつる）を出汁に、はたはたを入れた鍋料理であり、岩手県の郷土料理である。	×	前半は正しい。岩手県ではなく、秋田県の郷土料理である。
18	ずんだ餅は、ゆでたそら豆をすりつぶしてあんにしたものをつきたての餅に絡めたものであり、宮城県の郷土料理である。	×	そら豆ではなく、枝豆。それ以外は正しい。
19	しもつかれは塩漬けにしたにしんなどの魚とニンジンや大根などの野菜を一緒に煮込んだ、栃木県の郷土料理である。	×	この料理は北海道の三平汁のことである。しもつかれは塩さけの頭や大豆、大根おろし、人参などを煮込んだ料理のことである。栃木県の郷土料理であることは正しい。
20	治部煮は鴨肉や鶏肉を小麦粉にまぶし、すだれ麩、季節の野菜などを煮て食す、石川県の郷土料理である。	○	正しい。

21	うずみは油揚げのなかに新鮮な野菜とお米を詰めてだし汁のなかで炊き上げた、鳥取県の郷土料理である。	×	この料理は「ののこ飯」のことである。鳥取県の郷土料理であることは正しい。うずみとは広島県の郷土料理であり、いろんな具材をご飯のなかに埋めた料理である。
22	ソーキそばは羊肉が入った麺料理であり、沖縄県の郷土料理である。	×	羊肉ではなく、豚肉である。あとの表現は正しい。
23	ローストビーフはアメリカ料理である。	×	イギリス料理である。
24	フォアグラはスペイン料理である。	×	フランス料理である。
25	ザウアークラウトはサフランで炊いた炊き込みご飯のことであり、ドイツ料理である。	×	ザウアークラウトはキャベツの酢漬けのことである。ドイツ料理であることは正しい。
26	東披肉（トンポウロウ）、小籠包（ショウロンポウ（などは中国料理の中の広東料理に含まれる。	×	広東料理ではなく、上海料理に含まれる。
27	ゴイクン（生春巻き）はインドネシアの料理である。	×	インドネシアではなく、ベトナムの料理である。
28	シシカバブはインドの料理である。	×	インドではなく、トルコの料理である。
29	石川県のいしる、タイのナンプラー、中国のユイルーはすべて魚しょう(魚からつくられるしょうゆ)である。	○	正しい。ほかにも千葉県などのいかなごしょう油、ベトナムのヌクマムなども魚しょうである。
30	日本の食料自給率は2021年度で20%を切っている。	×	20%は切っていない。38%となっている。
31	食品ロスはここ数年1,000万トンを超える状況が続いており、危機的状況にある。	×	1,000万トンは超えていない。500万～700万トン程度での推移となっている。年々減っていたが、2021年度は523万トンと前年比1万トン増加した。
32	1825年、ブリヤサバランが書いた『味覚の生理学』は、日本語に訳され、『美味礼賛』として出版されている。	○	正しい。

模擬試験問題

CONTENTS

模擬試験 1 問題

▶公衆衛生学

Q1

1978（昭和53）年に提唱されたプライマリー・ヘルス・ケア（PHC）に関する記述について、正しいものを一つ選びなさい。

1　提唱が行われたのは、オタワ憲章においてである。
2　「人々が自らの健康とその要因をコントロールし、改善できるようになるプロセス」である。
3　「すべての人に健康を」を基本理念としている。
4　提唱された活動施策には、「健康を支援する環境づくり」がある。

Q2

「感染症の予防及び感染症の患者に対する医療に関する法律（感染症法）」第6条に規定される1類感染症として、正しいものを一つ選びなさい。

1　エボラ出血熱
2　重症急性呼吸器症候群（SARS）
3　腸管出血性大腸菌感染症
4　新型コロナウィルス感染症（COVID-19）

Q3

感染症の予防対策と対処方法の組み合わせとして、誤っているものを一つ選びなさい。

《予防対策》　《対処方法》
1　感染源対策 — 患者の隔離
2　感受性対策 — ワクチン接種
3　感染経路対策 — 人混みを避ける
4　感染経路対策 — 栄養素や休養を十分にとり、体力を充実させる

Q4

地域保健法により規定されている保健所の業務について、誤っているものを一つ選びなさい。

1　衛生上の試験および検査に関する事項
2　栄養の改善と食品衛生に関する事項
3　消費者生活相談情報の収集・分析・提供に関する事項
4　地域住民の健康の保持・増進に関する事項

Q5

人口動態統計に関する記述について、正しいものを一つ選びなさい。

1　出生率は、女性の人口10万人に対する年間の出生数を示す。
2　乳児死亡率は、人口10万人に対する生後1週間未満の死亡数を示す。
3　合計特殊出生率は、一人の女性が15歳から49歳までの間に産む平均的な子どもの数を示す。
4　死亡率（粗死亡率）は、人口10万人に対する年間の死亡数を示す。

Q6

生活習慣病に関する記述について、正しいものを一つ選びなさい。

1　肝疾患（肝臓病）の要因として、肝炎を引き起こす細菌や塩分の過剰摂取がある。
2　脳血管疾患には脳出血や脳梗塞があり、脳卒中ともいわれる。
3　ここ数年の部位別がん死亡数は、男性では肝臓がんが最も多い。
4　心筋梗塞は、冠静脈の硬化によるものが多い。

Q7

公害に関する記述について、誤っているものを一つ選びなさい。

1　悪臭の苦情で最も多いのは、野外焼却によるものである。
2　騒音は、心身に不快感や日常生活の妨害などの影響を及ぼす。
3　光化学オキシダントは、目やのどに刺激を引き起こす。
4　水質汚濁の発生源として、近年最も多いのは工場排水である。

Q8

労働衛生に関する記述について、誤っているものを一つ選びなさい。

1　労働基準法に基づき、事業者は労働者に一般健康診断を実施しなければならない。
2　労働衛生に関する法律には、労働基準法と労働安全衛生法がある。
3　労働安全衛生法の改正により、職場におけるメンタルヘルス対策としてストレスチェックが義務化された。
4　労働衛生管理として、作業環境管理、作業管理、健康管理の3つがある。

Q9

衛生統計に関する記述で、誤っているものを一つ選びなさい。

1　乳児死亡とは、生後1年未満の死亡をいう。
2　高齢化率とは、全人口に対する60歳以上の人口の割合をいう。
3　食中毒統計は、食中毒患者を診断した医師の届出に基づいて作成される。
4　人口動態統計は、出生届、死亡届、死産届、婚姻届、離婚届をもとにして作成される。

▶食品学

Q10

豆腐に関する記述について、正しいものを一つ選びなさい。

1 凝固剤として使われている「にがり」の主成分は、硫酸カルシウムである。
2 木綿豆腐は、濃い豆乳に凝固剤を加え、型箱のなかでそのまま固めたものである。
3 充填豆腐は、濃い豆乳に凝固剤を加え、容器に入れて密封後、加熱凝固させたものである。
4 絹ごし豆腐は、型箱に布を敷き、凝固剤を加えた豆乳を入れ、圧縮して固めたものである。

Q11

水溶性食物繊維として、正しいものを一つ選びなさい。

1 セルロース
2 グルコマンナン
3 リグニン
4 キチン

Q12

発酵食品の製造において、カビ、酵母、細菌のいずれもが関与するものとして、正しいものを一つ選びなさい。

1 かつお節
2 みりん
3 漬物
4 みそ

Q13

うるち米に含まれるでん粉の成分として、正しいものの組み合わせを一つ選びなさい。

ア アミロース
イ グルコマンナン
ウ グリコーゲン
エ アミロペクチン

1 ア、イ
2 ア、エ
3 イ、ウ
4 ウ、エ

Q14

次のうちCA貯蔵が多く利用されている食品として、最も適切なものを一つ選びなさい。

1 肉類
2 魚介類
3 果実類
4 種実類

Q15

調味料に関する記述で、正しいものを一つ選びなさい。

1 濃口しょうゆの塩分濃度は、約25%である。
2 薄口しょうゆの塩分濃度は、約5%である。
3 みそは、醸造時間が長いほど色が濃くなる。
4 みりんは、大豆と米を原料に製造される。

▶栄養学

Q16

「食事バランスガイド」に関する記述について、正しいものを一つ選びなさい。

1 主食、副菜、主菜、果物、菓子の5区分となっている。
2 主食の1SV（1つ）は、主材料に由来する炭水化物約40gである。
3 一食にどれだけ食べればよいかを区分ごとに示している。
4 基本形（2,200+200kcal）では、主食は2～3SV（2～3つ）である。

Q17

栄養素に関する記述について、正しいものを一つ選びなさい。

1 糖質は、主に組織をつくる役割がある。
2 たんぱく質は、糖質や脂質が十分に足りていると、エネルギー源としての消費は抑えられる。
3 脂質をエネルギー源として利用するには、糖質と比べてビタミンB1を多く必要とする。
4 ミネラルは、体内でつくられるので食事から摂取しなくてもよいものがある。

Q18

炭水化物に関する記述について、正しいものを一つ選びなさい。

1 アミロペクチンは、ブドウ糖がまっすぐ鎖状に結合している。
2 でんぷんが加水分解されると、乳糖（ラクトース）が生成する。
3 果糖（フルクトース）は、ショ糖の成分である。
4 単糖類は、ヒトの消化酵素によって加水分解される。

Q19

たんぱく質に関する記述について、正しいものを一つ選びなさい。

1　1gで4kcalのエネルギーをもつ。

2　たんぱく質の栄養価を示す指標として、ペプチドスコアが用いられている。

3　たんぱく質を多く含む植物性食品は、野菜類及び果物類である。

4　不可欠アミノ酸（必須アミノ酸）は、体内で合成されるため、必ずしも食物から摂取する必要はない。

Q20

ビタミンに関する記述について、誤っているものを一つ選びなさい。

1　水溶性と脂溶性がある。

2　ヒトの皮膚でつくることができるものがある。

3　酵素の補酵素になるものがある。

4　ヒトのエネルギー源になるものがある。

Q21

鉄に関する記述について、正しいものを一つ選びなさい。

1　体内には、リンより多く存在する。

2　ほとんどは筋肉に存在する。

3　過剰に摂取すると、貧血を発症する。

4　消化管における吸収率は、良質たんぱく質とともに摂取すると高まる。

Q22

ホルモンに関する記述について、正しいものを一つ選びなさい。

1　副甲状腺ホルモンは、血中カルシウム濃度を上げる。

2　アドレナリンは、すい臓から分泌される。

3　インスリンは、血糖値を上げる。

4　甲状腺ホルモンは、亜鉛を含んでいる。

Q23

炭水化物の体内での消化吸収に関する記述について、( ) の中に入れるべき字句の正しい組み合わせを一つ選びなさい。

食物中のでん粉は、唾液（ A ）および膵液（ A ）によって（ B ）に分解される。（ B ）は小腸微絨毛表面に局在するマルターゼによって、2分子のブドウ糖に分解されて腸壁から吸収される。

	A	B
1	アミラーゼ	麦芽糖
2	リパーゼ	モノグリセリド
3	リパーゼ	麦芽糖
4	アミラーゼ	モノグリセリド

Q24

妊娠期と乳児期の栄養に関する記述について、誤っているものを一つ選びなさい。

1 妊娠中は貧血になりやすいので、良質たんぱく質、鉄、ビタミンを十分に摂取する。
2 人工乳は、母乳より感染を抑制する作用が大きい。
3 母乳栄養は、母と子の精神的なつながりが生まれやすい。
4 離乳は、生後5、6か月頃から始める。

Q25

基礎代謝量に関する記述について、誤っているものを一つ選びなさい。

1 同年齢では、女性よりも男性のほうが大きい。
2 基礎代謝基準値（体重1kg当たりの基礎代謝量）は、加齢に伴い増加する。
3 冬よりも夏のほうが低い。
4 低栄養状態では低くなる。

▶食品衛生学

Q26

食品の保存に関する記述について、正しいものを一つ選びなさい。

1 塩漬け法は、塩の添加により結合水を増加させる方法である。
2 酢漬け法は、pHを上昇させて微生物の増殖を抑える方法である。
3 乾燥法は、食品中の自由水の割合を増加させる方法である。
4 氷温貯蔵では、食品中の水を凍結させて保管する方法である。

Q27

食品衛生法と食品衛生行政に関する記述について、正しいものを一つ選びなさい。

1 食品とは、医薬品・医薬部外品を含むすべての飲食物をいう。

2 食品衛生の対象に調理設備や器具は含まれるが、人は含まれない。

3 指定添加物は、消費者庁長官が指定する。

4 食品衛生監視員は、営業施設の食品衛生に関する監視を行う。

Q28

食品の保存法に関する記述について、誤っているものを一つ選びなさい。

1 低温貯蔵法は、食品を低温度（冷蔵では10〜0℃）で保存し、微生物の活動を抑える方法である。

2 乾燥法は、食品を乾燥させることにより水分活性を低くし、微生物が発育しにくい状態にして保存する方法である。

3 びん詰・缶詰法は、食品をびんや缶に詰めた後、加熱などで脱気し、すぐに密閉して加熱殺菌し保存する方法である。

4 放射線照射法は、日本では、バナナやパパイヤの熟度調整の目的でのみ使用が認められている。

Q29

食中毒の発生状況に関する記述について、正しいものを一つ選びなさい。

1 令和3年（2021年）において最も発生件数が多い食中毒の原因物質は、ノロウイルスである。

2 令和3年（2021年）において最も多い原因施設は、仕出屋である。

3 自然毒食中毒は、夏季（6〜9月）に多く発生する傾向にある。

4 化学性食中毒は、季節とは関係なく発生する。

Q30

サルモネラ属菌食中毒に関する記述について、正しいものを一つ選びなさい。

1 平成30年の全国食中毒発生事件数（厚生労働省、食中毒統計）では、最も発生件数が多い。

2 この菌は熱に弱いため、50℃では3分間の加熱で十分死滅する。

3 原因食品は、卵やその加工品及び食肉に多い。

4 ベロ毒素により、激しい腹痛と溶血性尿毒症症候群を起こす。

Q31

カンピロバクター食中毒に関する記述について、誤っているものを一つ選びなさい。

1 鶏の刺身、焼鳥や牛内臓の加熱不足による感染が多い。
2 ほかの細菌性食中毒と比較して、潜伏期間が最も短い。
3 食中毒の主な症状は、下痢、腹痛、発熱である。
4 菌数が少量でも発症する。

Q32

日本における食中毒の発生状況について、正しいものを一つ選びなさい。

1 近年、年間の患者数は1,000～2,000人で推移している。
2 令和4年の事件数は、原因食品として魚介類よりも肉類が多い。
3 令和4年の患者数は、家庭よりも飲食店のほうが多い。
4 腸管出血性大腸菌による食中毒は、令和元年以降、発生していない。

Q33

熱に強い芽胞をつくる細菌として、正しいものを一つ選びなさい。

1 サルモネラ属菌
2 ウェルシュ菌
3 腸管出血性大腸菌
4 黄色ブドウ球菌

Q34

細菌性およびウイルス性食中毒に関する記述について、正しいものを一つ選びなさい。

1 サルモネラ属菌による食中毒の潜伏期間は、5～10日程度である。
2 ノロウイルスは、乾物からは感染しない。
3 黄色ブドウ球菌の毒素は、煮沸処理では不活性化しない。
4 カンピロバクターは、海産魚介類の生食から感染する場合が多い。

Q35

ノロウイルスに関する記述について、誤っているものを一つ選びなさい。

1 このウイルスを取り込んだ二枚貝による感染を防止するためには、調理の前に二枚貝を真水で十分に洗浄すると効果的である。
2 このウイルスに感染した人が、用便後の手洗いが不十分なまま調理すると、その食品を汚染するおそれがある。
3 中心温度85～90℃で90秒間以上の加熱で、食品中のノロウイルスを不活性化できる。
4 このウイルスによる食中毒は1年を通じて発生するが、冬場に多く発生する傾向がある。

Q36

寄生虫性食中毒の原因であるアニサキスに関する記述について、正しいものを一つ選びなさい。

1　おもに養殖ヒラメに寄生する寄生虫である。
2　ヒトの体内では成虫になれず、皮膚の下をはい回る。
3　生食の海産魚類とともに食される「わさび」や「しょうゆ」、「酢」にはアニサキスを死滅させる効果がある。
4　アニサキスは、−20℃で24時間以上の冷凍で死滅する。

Q37

細菌性食中毒予防の3原則に関する記述で、「　」に入る語句として、正しいものを一つ選びなさい。

細菌性食中毒予防の3原則は、第1に「つけない」(清潔、汚染させない)、第2に「増やさない」(温度管理、迅速)、第3に「　　」である。

1　「洗う」(洗浄、除去)
2　「検査する」(点検、記録)
3　「やっつける」(加熱、殺菌)
4　「早く食べる」(管理、処理)

Q38

逆性石けんに関する記述について、誤っているものを一つ選びなさい。

1　洗浄力は弱いが、殺菌力は強い。
2　普通の石けんと混合すると、殺菌効果がさらに高くなる。
3　陽性石けん（陽イオン界面活性剤）とも呼ばれる。
4　おもに手指の消毒薬として使用される。

Q39

HACCPに関する記述について、(　)の中に入れるべき字句の正しい組み合わせを一つ選びなさい。

HACCPは、それぞれの工程で起きうる危害の要因を（ A ）して、その危害要因を（ B ）する方法を決め、それぞれに対応した基準をつくり、いつ、どこで、だれが、何の目的で、どの基準にしたがって、どのような作業を行ったかを（ C ）し、証拠書類を残しておくというシステムである。

	A	B	C
1	記録	分析	制御
2	制御	記録	分析
3	分析	制御	記録
4	記録	分析	制御

Q40

調理従事者等の衛生管理に関する記述について、誤っているものを一つ選びなさい。

1　作業衣は汚れが目立つように白いものを着用し、こまめに洗濯する。
2　トイレには、調理作業時に着用する作業衣、帽子、履き物のまま入らない。
3　下痢などの症状がある場合、直接食品を取り扱う仕事は避けなければならない。
4　健康であれば、定期的な検便を行わなくてもよい。

Q41

食品中の異物に関する記述について、誤っているものを一つ選びなさい。

1　異物の混入によりヒトの健康を損なうおそれがある食品の販売は、食品衛生法で禁止されている。
2　植物性異物とは、植物種子、カビ、毛髪などをいう。
3　鉱物性異物とは、土砂、ガラス、陶磁器片などをいう。
4　毛髪の混入防止対策として、作業中は帽子などの着用を確実に行う。

▶調理理論

Q42

基本五味と代表的な味物質の組み合わせで、誤っているものを一つ選びなさい。

1　酸味 ——— 酢酸
2　塩味 ——— 塩化ナトリウム
3　渋味 ——— イノシン酸
4　うま味 ——— グルタミン酸

Q43

乳製品のうち、クリームに関する記述について、誤っているものを一つ選びなさい。

1 生乳を遠心分離して得られる上層の乳脂肪の多い部分である。
2 水中油滴型エマルジョンである。
3 乳脂肪に植物性脂肪や乳化剤などを加えたものや、または植物性脂肪のみでつくられたものは「クリーム（乳製品）」と表示できない。
4 「乳及び乳製品の成分規格等に関する省令」では、乳脂肪分10％以上で添加物を一切加えていないものである。

Q44

野菜の切り方において、すべて同じ切り方となる組み合わせとして、正しいものを一つ選びなさい。

1 拍子木切り ――― シャトー ――― 塊（クヮイ）
2 せん切り ――― ジュリエンヌ ――― 絲（スウ）
3 みじん切り ――― ロザンジュ ――― 片（ピェン）
4 地紙切り ――― リボン ――― 方塊（ファンクヮイ）

Q45

ゼラチンの特徴に関する記述について、正しいものを一つ選びなさい。

1 動物の皮やすじに含まれるコラーゲンは冷水には溶けないが、長時間加熱を続けると溶けてゼラチンになる。
2 たんぱく質分解酵素を含むものを加えて、ゼリーをつくるとよく固まる。
3 寒天に比べるとゼラチンには接着性はない。
4 ゼラチン液に卵白のメレンゲを混ぜるときは、70℃くらいのうちに加えると均一に固めることができる。

Q46

乾式加熱の焼物で直火焼きの方法として、正しいものを一つ選びなさい。

1 食品をアルミホイルで包み、天火焼きにしたもの
2 少量の油脂を使って、フライパンで焼いたもの
3 食品を炭火やガス火にかざして焼いたもの
4 オーブンに入れ、食品から加熱中に発生する水蒸気で焼いたもの

Q47

次の文章の（ ）に入る語句として、正しいものを一つ選びなさい。

ムニエルとは、一尾あるいは切り身の魚に食塩を振ってから（　　　　　）、油脂で焼いたものである。

1 小麦粉をつけて
2 パン粉をつけて
3 溶き卵をつけて
4 何もつけずにそのまま

Q48

揚げ物の特徴に関する記述について、誤っているものを一つ選びなさい。

1 油で揚げることで、揚げた食材の水分が蒸発する。
2 揚げ物の衣は、食材と油との間に壁をつくる。
3 衣の内部では水分が蒸発して、その蒸気で蒸しているような状態となる。
4 天ぷらの衣はカラリとしていることが求められるため、粘りの少ない薄力粉を低温でよく攪拌して混ぜ合わせ、長く置くとよい。

Q49

日本料理のだしの取り方に関する記述について、誤っているものを一つ選びなさい。

1 こんぶは、水から入れ、沸騰直前に取り出す。
2 かつおの削り節は、沸騰水に入れ、長時間加熱する。
3 煮干しは、水から入れ、15分間程度加熱する。
4 干ししいたけは、水に漬け冷蔵庫で5時間以上かけてもどす。

Q50

調理法に関する記述について、正しいものを一つ選びなさい。

1 煮物は、乾式加熱で加熱中の調味が容易である。
2 蒸し物は、乾式加熱で水蒸気の熱で加熱する。
3 焼き物は、乾式加熱で直火焼きと間接焼きがある。
4 揚げ物は、湿式加熱で温度管理が容易である。

Q51

食塩の働きや性質について、誤っているものを一つ選びなさい。

1 酵素作用を抑え、果実の褐変などを防ぐ。
2 水によく溶け、味つけは容易で、加熱によって変化しない。
3 たんぱく質の熱凝固を阻害する。
4 濃度が20%では、ほとんどの微生物が生育できない。

Q52

次の合わせ調味料のうち、砂糖などの甘味を加えないものとして、正しいものを一つ選びなさい。

1 二杯酢
2 田楽みそ
3 三杯酢
4 酢みそ

Q53

オーブン（天火）の調理特性に関する記述について、正しいものを一つ選びなさい。

1 自然対流式オーブンは、コンベクションオーブンよりも熱が伝わりやすい。
2 オーブンの熱の移動は、放射熱のみである。
3 水蒸気併用時のスチームコンベクションオーブンは、100°C以上にならない。
4 オーブンは、庫内で食品を動かさずに全体から加熱することが可能である。

Q54

白飯（うるち米）に関する記述について、正しいものを一つ選びなさい。

1 米の加水量は無洗米の場合、やや多めにする。
2 米は洗米をしたら、50%程度の水を吸収する。
3 米の浸漬は、米のでんぷんの老化に必要な水分を米表面にだけ吸収させる予備操作として行われる。
4 加熱過程の温度上昇期は、酵素が働かないため、できる限り短く（1～2分）設定すると米がおいしく炊き上がるといわれている。

Q55

卵の加熱に関する記述について、正しいものを一つ選びなさい。

1 卵白は、50℃で凝固し始める。
2 卵白は、70℃では流動性がある。
3 卵白は、80℃以上で完全に凝固する。
4 卵黄は、55℃でほとんど凝固する。

Q56

給食に関する記述について、誤っているものを一つ選びなさい。

1 学校、病院及び寮などの特性を理解し、安全、栄養及び嗜好を満たしたものが望まれる。
2 味つけなど、個人に合わせて提供しやすい。
3 適温で供食できるように、温蔵庫、冷蔵庫および温冷配膳車の活用が必要である。
4 変化や期待感に富んだ食事にするため、新調理システムの導入を求められることがある。

▶食文化概論

Q57

握りずしが考案された時代として、正しいものを一つ選びなさい。

1 縄文時代
2 平安時代
3 江戸時代
4 明治時代

Q58

郷土料理と都道府県の組み合わせで、誤っているものを一つ選びなさい。

1 皿鉢（さわち）料理 ——— 長崎県
2 深川飯 ——— 東京都
3 石狩鍋 ——— 北海道
4 きりたんぽ ——— 秋田県

Q59

行事と行事食の組み合わせとして、正しいものを一つ選びなさい。

	《行事》	《行事食》
1	重陽の節句	ちまき
2	鏡開き	しるこ
3	十五夜	菊酒
4	端午の節句	見団子

Q60

食料自給率に関する記述で、「　　」に入る語句の組み合わせとして、正しいものを一つ選びなさい。

我が国の食料自給率は「　A　」している。令和４年度（2018年度）のカロリーベースの食料自給率（概算値）は「　B　」である。

	A	B
1	上昇	38%
2	上昇	66%
3	低位安定	38%
4	低位安定	66%

MEMO

模擬試験 1 解答と解説

Q1 解答3
「プライマリー・ヘルス・ケア」＝「アルマ・アタ宣言」＝「すべての人に健康を」をセットで覚えておきましょう。

Q2 解答1
ほかに1類感染症の「痘そう」と「ペスト」は押さえておきましょう。

Q3 解答4
体力の充実は「感受性対策」です。

Q4 解答3
「消費者関連」は地域保健法のなかの保健所の事業内容には入っていません。ほかに入っていないものとして「ペット関連」も押さえておきましょう。

Q5 解答3
合計特殊出生率の引っ掛け問題として年齢を「18歳から60歳」などと変えてくるパターンがあり得ます。数字をしっかり押さえておきましょう。

Q6 解答2
脳卒中には「脳梗塞」「脳出血」「くも膜下出血」の3つが含まれることを押さえましょう。

Q7 解答4
水質汚濁の発生原因として近年最も多いのは「家庭排水」です。

Q8 解答1
健康診断など、「労働者の安全」に関わるものは「労働基準法」ではなく、「労働安全衛生法」に規定されています。どちらに何が書かれているか、整理しておきましょう。

Q9 解答2
高齢＝65歳以上、と押さえておけば間違えませんし、いろんな問題で応用が利きます。ちなみに後期高齢者は75歳以上です。

Q10 解答3
充填豆腐のつくり方は、普通の豆腐とは違います。確認しておきましょう。

Q11 解答2
水溶性食物繊維として、ほかに「果物＝ペクチン」、「昆布＝アルギン酸」を押さえておけばよいでしょう。

Q12 解答4
カビ、酵母、細菌の3つともが関与するものとして「みそとしょうゆ」を押さえておきましょう。

Q13 解答2
アミロペクチンのほうが、含有量が多いことも押さえておきましょう。

Q14 解答3
CA貯蔵されている商品をスーパーなどで見ておくと、リンゴなどがあると頭に入りやすくなります。

Q15 解答3
一般的に、赤みそは熟成期間が長く、白みそは短い、と押さえておくとよいでしょう。

Q16 解答2
ちなみに主菜（肉、魚、卵など）の「1つ」の基準は「たんぱく質6g」であることも覚えておくとよいです。

Q17 解答2
たんぱく質がエネルギーに変換されるのはほかの物より「あと」と覚えておきましょう。

Q18 解答3
ショ糖は「果糖とブドウ糖」が1つずつ、麦芽糖は「ブドウ糖が2つ」、乳糖は「ブドウ糖とガラクトース」が1つずつでしたね。

Q19 解答1
1gで9Kcalある栄養素を押さえておきましょう。ちなみに脂質でしたね。

Q20 解答4
ビタミンは一般的にはエネルギー源になりません。エネルギー源になるのは「炭水化物、たんぱく質、脂質」でしたね。

Q21 解答4
鉄の吸収は「たんぱく質＋ビタミンC」により促進されます。「鉄」板「ステーキ」に「じゃがいも」がついているイメージで覚えましょう。

Q22 解答1
アドレナリンは副腎髄質から分泌されることと、インスリンは血糖値を下げることはイメージできましたか? 答えを2や3などにしてしまった人は、再度本を読み返しておきましょう。

Q23 解答1
アミラーゼが分解するのは「糖分＝炭水化物」、リパーゼは脂質を分解できる唯一の酵素と押さえておけば、間違えませんね。

Q24 解答2
母乳には免疫をつくり出す作用があります。丈夫な身体づくりには母乳が欠かせません。

Q25 解答2
基礎代謝基準値は1歳の子どもがいちばん高く、そこからは数値が下がっていきます。体重1kgに対する基準値が高いから、身体がどんどん大きくなる、と覚えておけば間違えませんね。

Q26 解答1
塩や砂糖は水分を結合させる力があるので、水分があっても漬物やジャムは傷みにくくなる、と押さえておきましょう。

Q27 解答4
食品衛生監視員の仕事として営業施設の衛生監視、指導、立入監査、食品などの収去があることを押さえておきましょう。

Q28 解答4
放射線照射ができる食品は「じゃがいものみ」であることは必ず押さえてください。

Q29 解答4
化学性とは、化学有害物質の混入や、溶出(例：塗料や金属が溶け出すなど)、添加物の量の間違いなどで発生するため、季節は関係ないですね。

Q30 解答3
サルモネラといえば、卵ですね。すぐに出てくるようにしておきましょう。

Q31 解答2
カンピロバクターは潜伏期間が長い（2日〜5日)、と押さえてきましょう。ちなみに短いものでいえば、黄色ブドウ球菌食中毒がありましたね。

Q32 解答3
家庭の食中毒は原因がその家庭のものであるかを調査することが難しく、結果として調べやすい飲食店のほうが発生件数が多いと覚えておけばよいです。

Q33 解答2
熱に強い芽胞形成菌といえばウェルシュ菌、セレウス菌、ボツリヌス菌の3つが思い浮かびますね。

Q34 解答3
黄色ブドウ球菌自体は熱に弱いですが、その菌が産み出した毒素(ベロトキシン)は熱に強く、煮沸しても不活性になりません。

Q35 解答1
二枚貝を真水で洗ってもノロウィルスに効果はありません。ふぐの身を食すときにあらかじめ水で洗うのは毒を多少洗い流すことができるからです。

Q36 解答4
アニサキスは虫ですので、冷凍すると死にます。ここが菌と大きく異なるところです。菌は冷凍しても死なないものがほとんどですので、注意が必要です。

Q37 解答3
つけない、増やさない、やっつける（殺す）の3原則はすぐに思い浮かんでほしいところです。

Q38 解答2
逆性石けんと聞くと、石けんなので汚れ落とし？と思ってしまいがちですが、まったく異なるものです。石けんと混ぜると殺菌効果はなくなってしまいます。

Q39 解答3
HACCP＝「危害（Hazard)・ 分析(Analysis)・重要（Critical)・管理(Control)・点（Point)」の略語です。そこから察すると、Aには分析が入ります。それで解けてしまいます。

Q40 解答4
調理従事者は検便を月1回は必ず受ける、と覚えましょう。年1回という出題は定番ですのでそこに引っ掛からないように気をつけてください。

Q41 解答2
毛髪は動物から生えますよね。つまり、動物性異物です。なお、カビは植物性です。勘違いする人もいるので気をつけましょう。

Q42 解答3
基本五味といえば「甘味・酸味・塩味・苦味・うま味」の5つであり、渋味は入りません。またイノシン酸もかつおの「うま味成分」ですね。

Q43 解答4
「10%以上」の部分が誤りですね。「18%以上」が正解です。

Q44 解答2
和食でいうせん切りは洋食ではジュリエンヌといい、中華では絲（スウ）といいます。青椒肉絲（チンジャオロースウ）＝ピーマンと肉を細切りにして炒める料理、ご存じですよね。

Q45 解答1
ゼラチンは動物の皮やすじからつくられている。つまり、たんぱく質であることを認識しておくと、たんぱく質分解酵素が入っている果物などを使ったゼラチンゼリーがつくりにくくなることも一緒に押さえられます。

Q46 解答3
火が直接当たるから直火焼きです。直接火が当たる焼き方は3番しかないですよね。

Q47 解答1
ムニエルは一回自身でつくっておくとよいでしょう。洋食調理を専門としていない人でも、それくらいはわかりますね、ということで問われるケースがあります。

Q48 解答4
水と粉を合わせてしばらく経つと粘りが出てくるため、長く置くのではなく早めに使い切るのが重要ですね。

Q49 解答2
かつおだしは、水が沸いてからかつおの削り節を入れ、ひと煮立ちさせたらすぐに火を止め、かつおをすくい取ります。長時間加熱すると「えぐみ」が出ます。

Q50 解答3
煮物、蒸し物は水分を使うので湿式加熱。揚げ物は水分を使わないので乾式加熱。水分に注目しましょう。

Q51 解答3
たんぱく質に塩を入れると、熱凝固が促進されます。卵焼きをかたく仕上げたい場合、ハンバーグを割れにくくしっかり仕上げたい場合などは、塩を使いますね。

Q52 解答1
二杯酢とは酢としょうゆ（まれにだし汁や塩）を混ぜたものですので、砂糖は入っていませんね。三杯酢には砂糖やみりんが入りますので、甘みが出ます。

Q53 解答4

4番の記載の通りです。3番のスチームコンベクションオーブンにおける水蒸気併用（コンビモード）のときは100℃を超える調理が可能となります。

Q54 解答1

普通のお米は「細かなぬか」が残っており、無洗米は「ぬか」が残っていません。そのため、同じ1合のお米でも米の成分量は無洗米のほうが多いから、水を多くする必要があるのです。

Q55 解答3

卵黄は65℃あたりで固まります。68℃くらいで20分くらいキープすると、卵黄は固まり、卵白は白く濁ってトロトロになっている温泉卵ができます。卵白は80℃以上で凝固します。

Q56 解答2

給食は大量調理であり、細やかな味の修正が難しいため、好みに応じた料理を食べてもらいたい場合は個々で調味料などを使ってもらう必要があります。

Q57 解答3

江戸前すし、と覚えれば、間違えにくいですね。

Q58 解答1

皿鉢料理は高知県の名物料理。大皿に豪快に盛られた見た目にも華やかなお料理です。

Q59 解答2

お正月の鏡もち。1月中旬に鏡開きをして、そのおもちを使ってしるこにする、というのが定番ですね。

Q60 解答3

日本の食料自給率は30%台で低位安定している、と覚えておきましょう。お米をつくる量が減っていることなどが原因です。

模擬試験 2 問題

▶公衆衛生学

Q1

公衆衛生に関する記述について、正しいものを一つ選びなさい。

1 公衆衛生活動は一般に、1次予防（早期発見）、2次予防（健康増進）、3次予防（機能回復）の3段階に分け、行われている。
2 労働衛生行政を担う国の機関は、環境省である。
3 日本国憲法において、「国は、すべての生活部面について、社会福祉、社会保障及び公衆衛生の向上及び増進に努めなければならない。」と規定されている。
4 保健所の設置主体は、市町村である。

Q2

衛生統計に関する記述について、正しいものを一つ選びなさい。

1 0歳の平均余命は、健康寿命と呼ばれる。
2 我が国の出生率は、第二次世界大戦後から現在まで微増傾向にある。
3 有訴者率は、感染症発生動向調査により把握される。
4 人口動態統計は、出生、死亡、死産、婚姻、離婚の届出をもとにつくられる。

Q3

平均寿命と健康寿命に関する記述について、正しいものを一つ選びなさい。

1 健康寿命は、巨大震災時には平均寿命より長くなることがある。
2 健康寿命は、自立した生活を維持し、認知症や寝たきりでない年齢期間である。
3 平均寿命は、国民健康・栄養調査の結果を用いて算出されている。
4 平均寿命は、満20歳の平均余命を指す指標として表される。

Q4

受動喫煙の防止を規定する条文がある法律として、正しいものを一つ選びなさい。

1 地域保健法
2 食品衛生法
3 健康増進法
4 介護保険法

Q5

調理師に関する記述について、正しいものを一つ選びなさい。

1 調理師免許の欠格事由には、「罰金以上の刑に処せられた者」がある。
2 調理師法の目的は、調理師の身分を安定させ生活の向上に資することである。
3 調理師試験に合格し、合格証が届いた者だけが調理師である。
4 調理師免許の取消処分を受けたときは、処分を行った都道府県知事に免許を返納する。

Q6

感染症に関する記述について、正しいものを一つ選びなさい。

1 健康保菌者は体内に病原体をもっているが、症状はなく感染源とはならない。
2 結核の患者数は戦後減少しているが、依然多く、我が国の主要な感染症である。
3 検疫は、国内に常在する病原体の感染源対策である。
4 感染源と感染経路の2つがそろうと、感染症は発生する。

Q7

水道法で規定される水道水の基準で、誤っているものを一つ選びなさい。

1 一般細菌は検出されない。
2 外観は、ほとんど無色透明である。
3 異常な臭味がない（ただし、消毒による臭味を除く）。
4 異常な酸性またはアルカリ性を呈しない。

Q8

感染症とその病原体の種類の組み合わせで、誤っているものを一つ選びなさい。

1 コレラ ——— 細菌
2 白癬せん（水虫）——— 真菌
3 結核 ——— ウイルス
4 マラリア ——— 原虫

Q9

ネズミや衛生害虫の駆除等の対策において重点を置くべきことについて、誤っているものを一つ選びなさい。

1 ネズミや衛生害虫の生態、習性に応じて行う。
2 ネズミや衛生害虫を発見した場所に限定して、狭い範囲だけ行う。
3 食品の密封保管を行う。
4 ネズミについては、侵入口の閉鎖が効果的である。

▶食品学

Q10

野菜類に関する記述について、正しいものを一つ選びなさい。

1 小松菜の旬は、夏である。
2 れんこんは、茎菜類である。
3 東洋種のほうれんそうは、西洋種と比べ、シュウ酸が少ない。
4 日本かぼちゃは、西洋かぼちゃに比べ、水分が少ない。

Q11

大豆とその加工品に関する記述について、正しいものを一つ選びなさい。

1 大豆の第1制限アミノ酸は、リシンである。
2 青大豆は、うぐいすあんの製造に用いられる。
3 納豆は、生大豆に比べビタミンKが多い。
4 大豆に含まれる油脂の構成脂肪酸には、EPA（エイコサペンタエン酸）が多い。

Q12

豚肉の主な部位とその特徴の組み合わせとして、正しいものを一つ選びなさい。

	《部位》	《特徴》
1	ロース	きめが細かく最もやわらかい。脂肪はほとんど無い。
2	ばら	肉質はやわらかく、風味が優れている。
3	もも	脂肪は少なく、やわらかな赤身である。
4	ヒレ	三枚肉とも呼ばれ、筋肉と脂肪が交互に3層に入っている。

Q13

食品の栄養に関する表示で、誤っているものを一つ選びなさい。

1 特定保健用食品（トクホ）では、栄養成分の表示はしなくてもよい。
2 特定保健用食品（トクホ）は、消費者庁が審査している。
3 保健機能食品は、機能性を表示することができる。
4 栄養機能食品は、国の基準に沿っていれば、許可や届け等なく、食品に含まれている栄養成分の栄養機能を表示することができる。

Q14

食用の植物油脂とその原料となる部分の組み合わせで、誤っているものを一つ選びなさい。

1 オリーブオイル ——— 果実
2 とうもろこし油 ——— 胚芽
3 菜種油 ——— 種子
4 パーム油 ——— 種子

Q15

食用とする部位が根菜類に分類される野菜として、誤っているものを一つ選びなさい。

1　かぶ
2　しょうが
3　たけのこ
4　れんこん

▶栄養学

Q16

食事と人体の構成成分に関する記述について、正しいものを一つ選びなさい。

1　人体は、主に酸素（O）、炭素（C）、水素（H）、イオウ（S）の4元素で構成されている。
2　人体の構成成分は、合成と分解を繰り返し、常に入れ替わっている。
3　食事の構成成分と人体の構成成分の重量(kg)あたりに含まれる栄養素の割合は、変わらない。
4　体重（kg）当たりに含まれる糖質の割合は、無機質（ミネラル）より多い。

Q17

炭水化物に関する記述について、正しいものの組み合わせを一つ選びなさい。

ア　糖質は、1gにつき9kcalのエネルギーをもつ。
イ　難消化性炭水化物（食物繊維）は、便秘を予防する効果がある。
ウ　炭水化物（糖質）をエネルギーとして消費するには、ビタミンAが必要である。
エ　日本人の食事摂取基準（2020年版）では、1歳以上のすべての年齢で、総エネルギーの50〜65%を炭水化物から摂取するよう、目標量が示されている。

1　ア、イ
2　ア、ウ
3　イ、エ
4　ウ、エ

Q18

たんぱく質に関する記述について、正しいものを一つ選びなさい。

1　単純たんぱく質は、リボ核酸によって構成されている。
2　約16%の窒素を含んでいる。
3　1gで9kcalのエネルギーをもつ。
4　「日本人の食事摂取基準（2015年版）」によれば、1歳以上のすべての年齢において、総エネルギーの20〜30%の摂取が目標量とされている。

Q19

脂肪酸に関する記述について、正しいものを一つ選びなさい。

1 短鎖脂肪酸は、バターよりサフラワー油に多く含まれている。
2 不飽和脂肪酸は、大豆油よりラードに多く含まれている。
3 飽和脂肪酸は、炭化水素鎖に二重結合が存在する。
4 エイコサペンタエン酸（EPA）は、n-3（ω3）系脂肪酸である。

Q20

ビタミンとその欠乏症の組み合わせとして、正しいものを一つ選びなさい。

	《ビタミン》	《欠乏症》
1	ビタミンB_1	脚気
2	ビタミンB_2	ペラグラ
3	ビタミンB_6	壊血病
4	ビタミンB_{12}	夜目症

Q21

無機質とその欠乏症の組み合わせについて、誤っているものを一つ選びなさい。

1 亜鉛 ――― 味覚障害
2 リン ――― 筋無力症
3 カルシウム ――― 骨粗しょう症
4 鉄 ――― 貧血

Q22

次のホルモンに関する記述の（　）に入る語句の組み合わせとして、正しいものを一つ選びなさい。

（ A ）のランゲルハンス島のB細胞（β細胞）から分泌される（ B ）は、血糖値を（ C ）働きがある。

	A	B	C
1	膵臓	グルカゴン	上げる
2	副腎髄質	インスリン	上げる
3	膵臓	インスリン	下げる
4	副腎髄質	グルカゴン	下げる

Q23

消化酵素を含まない分泌液として、正しいものを一つ選びなさい。

1　唾液
2　胃液
3　膵液
4　胆汁

Q24

疾病予防のためのポイントに関する記述について、正しいものを一つ選びなさい。

1　脂質異常症は、植物油脂や魚油は少なめとし、動物脂肪の摂取を多めにする。
2　高血圧症は、食物繊維の多い野菜や海藻、豆類の摂取を少なくする。
3　鉄欠乏性貧血症は、エネルギー、たんぱく質の摂取を少なくし、お茶を多めに飲む。
4　骨粗しょう症は、子どものときから適度に日光に当たりよく運動をする。

Q25

体格指数（BMI）に基づく肥満の判定に関する記述について、（　）のなかに入れるべき字句の正しい組み合わせを一つ選びなさい。

BMIは肥満の判定に用いられ、BMI＝（ A ）÷（ B ）で求められ、BMIの値が（ C ）以上を肥満と判定する。

	A	B	C
1	（身長（m））^{2}	体重（kg）	0.05
2	体重（kg）	（身長（m））^{2}	25
3	（身長（m））^{2}	体重（kg）	0.1
4	体重（kg）	（身長（m））^{2}	30

▶食品衛生学

Q26

食品中のたんぱく質が微生物によって分解されて起こる有用な食品の変質として、正しいものを一つ選びなさい。

1　発酵
2　酸敗
3　変敗
4　腐敗

Q27

食品の保存に関する記述について、正しいものを一つ選びなさい。

1　微生物の生育は、食品を冷蔵保存することで止まる。
2　じゃがいもの発芽抑制を目的として、紫外線照射が行われている。
3　乾燥では、食品の水分活性は低下する。
4　チルドでは、食品の温度を−10°C付近に保つ。

Q28

衛生管理に関する記述について、正しいものを一つ選びなさい。

1　給食施設における調理業務従事者は、健康状態に異常がなければ、定期的な検便の必要はない。
2　ロングライフミルク（LL牛乳）は、無菌充填包装したミルクのため、開封後も長期保存が可能である。
3　腸管出血性大腸菌O157の保菌者であっても、治療中であれば調理業務に従事しても差し支えない。
4　1回300食以上を提供する集団給食施設においては、検食を−20℃以下で2週間以上保存することが求められている。

Q29

次の表は、病因物質別の食中毒発生状況である。ABCにあてはまる物質名の正しい組み合せを一つ選びなさい。

	A		B		C	
	事件数	患者数	事件数	患者数	事件数	患者数
令和4年	63	2,175	185	822	566	578
令和3年	72	4,733	154	764	344	354
令和2年	99	3,660	182	901	386	396

1　A カンピロバクター・ジェジュニ／コリ　B ノロウイルス　C アニサキス
2　A アニサキス　B ノロウイルス　C カンピロバクター・ジェジュニ／コリ
3　A ノロウイルス　B カンピロバクター・ジェジュニ／コリ　C アニサキス
4　A ノロウイルス　B アニサキス　C カンピロバクター・ジェジュニ／コリ

Q30

食品衛生に関する記述について、誤っているものを一つ選びなさい。

1 細菌性食中毒予防の三原則とは、原因となる細菌を「つけない、増やさない、やっつける（殺す）」である。

2 消毒の方法には熱や光線を利用した物理的消毒法と、消毒薬を使用する化学的消毒法がある。

3 腸炎ビブリオ、病原大腸菌及びサルモネラ属菌は、加熱では殺菌できない。

4 冷蔵や冷凍では細菌の増殖は抑えられるが、死滅させることはできない。

Q31

細菌性食中毒菌と主な原因食品の組み合わせとして、正しいものを一つ選びなさい。

	《細菌性食中毒菌》	《主な原因食品》
1	サルモネラ菌	魚介類
2	カンピロバクター	鶏肉
3	腸炎ビブリオ	鶏卵
4	黄色ブドウ球菌	豚肉

Q32

腸炎ビブリオに関する記述について、誤っているものを一つ選びなさい。

1 海水域に生息している。

2 この菌による食中毒の主な症状は、激しい腹痛及び下痢である。

3 食中毒菌のなかでも分裂・増殖が速い。

4 15%程度の塩分を最も好む。

Q33

食中毒菌に関する記述について、誤っているものを一つ選びなさい。

1 ウェルシュ菌がつくる熱に強い芽胞は、数分間の加熱調理では死滅しない。

2 セレウス菌には、下痢型と嘔吐型がある。

3 エルシニア・エンテロコリチカは、感染型食中毒菌である。

4 ボツリヌス菌は、酸素のあるところでのみ生育する。

Q34

食材の保存・加熱に関する記述について、正しいものを一つ選びなさい。

1 冷凍食品は、食品衛生法で－15℃以下で保存することと規定している。

2 加熱調理する食材は、食材の中心温度が65℃で1分間加熱する。

3 ノロウィルスの感染の恐れがある二枚貝等は、75℃～80℃で90秒以上加熱する。

4 検食用に食材を保存する場合、清潔な容器に入れ－15℃で1週間以上行う。

Q35

動植物と有毒成分の組み合わせで、誤っているものを一つ選びなさい。

1　ムラサキイガイ ――― テトラミン
2　ジャガイモの芽 ――― ソラニン
3　クサウラベニタケ ――― ムスカリン
4　フグ ――― テトロドトキシン

Q36

食品添加物の主要用途に関する記述について、誤っているものを一つ選びなさい。

1　亜硝酸ナトリウムは、発色剤として使用される。
2　イマザリルは、防ばい剤として使用される。
3　デヒドロ酢酸ナトリウムは、酸化防止剤として使用される。
4　キシリトールは、甘味料として使用される。

Q37

オゾン水を用いた消毒法についての記述で、正しいものを一つ選びなさい。

1　還元力が強い。
2　脱臭作用がある。
3　含まれているオゾンは、時間とともに二酸化炭素に変化する。
4　化学薬品からつくられた消毒薬よりも残留性が高い。

Q38

食品衛生法の目的（第1条）に関する記述で、「　」の中に入る語句の組み合わせとして、正しいものを一つ選びなさい。

この法律は、「　A　」の確保のために公衆衛生の見地から必要な規制その他の措置を講ずることにより、飲食に起因する衛生上の危害の発生を防止し、もって国民の「　B　」の保護を図ることを目的とする。

	A	B
1	医薬品の安全性	保健衛生
2	国民の健康増進	保健衛生
3	食品の安全性	健康
4	食品の流通	健康

Q39

HACCPに関する記述について、誤っているものを一つ選びなさい。

1　食品製造の各工程での管理や記録の保管が重要となる。
2　実施には、一般的衛生管理プログラムが実施されていることが必要となる。
3　導入すれば、再度HACCPシステムの検証を行う必要性はない。
4　実施すれば、最終製品の検査を一つひとつ行わなくても安全性を担保できる。

Q40

「大量調理施設衛生管理マニュアル」に基づいた調理従事者の行動に関する記述について、誤っているものを一つ選びなさい。

1　着用する帽子、外衣は、毎日専用で清潔なものに交換する。
2　下痢、嘔吐、発熱などの症状があったときは、調理作業に従事することができない。
3　毎日作業開始前に、自らの健康状態を衛生管理者へ報告する。
4　便所には、手洗いの励行をすることにより調理作業時に着用する外衣、履き物のまま入ることができる。

Q41

厨房での衛生管理について、誤っているものを一つ選びなさい。

1　厨房で使用する水は、水栓を十分確保し、給湯設備を併用することが望ましい。
2　施設の清掃、整頓は、清掃計画を立て、それらが実行されているかの点検も必要である。
3　大量調理施設では、調理室内の室温は25℃以上、室内湿度は85％以下が望ましい。
4　大量調理では、調理後から喫食までの時間が長いため、衛生的安全性の面でも十分な考慮が必要である。

▶調理理論

Q42

和式調理（日本料理）の特徴に関する記述について、誤っているものを一つ選びなさい。

1　牛、豚、鶏、羊などの肉を主材料とする。
2　１人分ずつの食膳を構成する。
3　鮮度と季節性を大切にする。
4　視覚的要素が重視され、包丁さばきが料理のポイントになる。

Q43

豆類に関する記述について、正しいものを一つ選びなさい。

1 大豆の初期の吸水速度は、小豆より遅い。

2 食塩水に浸漬した大豆をそのまま加熱すると、かたく煮あがる。

3 小豆は、一晩水に浸漬してから煮る。

4 小豆は、最初に数回ゆでこぼして、渋切りを行う。

Q44

魚のおろし方に関する記述について、誤っているものを一つ選びなさい。

1 包丁を中骨に沿わせて、上身と下身（骨付き）に分けるおろし方を、3枚おろしという。

2 5枚おろしは、幅の広い魚に用いられるおろし方で、3枚おろしの上身、下身をそれぞれ背身、腹身の2枚に切り分ける。

3 背開きは、背びれの上に包丁を入れ、中骨に沿って尾びれまで切り開く。

4 腹開きは、腹から包丁を入れ、中骨に沿って尾びれまで切り開く。

Q45

洗浄についての記述で、誤っているものを一つ選びなさい。

1 洗浄は、食品についている有害物、汚物、不味成分を除き、清潔で安全にする操作である。

2 ゴボウや里芋は、こすり洗いをする。

3 かんぴょうや角寒天は、もみ洗いをする。

4 小松菜やほうれん草は、混ぜ洗いをする。

Q46

寒天とゼラチンの凝固について、誤っているものを一つ選びなさい。

1 2色かんをつくるとき、寒天は下層がまだ固まらないうちに上層を流し込むとよい。

2 寒天液に果汁を加えるときは、一緒に長く煮ることで固まりやすくなる。

3 ゼラチンは、キウイフルーツなど、たんぱく質分解酵素を含むものを加えるとかたまりにくくなる。

4 ゼラチンは、2～3％以上の濃度になると、冷やせば凝固してゼリー状になる。

Q47

加熱調理操作に関する記述について、誤っているものを一つ選びなさい。

1 加熱により、たんぱく質の熱変性やでん粉の糊化など、食品に変化を与える。

2 加熱により、栄養素の損失や嗜好的価値の低下が起こることがある。

3 水をおもな熱媒体とする操作を湿式加熱という。

4 網焼きは、間接加熱に分類される。

Q48

天ぷらに関する記述について、正しいものを一つ選びなさい。

1　油の温度を一定に保つために、材料は一度に大量に入れない。
2　じゃがいもの素揚げの吸油率は、15～20%である。
3　衣には、強力粉を用いる。
4　魚介類は、140～160℃で揚げる。

Q49

煮物調理に関する記述について、正しいものを一つ選びなさい。

1　炒め煮は、材料を油通ししてから煮汁と削り節を加えて煮る。
2　煎り煮は、加熱しながら水分を飛ばしていく煮方である。
3　土佐煮は、魚介類や白色野菜を用い、色をつけずに煮上げる。
4　調味は、浸透しにくい調味料を後に加え、香りを生かす場合は先に加える。

Q50

茶碗蒸しやカスタードプディングに関する記述について、誤っているものを一つ選びなさい。

1　全卵を液体（だし汁、牛乳など）で薄めて加熱すると、卵の濃度が低いほど凝固しにくく、凝固に時間がかかる。
2　卵の濃度が低いほどなめらかでやわらかく口当たりが良い。
3　砂糖を入れるとやわらかくなり、すだちが起こりにくい。
4　一般的に 50～60℃になるように加熱する。

Q51

香りや味に関する記述について、正しいものをすべて含む組み合わせを一つ選びなさい。

ア　する、潰す、おろす調理操作により香気成分や辛味成分が発生する。
イ　焼き物は、高温加熱することにより水分が蒸発し、味が濃縮される。
ウ　砂糖を130℃に加熱すると、甘い香りと苦味があるカラメルができる。
エ　みそやしょうゆは、香りが蒸発しやすいため、加熱終了の直前に加えることが多い。

1　ア、イ、エ
2　ア、ウ
3　イ、ウ
4　イ、エ

Q52

じゃがいもの調理性に関する記述について、正しいものを一つ選びなさい。

1　加熱中断後、再加熱すると組織は、崩れやすくなる。
2　牛乳で煮たものは、水煮したものより硬くなる。
3　褐変防止には、砂糖をまぶすとよい。
4　粉ふきいもは、メークインが適する。

Q53

調理に用いられる器具とその用途の組み合わせとして、正しいものを一つ選びなさい。

	《器具》	《用途》
1	フードプロセッサー	食材を砕く、切る、攪拌する電動器具
2	フードミル	材を麺状に伸ばす器具
3	せいろう	食材を保存するときに用いる器具
4	炸鍊（チャーリエン）	食材を直火焼きするときに用いる鉄製器具

Q54

次の鍋の材質のうち、熱伝導率が最も高いものとして、正しいものを一つ選びなさい。

1　ステンレス
2　鉄
3　銅
4　アルミニウム

Q55

食べ物とその食べ物をおいしいと感じる温度の組み合わせとして、正しいものを一つ選びなさい。

	《食べ物》	《温度》
1	紅茶、緑茶	約100℃
2	茶わん蒸し	約60〜65℃
3	アイスクリーム	約0℃
4	冷やっこ	約5℃

Q56

大量調理の特徴に関する記述について、誤っているものを一つ選びなさい。

1　少量の調理と比べて余熱が大きいため、加熱時間が短縮できる。
2　加熱中の蒸発率が高いため、加える水の量は多くする。
3　加熱する分量により、食品の温度上昇速度が異なるため、加熱時間はある温度に達してからの所要時間を考える必要がある。
4　水を使って加熱する調理では、少量の調理と比べて調理時間が長くなり、酵素の作用する温度帯の通過時間も長くなる。

Q57

鎌倉時代に形成された日本独自の精進料理に関する記述で、（　　）に入る語句として、正しいものを一つ選びなさい。

精進料理の特徴は、生臭物を用いず、たんぱく質源に（　　　）や種実類を多用する、自然の味を生かす、五味・五色・五法を料理全体に取り入れることである。

1　鳥獣肉類
2　海藻類
3　大豆製品
4　乳製品

Q58

郷土料理とその主材料の組み合わせとして、正しいものを一つ選びなさい。

	《郷土料理》	《主材料》
1	ずんだ餅	胡麻
2	ほうとう	小麦粉
3	おきゅうと	芋
4	きりたんぽ	魚

Q59

フランス料理で用いられる特徴的な食材として、誤っているものを一つ選びなさい。

1　エスカルゴ
2　トリュフ
3　オリーブオイル
4　フォアグラ

Q60

魚しょうの名称と国名の組み合わせとして、誤っているものを一つ選びなさい。

1　ニョクマム（ヌクマム）——— ベトナム

2　ナンプラー ——— インド

3　しょっつる ——— 日本

4　パティス ——— フィリピン

MEMO

模擬試験 2 解答と解説

Q1 解答3
「社会福祉、社会保障及び公衆衛生の向上及び増進」、ここをきっちり覚えておきましょう。

Q2 解答4
人口動態統計は、「5つの届出」をもとにつくられる、と押さえておけばよいです。

Q3 解答2
2番の記載の通りです。健康寿命の定義を押さえておきましょう。

Q4 解答3
「受動喫煙」と聞けば「健康増進法」を思い出してください。

Q5 解答1
欠格事由には3つあります。①免許取消後1年が経っていない人（絶対ダメ）、②麻薬や大麻などの中毒者、③罰金刑以上の処罰を受けた者（ダメといわれることがある）を押さえておきましょう。

Q6 解答2
結核は昔の病気ではない、と押さえておけば十分です。

Q7 解答1
検出されてはいけないものは①水銀、②シアン、③大腸菌の3つであることが頭に入っていないと答えられません。しっかり覚えましょう。

Q8 解答3
結核は菌（細菌）です。「結核菌、コレラ菌」と声に出して覚えていきましょう。

Q9 解答2
ネズミや衛生害虫は想像しているより広く存在していることが一般的です。甘く見ないようにすることが大切です。

Q10 解答3
日本のほうれんそうは「サラダ」で食べられるものもあるくらい、シュウ酸が少ない、と覚えておきましょう。

Q11 解答3
ビタミンKといえば「納豆」、と浮かぶようになっていれば、勉強の進め方が良い証拠。何と何が結びつくのか、イメージしながら勉強を続けましょう。

Q12 解答3
1の特徴はヒレ。2の特徴はロース、4の特徴はばら。

Q13 解答1
栄養成分表示は食品であれば行わなければならず、トクホであるかどうかは関係がありません。混同しないように注意しましょう。

Q14 解答4
パーム油とはアブラヤシの実の油です。加工食品として扱われることがあります。成分表示などで確かめてみるとよいですね。

Q15 解答3
たけのこは「茎菜類」です。最後は竹になるわけですので、そこまでイメージを膨らませて覚えてしまいましょう。

Q16 解答2
人体の細胞の更新速度は長いもの（骨）でも3年です。短い周期で入れ替わりながら生存していることを考えると、面白いですよね。

Q17 解答3
この問題のように、2つとも当てないと正解できない問題が増えてきています。うろ覚えだと答えられません。この本の達成度チェックなどをうまく使い、レベルアップを図っていってください。ちなみにアの糖質は1g4Kcal。炭水化物をエネルギーとして消費するにはビタミンB_1が必要です。

Q18 解答2
「たんぱく質」といえば「窒素を含む」、とセットで覚えてしまいましょう。

Q19 解答4
ほかにもDHA（ドコサヘキサエン酸）やα-リノレン酸もn-3系脂肪酸です。セットで覚えておきましょう。

Q20 解答1
ペラグラはナイアシン不足、壊血病はビタミンC不足、夜目症はビタミンA不足、でしたね。

Q21 解答2
リンの欠乏は基本的に起きにくく、欠乏症は考えなくてもよいですので、そこにピンとくれば答えられると思います。

Q22 解答3
ホルモンを覚えるのが苦手な人でも、せめてインスリンが血糖値を下げるものであることだけは絶対に押さえていないといけません。頑張って覚えてください。

Q23 解答4
胆汁の機能は脂肪の消化酵素であるリパーゼの働きを助けることが知られています。

Q24 解答4
日に当たることで身体がビタミンDをつくってくれる、と覚えておくとよいでしょう。

Q25 解答2
BMIの計算式は覚えてしまうしかありませんが、むりに覚えようとせず、自身の身長と体重を使い、BMIがどうなっているか、計算すると、頭に入りやすいです。

Q26 解答1
「敗ける」という文字が入っている時点で有用ではない変化といえそうです。漢字の意味をきちんととらえることも大切です。

Q27 解答3
水分活性が低下することで、腐敗などを起こさないようコントロールすることができます。乾燥は水分活性を低下させることができる方法の1つです。

Q28 解答4

正解以外の3つの文章はいずれも定番引っ掛けのパターンですので、それらが×であることもわかるようにしておきましょう。

Q29 解答3

事件数に対し患者数がほぼイコールのものは、菌の繁殖ではなく虫の影響と考えられるため、Cがアニサキスであることがわかります。逆に、1件で多人数の患者が発生するのは感染力の強いノロウイルスが想定できるため、Aがノロウイルスであることもわかります。

Q30 解答3

3の選択肢の菌はいずれもグラム陰性菌であり、熱に弱いので、加熱殺菌できます。

Q31 解答2

カンピロバクターといえば鶏肉、とすぐに思い浮かぶようにしておきましょう。

Q32 解答4

15%の食塩濃度であれば、ほとんどの生物は生存が難しいです。みそ汁の食塩濃度が0.7%～1%程度と知っておけば、15%がいかにありえない数字かがわかります。

Q33 解答4

ボツリヌス菌は偏性嫌気性菌であり、酸素のないところでのみ生育できます。缶詰のなかなどが危険であるといわれています。

Q34

解答1

食品衛生法の冷凍温度帯は－15℃。冷凍食品の業界団体などでは－18℃などの自主基準もありますが、法の内容で問われたときは－15℃と答えてください。

Q35 解答1

ムラサキイガイがテトラミンとは出てこなくても、ジャガイモの芽＝ソラニン、フグ＝テトロドトキシン、きのこ＝ムスカリン、と思い出すことができれば、消去法でも答えを導き出すことが可能です。

Q36 解答3

デヒドロ酢酸ナトリウムは保存料です。酸化防止剤の主だったところでは「L-アスコルビン酸類（ビタミンC)」「エリソルビン酸」などがあります。

Q37 解答2

オゾン水の有用性（オゾンは酸化力が強い、オゾンは時間とともに酸素に変化する、オゾンは残留性がない）を押さえておきましょう。

Q38 解答3

法律問題では目的条文が重要視されます。法律問題がどうしても気になる方はそれぞれの第1条をしっかり読んでおく、というのも合格のための作戦です。

Q39 解答3
HACCPを考える際、1、2、4の選択肢についての観点は必ず押さえましょう。それがHACCPを理解する近道です。3に関してはHACCPシステム7つの手順、12の原則から、検証が必要なことは明らかですので、間違えた方は再度流れを確認しておきましょう。

Q40 解答4
調理をする人はトイレに行く際、外衣を脱ぎ、履物を履き替える必要があることを、交差汚染防止の観点から必ず把握しておきましょう。

Q41 解答3
大量調理施設衛生管理マニュアルには「調理場は湿度80%以下、温度は25℃以下に保つことが望ましい」と記載があります。25℃以上だと暑いですよね。以上、以下の見間違いに十分注意しましょう。

Q42 解答1
和式調理の主材料は「魚と野菜」ですね。

Q43 解答4
渋切りとは「小豆をゆでている途中でゆで汁を捨てること」をいいます。小豆の渋みや苦み（=アク）を取り除くことができます。

Q44 解答1
完成した姿を思い浮かべると間違えません。上身と骨つき下身に分けた場合、仕上がりは「2枚」なので、2枚おろしとなります。3枚おろしとは「上身・中骨・下身」に分けることをいいます。

Q45 解答4
葉物野菜を水のなかでグルグル混ぜ洗いをしてしまうと、茎が折れるなど、食感が台無しになってしまいますし、土は完全に落としきれません。根元に土がついているのでその部分は先に振り洗いし、その後水を変えて、葉の部分は大量の水で左右に振り洗いするとよいでしょう。

Q46 解答2
寒天液に果汁を加えた際、あまり長く煮るとかたまらなくなりますので、注意が必要です。

Q47 解答4
網焼きは網の下の火に直接食材が当たりますので、直接加熱です。

Q48 解答1
天ぷらをおいしく上げるコツのなかでも、基本として、油の温度を一定に保つこと、水溶き天ぷら粉（バッター）は冷水でこまめにつくり混ぜすぎないこと、揚がったらしっかり油を切ることの3点はきちんと押さえておきましょう。

Q49 解答2
1の説明は土佐煮の作り方、3の説明は白煮の作り方です。調味は浸透しにくい砂糖のような調味料は先に加えますし、みそのように香りを生かしたい場合場合は後に入れます。調味料を入れる順番は「さしすせそ」でしたね。

Q50 解答4
茶碗蒸しやプリンは60℃ではかたまりません。卵がかたまるためには白身80℃以上、黄身は65℃以上は必要です。間違えた方は温泉卵について再度勉強しておきましょう。

Q51 解答1
アは大根おろし、イは焼き魚がイメージできれば選択できるでしょう。ウですが、カラメルをつくるには170～190℃は必要です。エは、みそ、しょうゆは「さしすせそ」であとに入れることがわかりますね。

Q52 解答2
じゃがいもを牛乳やみそ汁の中で加熱すると、牛乳やみそに含まれるカルシウムがじゃがいものペクチン間の結合を増やし、分解しにくくなるので、煮崩れしにくくなります。

Q53 解答1
フードミルとはマッシュポテトなど食材をつぶして使う道具。せいろうは「せいろ」ともいい、四角形や丸形をした木の枠の底にすのこを敷いたものです。炸錬は「ザーレン」ともいい、油切りや湯切りに使用します。

Q54 解答3
職人さんが火加減を調整して揚げる天ぷら屋さんの揚げ鍋は銅でできていますね。銅鍋は熱が伝わりやすいので、油温のコントロールに最適です。

Q55 解答2
お茶は65℃前後がいちばんおいしいですといわれていますので、淹れたてを飲むのではなく、少し冷ますとよいです。アイスクリームは－8℃～－14℃、冷やっこは冷蔵庫より少し高めの17～19℃がおいしいといわれます。

Q56 解答2
大量調理では液面が空気に触れにくく、加熱中の蒸発率が低いため、加える水分の量は少なくします。

Q57 解答3
豆腐、湯葉、納豆をイメージするとわかりやすいですね。生臭物とは肉や魚のこと。乳製品も動物性ととらえられ精進料理では使いません。海藻類は使いますがたんぱく源にはなりません。

Q58 解答2
ほうとうとは、山梨県の郷土料理で、平らに打った麺と野菜を一緒に煮込むみそ風の鍋料理のことです。麺には小麦粉を使いますので、2が正解です。

Q59 解答3
オリーブオイルはフランス料理よりもイタリア料理のイメージであり、この4択のなかでいえば特徴的とまではいえないので、3が正解です。

Q60 解答2
魚しょうも出題されやすいものの1つです。ナンプラーはインドではなく、タイで使用されます。タイの代表的な調味料でカタクチイワシを塩に漬け込んで発酵熟成させたものです。

＼ 中武篤史がサポート！ ／

ユアコンパス 調理師試験合格対策講座

URL https://www.yrcp.jp/category/1998991.html

※講座の詳細については、URLをご確認ください。

主に、関西広域連合実施の試験（大阪をはじめ6府県）や、公益社団法人調理技術技能センター実施の試験（東京をはじめ31都県）の対策講座として、試験日の10日～30日ほど前に2日間のコースで毎年開催しています。

だらだら長い時間勉強するよりも、試験日の直前に集中的に学習を行い、学ぶべきポイントをしっかり押さえて試験に臨んでいただくことで、良い年では95%以上の合格者を輩出してまいりました。

この講座では、過去出題されてきた、その地域での問題の癖を読み取り、統計学を使って今年出題される可能性が高いポイントを予測し、ある程度の幅を持たせながらも的を絞った学習を行っていただきます。

本書での学習と合わせて、ぜひ本講座を受講いただき、合格を確実に手にしていただきたいと思っています。皆様のご参加を心よりお待ちしております。

ダウンロードの案内

本書で掲載している用語をまとめたPDFを以下の方法でダウンロードできます。

❶ナツメ社Webサイトを検索（https://www.natsume.co.jp）
❷「調理師試験テキスト」で書籍を検索し、本書のページを開く
❸ページ下部にある「サンプルデータ」以下の「ダウンロード」ボタンをクリックする

スマートフォンで、PDFをダウンロードできます。隙間時間を活用し、効率よく学習しましょう！

執筆協力	小川裕子
本文イラスト	上田惣子
本文デザイン	大悟法淳一、大山真葵（ごぼうデザイン事務所）
編集協力	佐藤友美（有限会社ヴュー企画）
編集担当	神山紗帆里（ナツメ出版企画株式会社）

監修 **中武篤史**（なかたけ・あつし）

中小企業診断士、社会保険労務士、ファイナンシャルプランナー（AFP）、調理師など。大学を卒業後、関西の外食・食品製造企業に入社し、飲食店舗の現場を経験後、主に営業、人材育成、総務、人事の部門に携わる。その後、執行役員などを経験したあと、株主変更のタイミングで退社し、2012年に独立。現在は企業向けに経営・人事・労務コンサルティング、企業向け研修講師（年間190日ほどの稼働）を行いながら、外食部門での経験を活かし、調理師試験合格対策講座を実施。わかりやすく、頭に定着が図れる学習方法が好評を得ており、11年連続で試験日の直前に開講中。

本書に関するお問い合わせは、書名・発行日・該当ページを明記の上、下記のいずれかの方法にてお送りください。電話でのお問い合わせはお受けしておりません。

・ナツメ社webサイトの問い合わせフォーム
https://www.natsume.co.jp/contact
・FAX（03-3291-1305）
・郵送（下記、ナツメ出版企画株式会社宛て）

なお、回答までに日にちをいただく場合があります。正誤のお問い合わせ以外の書籍内容に関する解説・受験指導は、一切行っておりません。あらかじめご了承ください。

ナツメ社Webサイト
https://www.natsume.co.jp
書籍の最新情報（正誤情報を含む）はナツメ社Webサイトをご覧ください。

2024年版 一発合格！
よくわかる 調理師試験テキスト＆問題集

2024年2月6日　初版発行

監修者　中武篤史　　Nakatake Atsushi,2024
発行者　田村正隆

発行所　株式会社ナツメ社
東京都千代田区神田神保町1-52 ナツメ社ビル1F（〒101-0051）
電話 03-3291-1257（代表）　FAX 03-3291-5761
振替 00130-1-58661

制　作　ナツメ出版企画株式会社
東京都千代田区神田神保町1-52 ナツメ社ビル3F（〒101-0051）
電話 03-3295-3921（代表）

印刷所　ラン印刷社

ISBN978-4-8163-7482-1　　Printed in Japan